人口结构变化对我国食物消费需求和进口的影响研究

李国景　陈永福　著

中国农业出版社
北　京

图书在版编目（CIP）数据

人口结构变化对我国食物消费需求和进口的影响研究/李国景，陈永福著．—北京：中国农业出版社，2022.9
ISBN 978-7-109-29919-1

Ⅰ.①人… Ⅱ.①李… ②陈… Ⅲ.①人口构成-影响-食品-消费-研究-中国 Ⅳ.①F126.1

中国版本图书馆 CIP 数据核字（2022）第 158031 号

中国农业出版社出版
地址：北京市朝阳区麦子店街 18 号楼
邮编：100125
责任编辑：姚　佳　　文字编辑：王佳欣
版式设计：杨　婧　　责任校对：周丽芳
印刷：北京中兴印刷有限公司
版次：2022 年 9 月第 1 版
印次：2022 年 9 月北京第 1 次印刷
发行：新华书店北京发行所
开本：700mm×1000mm　1/16
印张：12.25
字数：230 千字
定价：78.00 元

前　言

自加入世贸组织深度融入经济全球化以来，我国食物进口规模不断扩大，食物自给率下降。我国食物进口和自给率的发展以及影响食物进口变化的因素成为政府部门和国内外学者关注的重要议题。未来我国人口数量和结构将发生关键变化，少子化和老龄化并存。由于年龄和性别以及收入等因素的差异，不同个体之间的食物消费存在异质性，这会使人口结构变化对家庭和社会的食物需求产生显著影响，进而影响食物进口和自给状况。如果忽略了人口结构变化的影响，食物需求预测可能出现偏差，导致食物净进口预测不准确。因此，实证研究人口结构变化对食物消费的影响，模拟分析人口结构变化对食物需求和净进口的影响，可以为保障食物需求策略和食物自给战略的制定提供科学依据和参考。

本书构建了人口结构变化对食物消费和营养摄入影响的分析框架。具体来看，引入成人当量概念，结合三次样条函数，构建不同年龄和性别人口的成人当量，进而构建表征家庭人口结构的综合变量并引入消费函数开展实证研究，量化人口结构变化对食物消费和营养摄入的影响，同时测算不同人口的食物需求当量水平。在此基础上，基于人口结构变化模拟食物需求当量规模的变动，进一步根据人均当量变化对食物需求和净进口的预测结果进行修正。

本书在营养自给率测算、食物需求当量测算、食物需求预测有所创新。从营养角度测算我国蛋白质、脂肪和碳水化合物自给率，分析食物与营养的进口来源结构特征，实证估计进口需求弹性，为认识我国食物自给状况和进口需求依赖特征提供多角度科学参考。利用成人当量概念和三次样条函数构建了成人当量模型，使用食物消费和营养摄入量数据，测算出不同人口的食物消费和营养摄入成人当量，为研究人口结构变化对食物消费的影响提供了测量工具，有助于改善食物需求分析。根据人均当量的变化对我国食物需求和净进口的预测结果进行了修正，有助于提高食物需求和进口预测的精准度。

著　者

2022 年 6 月

目 录

第一章 导 论

第一节 研究背景与意义

一、研究背景

自加入世贸组织，深度融入经济全球化以来，我国食物进口规模不断增长，食物自给率不断下降。2000—2014 年，我国食物进口额由 73.59 亿美元增长到 919.04 亿美元，年均增长 19.8%。2015—2016 年受国际农产品价格下行影响，食物进口额略降但仍保持在较大规模。近年，我国食物进口规模不断创造新高，食物自给率持续下降。进入 21 世纪以来以热量值折算后汇总计算的我国食物自给率明显趋于下降，2013 年已接近 85%。此背景下，未来我国食物自给率和食物进口变化已经成为政府部门和国内外学者关注的重要议题。

居民食物需求变化影响未来我国食物进口变化。随着居民收入提高和食物消费升级以及人口数量和结构的显著变化，未来我国食物需求不断增长，食物对外依存度持续提高。同时，随着居民对膳食营养知识的认识逐步加深，饮食向安全和营养方向转变，推动食物消费需求的多样化发展，进而促进食物进口。因此，未来食物需求变化会对食物进口产生显著的影响。在研判未来我国食物需求变化的影响因素中，人口数量与结构变化是影响我国食物需求的关键性因素。但是，传统的食物需求分析和预测很可能忽略了人口结构变化而出现偏差。随着计划生育政策后续效应的逐步显现和全面三孩政策的实施，未来我国人口结构将发生关键变化，少子化和老龄化并存的人口结构新特征会对我国食物需求产生显著的影响，直接关系到未来食物进口。

第六次人口普查数据显示：我国 0～14 岁少儿人口数占总人口数的比重为 16.60%，已经步入少子化社会；而 60 岁及以上人口总数所占比重为 13.26%，老龄化进一步加深，2050 年这一群体的比例预计将上升到 34%。由于在年龄、性别以及收入等方面存在差异，不同个体之间的食物消费存在较大异质，这使得人口结构变化对家庭或社会的食物需求产生显著的影响，进而影响到未来食物进口。因此，在食物需求分析和预测中人口结构是不可忽略的因素。人口结构变动如何对食物需求和进口产生影响一直都是政策制定者和学者们关心的重要问题，开展该研究有助于改善食物需求分析和提高食物需求和进口预测的精准度。

基于营养视角的研究和分析对于从根本上确保我国食物安全战略和政策的制定具有举足轻重的作用。现阶段，我国居民的营养状况面临营养不足与营养过剩的双重挑战。一方面，伴随经济增长和人均收入提高，我国居民营养过剩问题日益显现。《中国居民营养与慢性病状况报告（2015 年）》显示，2014 年我国成人和儿童青少年的肥胖率分别为 11.9%和 6.4%，与 2002 年相比分别上升了 4.8%和 4.3%。其中，成人肥胖率的增长幅度高于同时期的英国，2002—2014 年英国男女肥胖率分别从 23%和 25%上升到 24.4%和 25.1%，上升幅度较小；儿童青少年的肥胖率高于几乎同时期的美国，2003—2014 年美国儿童青少年肥胖率从 17.1%仅上升到 17.2%。另一方面，城镇化与工业化导致农民工大量流入城市，由于他们面临着低收入和无社会保障的问题，极易成为城市贫困人口，其营养状况越来越容易受到营养不足问题的冲击。国务院发布的《中国食物与营养发展纲要（2014—2020 年）》的核心在于保障食物有效供给，强化居民营养改善。可见，经济新常态下关注营养摄入问题已成为一个关系到子孙后代的重要战略性问题。

基于以上背景，本书关注于以下问题：从营养角度如何评价我国食物自给状况；食物进口来源表现出怎样的特征；人口结构对食物消费和营养需求的影响程度到底有多大，如何去度量人口结构的影响；未来食物自给率趋势如何；未来人口结构变化会导致食物进口如何变化。对以上问题的解决将为未来保障食物需求和食物自给战略提供重要参考。

二、研究意义

本书对保障食物需求、食物自给战略和营养政策制定具有重要应用意义。首先，从营养角度测算我国食物自给率、分析食物进口来源特征以及实证估计食物进口需求弹性，这对认识我国食物自给状况和食物进口依赖特征提供多角度科学参考。其次，未来我国人口总量和结构将发生显著变化，会对食物需求和食物自给产生重要影响。因此，本书基于人口结构变化，通过模拟未来人口食物当量规模的变动对未来食物自给趋势作出判断，并根据人均当量的变化对未来我国食物需求和净进口进行修正，分析了人口结构对未来我国食物净进口的影响，这为保障食物需求和食物自给战略提供科学依据和参考。

本书有丰富研究成果的学术意义。目前，大量有关食物与营养需求的研究关注于经济因素的影响，人口结构的影响研究有待于丰富。对于不同的人口，由于年龄、性别、收入等因素的差异，其食物消费存在显著的异质。本书在消费异质性的理论前提下，利用成人当量概念和三次样条函数，构建不同人口的成人当量，进一步构建表征家庭人口结构的综合变量并将其引入消费模型，估计了人口结构对食物消费支出与营养摄入量的影响，而且还测算了不同人口的成人当量，并将其运用到基于人口结构变化的未来人口食物需求当量规模的变动模拟和未来我国食物需求和净进口的修正中，这为食物需求分析和预测的研究提供了参考，有助于丰富度量人口结构影响的研究。

第二节 国内外研究现状

一、我国食物消费与营养发展的研究

国外学者很早对我国食物消费方面开展了大量研究，从研究内容看侧重于研究我国食物供求平衡问题，其目的主要是研究我国的食物安全问题。国外的一些研究主要从全球视角对我国食物供求进行分析和预测，关注于我国居民食物消费的变化，以及偏好于对我国食物进口和食物自给率变化进行预测，即集中于未来我国的食物供求平衡问题上。近年，联合国粮食及农业组织、世界卫生组织等国际机构也开始关注我国居民的膳食营养问题，侧重于研究我国居民整体的膳食营养变化，其最终目的还是聚焦于研究我国食物安全问题。国外的一些文献及研究报告使得我国食物安全问题在全球引起了特殊关注和热烈讨论。

从国内文献总结来看，一方面，我国食物供求问题一直是研究的焦点问题。随着人均收入水平的提高，城镇化和工业化的加快，我国食物消费将供不应求，引致的食物进口需求呈不断扩大态势，食物安全面临挑战。另一方面，目前我国居民面临营养不足与营养过剩的双重挑战，我国居民的营养发展问题越来越受到关注。但是，仍然有一些方面需要研究。首先，现有大量研究关注于我国粮食或食物自给率等，对我国营养自给率的研究相对缺乏。其次，从营养的角度分析我国食物进口依赖特征的研究较少。

（一）关于食物消费发展趋势的研究

我国是世界上最大的粮食生产国和消费国，其食物安全问题一直是学术界关注的热点问题。我国用占世界不足10%的耕地养活了世界近20%的人口，为世界食物安全做出了重大贡献。但同时我国人多地少、水资源空间和时间的分布不均、劳动生产率低下等是不争的事实，随着世界食物安全形势的日益严峻，国内的食物供求问题愈发引起国际国内的广泛关注。

一方面，国外学者多数认为随着城镇化和工业化的发展，我国未来食物需求呈不断增长趋势，未来食物进口需求较大，我国食物供求失衡可能会危

机全球食物安全。从较早的研究的来看，1995 年美国世界观察研究所所长莱斯特·布朗出版专著《谁来养活中国?》，认为我国可能会成为粮食进口国，预测 2030 年我国粮食的进口需求将为 2.0 亿～3.69 亿吨。《谁来养活中国?》一经问世在国内外引起极大反响，引起了全球学者对我国食物安全问题的持续讨论。其中，众多学者对书中的数据、方法和观点进行了各种讨论和批评。

另一方面，国内学者对我国食物消费发展趋势也做了大量研究。从较早的研究来看，封志明和陈百明（1996）在分析我国现有人口的食物供求及其发展趋势的基础上，预测了 2000 年和 2025 年我国人口的膳食营养水平。黄季焜（2004）设计了不同的情景方案，分析国内食物供给和需求。陈永福（2004）利用供求模型对我国主要食物的长期供求进行了政策模拟和预测。

从近期研究来看，有学者关注于我国食物消费变化上。李辉尚（2015）等利用国家统计局全国层面数据，分析了 1992—2012 年我国城镇居民食物消费的变迁特征，得出结论为我国城镇居民的食物消费支出稳定增长，动物性食物消费支出增长明显，动物性食物消费量也增长明显，城镇居民食物消费结构呈现为显著的西化趋势。大量学者继续关注于食物供求预测上。向晶和钟甫宁（2013）将人口结构变动引入到未来粮食需求的预测上，对 2010—2050 年的粮食需求进行了预测，结果表明对比考虑和不考虑我国人口结构调整，未来我国粮食需求总量的峰值很可能出现在 2030 年前后，且最高可能达 6.5 亿。陈永福等（2015）运用我国食物供求模型，以 2010 年为基期，对 2030 年我国食物供求形势进行了预测和展望，得出主要结论为：2030 年我国谷物将呈现供不应求的局面，供求缺口为 0.66 亿～1.99 亿吨，我国油料作物的净进口量将在 2030 年达到 6 600 万～9 400 万吨，2030 年预计植物油的供求缺口为 880 万～1 100 万吨。陈永福等（2016）分别从贸易历史、国际比较和模型模拟的视角对我国 2035 年食物供求平衡状况进行了展望和模拟分析，结果表明我国食物贸易净进口呈扩大态势，我国未来粮食净进口可能会进一步扩大，尤其是对蛋白质来源食物需求可能会快速扩张，我国谷物和油料作物供求平衡的缺口将不断扩大，主要谷物和油料作物的自给率将不断下降。

总结来看，在食物消费变化上，研究认为我国食物消费正在转型升级，食物消费结构向动物性为主的方向转变。在食物消费未来发展趋势上，一方面，国内学者认为我国能够保障食物的有效供给，不会在粮食和其他食品方面对世界构成威胁；另一方面，国外学者多数持悲观态度，认为我国食物供求失衡可能会危机全球食物安全。上述观点出现差异与我国人口基数大、资源人均占有量较低以及经济快速增长所带来的食物消费结构转型有较强的关联，同时也与国内工业化和城镇化导致的耕地转用、土地荒漠化和水土流失、地下水灌溉资源日益匮乏、气候变化引起的极端气候因素的影响等因素有关。

（二）关于营养发展趋势的研究

从20世纪30年代初开始，学者逐渐投入到食物消费与营养健康方面的研究。最初的研究重点，一是确定维持健康所需要的膳食需求，二是研究各国居民的膳食营养状况。近年，随着全球食物数量安全状况的基本好转、居民能量供给的基本实现，研究视角逐步转向总量供需平衡和营养需求与健康方面的研究。研究普遍采用热量、蛋白质和脂肪的摄入量作为评价指标，来测定各地居民的膳食营养水平，并开始转向对微量营养素、膳食构成比例等方面的研究。关于我国居民营养状况的研究主要聚焦于居民营养水平、膳食营养结构，但主要集中在热量、蛋白质和脂肪的研究上。

从使用数据来看，相关研究可以分为三类。

第一，以FAO的供需平衡表中的生产量数据为基础，从供需平衡角度计算居民的食物营养水平，但其仅测算热量、蛋白质、脂肪。赵殷钰和郑志浩（2016）利用FAO数据，从食物消费和体力消耗两个方面探讨了我国居民超重和肥胖产生的传导机理和变化轨迹，认为超重和肥胖现象似乎是社会发展的副产物，如果没有人干预，该健康危机会持续发展。李辉尚等（2015）利用FAO供需平衡表中中日两国的热量、蛋白质和脂肪等主要营养物质摄入量等相关数据，分析了1961年以来，日本居民营养的变化特征，并比较了中日两国之间的差异，结论为与日本相比，我国居民的主要营养素摄入量均已超过日本，也高于膳食指南推荐的摄入量，且以植物性食物为主的膳食模式已经转变为以动物性食物占优的膳食结构。

第二，以国家统计局公布的我国人均主要食物消费量为基础，结合营养成分表进行换算，这种测算能够方便地计算任何时间和地区居民的膳食营养状况。但是由于所依据的基础数据是城乡居民家庭调查数据，未包括家庭成员在外用餐等食物消费，因此计算结构低估实际的营养水平。王禹（2015）基于2012年和2013年国家统计局住户调查办公室城镇居民家庭抽样调查数据，以全国多区域及不同收入等级城镇居民为研究对象，检验了我国城镇居民食物消费水平、消费结构和营养状况。研究发现，2012年我国各地区各收入等级城镇居民的生活质量均有所提高；粮食消费减少，禽蛋奶水果等副食产品消费增长；能量摄入量高于《中国食物与营养发展纲要（2014—2020年）》规定的目标值，但谷物供能和蛋白质摄入量低于目标值，但差距正在缩小，脂肪供能比低于30%，但逐年上升，脂肪摄入量过多且不断增加，应引起关注。

第三，根据局部地区的典型调查数据，观察我国居民营养状况的变化。

此外，赵丽云等（2015）利用2010—2012年我国居民营养与健康状况监测结果，比较了我国居民目前膳食营养状况与《中国食物与营养发展纲要（2014—2020年）》中相关目标，发现我国居民豆类、奶类、水产品和水果摄入量均不及目标的一半，我国居民每标准人日能量摄入量为2 134.8千卡，接近目标摄入量2 200～2 300千卡；谷类食物供能比为54.2%，达到不低于50%的目标；脂肪供能比为31.5%，超过目标的上限30%；平均蛋白质摄入量为64.6克，低于目标要求的摄入量78克。

二、影响我国食物消费与营养的研究

（一）经济因素

1. 经济因素对食物消费影响的研究

在过去的30年中，很多学者就收入、价格等经济因素对我国居民食物需求的影响做了研究。从使用模型上来看，以往研究可以分为两类。

一类是运用单方程去估计我国家庭食物需求。Theil等（1987）运用Working-lester模型和双对数模型，通过计算收入弹性，分析了我国28个省（区、市）的主要食物（粮食和豆类）的需求情况。研究发现甘肃省的主要食物收入弹性最高，为0.35，上海市的主要食物收入弹性最低为－0.17。但是由于Working-lester模型不包含价格变量，因此不能分析价格变化对食物需求的影响。Wu等（2014）基于2007—2009年广东省城镇家庭消费数据，运用最大似然估计双栏式模型，分析了广东省城镇家庭奶粉消费需求。研究表明广东省城镇家庭的奶粉的收入弹性为0.160 2，自价格弹性为－0.205。Wang等（2014）基于2008年四川省和新疆维吾尔自治区的家庭调查数据，运用广义最小二乘法估计双栏式模型，探索了我国西部城镇家庭猪肉消费的决定因素。研究表明，猪肉的需求收入弹性为0.345，自价格弹性为－0.754。从以上两类单方程模型比较上来看，Wu和Wang使用的双栏式模型可以解决受限因变量问题，从而能够很好地解决零值消费问题，使得估计的结果更具合理性。

另一类是运用系统方程。很多学者利用线性支出系统对我国居民的食物消费需求进行了研究。例如，Wang和Chern（1992）利用1981年湖北省农村居民和1982年北京市城镇居民的混合省级家庭预算数据，运用线性支出系统分析了我国食物消费需求状况。研究表明，湖北省农村居民家庭食物的收入弹性为0.843，北京市为0.891；食物的自价格弹性比较高，1982年北京市城镇居民的食物自价格弹性为－0.722，这主要是由于高档食品具有较高的自价格弹性，1981年湖北省农村居民的食物自价格弹性为－0.714。Chern和Wang（1994）基于1985—1990年的我国家庭支出混合省级数据，运用线性和二次的支出系统分析了不同加总食物组的恩格尔函数，研究表明家禽需求的收入弹性最高，达到3.01，油脂的收入弹性最低为0.41；食物需求的自价格弹性的范围为－1.82～－0.32，家禽的自价格弹性最高，油脂的最低。尽管线性支出系统是从消费经济学理论中推导出来的，但其限制性太强，它要求所有的商品不能是劣等品、所有商品的关系式是替代关系。而且，以上运用线性支出系统的文献聚焦于估计加总食物组的消费需求，这可能出现加总偏差。另外，在这些文献的研究时期，某些商品仍然存在配给限制，使得研究结果对目前的家庭食物消费参考价值有限。

随着需求系统的发展，出现了更加灵活的需求模型，它们能够较好地反映消费偏好。Fan 和 Wen（1997）基于 1985—1990 年我国城镇收入与支出调查数据库的省级数据，运用 Lewbel（1989）提出的建立在 AIDS 和 Translog 模型基础上的更加灵活的需求系统模型，分析了我国家庭的 7 种主要食物的消费模式。研究表明，肉、水果和鸡蛋有较高的支出弹性，弹性大于 1，分别为 1.06、1.60 和 1.85，粮食的收入弹性最低为 0.27；水果的自价格弹性最低为－1.07，粮食的自价格弹性最高－0.26；粮食对于低收入的省份是必需品，但是对于高收入的省份是劣等品。Liu 和 Chern（2003）利用来自 1998 年国家统计局的山东省、江苏省和广东省的家庭消费调查数据，运用多阶段 AIDS，利用 Shonkwiler 和 Yen（1999）、Yen 和 Kan（2002）提出的两步估计方法解决数据零值的基础上，分析影响食物需求的潜在因素。研究表明，水产品的支出弹性最高为 1.240，蔬菜的弹性最低为 0.872；只有牛肉和鲜奶的自价格弹性的绝对值大于 1，分别为－1.004 和－1.006。Zheng 和 Henneberry（2011）基于 2004 年江苏省城镇住户调查数据，运用一个不完全需求系统，估计了高、中、低三个收入水平家庭的十种主要食物组的价格和收入弹性，使用了两步法估计方法解决了消费零值问题。这些有关食物消费方面的研究主要依据马歇尔或希克斯需求理论，采用 AIDS、LA/AIDS、QUAIDS 等模型，并在模型估计中很好地解决了消费零值问题、支出的内生性问题，使得估计的结果更加符合实际。

在使用数据方面，先前的一些研究使用了加总时间序列数据，也有很多研究使用了城镇水平上的加总横截面数据，或者是省级面板数据。最近的大量研究使用了来自国家统计局的城镇住户调查数据或各地区调查数据。与以往的加总数据相比，城镇住户调查数据有很大的优势。首先，城镇住户调查数据包含了详细的人口统计特征，这有利于研究家庭间的异质性偏好。其次，该数据包含大量的样本，这适合运用较大的需求系统来估计食物需求。随着调查数据的可获得性，许多学者越来越关注我国食物需求状况变化。

综上所述，以往关于经济因素对我国食物消费影响的研究结果存在差异的原因可以归结为：使用的数据不同、研究时期不同、消费零值问题、模型内生性问题、使用的模型不同以及模型估计方法的不同。

2. 经济因素对营养摄入影响的研究

收入和食物价格是影响居民营养摄入的主要经济因素，也是以往研究的重点。通过估计营养需求收入弹性探析收入对营养需求影响的研究已经颇多，但是营养需求收入弹性的大小和程度仍然存在争议。

一方面，研究发现我国居民的营养需求收入弹性远大于零，营养摄入与收入之间呈显著的正向关系，认为收入的提高放松了预算限制，增加了食物消费的数量和种类，也相应提高了营养摄入量。从研究结果来看，Zheng 和 Henneberry（2012）估计的 2004 年江苏省城镇住户能量和主要营养素需求的收入弹性范围为 0.9～1。Meng 等（2009）估计的 1986—2000 年全国城镇家庭能量需求的收入弹性范围为 0.215～0.794。上述文献使用的数据均来源于国家统计局城镇住户调查数据。

另一方面，很多研究结果显示营养需求的收入弹性很小，甚至接近于零，收入对营养需求的影响较小。对于此种结论存在两种解释。一种解释是我国居民的能量人均摄入已经达到较高水平，因此能量摄入对收入变化的反应不再敏感；另一种解释是随着收入的增加，家庭虽然将更多的支出花费在食物消费上，但是他们更多地关注于食物的质量特性，也即人们消费的食物由低价格向高价格转移，导致收入的增加并没有带来营养水平的明显改善。从研究结果来看，Zhong 等（2012）利用 1991—2009 年的中国健康营养调查数据（CHNS），估计的全国居民能量需求收入弹性范围为 0.039～0.045。张车伟和蔡昉（2002）利用 1997 年农村贫困住户数据，研究发现我国贫困农村地区能量摄入的收入弹性为 0.145。对于我国城镇地区，刘华和胡雪枝（2013）利用 2006 年 CHNS 数据，得出城镇居民营养需求收入弹性小于 0.2 的结果。

从以上文献总结来看，我国居民的营养需求收入弹性问题学界仍然不能达成一致认同。研究结果因研究对象、数据来源与区间等的不同而出现差异。从城镇居民的研究来看，Zheng 和 Henneberry（2012）、Meng 等（2009）使用了国家统计局的数据，估计的营养弹性相对较高，而刘华和胡雪枝（2013）利用 CHNS 数据估计的营养弹性相对较小。可能的原因是两种数据调查方式存在差异，国家统计局城镇住户调查数据获得方式为调查的样本家庭以每天记账的方式将其一整年的收入和支出情况进行记录，而我国健康营养调查数据获得方式为在一周中随机抽取连续三天进行记录。从政策含义来看，营养需求是否具有收入弹性关系到以消除贫困和营养不足为目标的收入政策是否有效。如果营养需求具有收入弹性，表明实施收入调节政策有助于改善营养水平，反之收入提高对营养改善的作用有限。因此，鉴于营养需求与收入之间的关系仍然存在不确定性以及营养需求收入弹性具有重要的政策含义，未来营养需求与收入之间的关系仍是一个重要议题。

也有研究表明，营养摄入与收入之间可能是一种非线性关系，收入对营养摄入的影响可能因收入水平的不同而存在差异，低收入水平家庭的营养摄入可能具有收入弹性，高收入家庭的营养摄入可能对收入的变化不再敏感。

从研究营养摄入与收入间非线性关系的方法上来看，已有文献可以归纳为两类。

第一类，有研究运用非参数估计方法或半参数估计方法估计营养摄入与收入之间的非线性关系。从研究结果来，Meng 等（2009）基于 1986—2000 年全国城镇住户调查数据，运用非参数估计方法进行估计，以及 Tian 和 Yu（2015）利用 CHNS 数据，运用半参数估计方法进行估计，研究结果均表明营养摄入与收入之间存在非线性关系。但是，Peng 和 Alfonso（2016）利用 CHNS 数据，以 18～60 岁人群为研究对象，实施非参数和半参数估计技术研究发现，能量摄入与收入之间呈线性关系，两者之间的关系不会因估计技术的不同而出现差异。上述研究结果出现差异的原因可能是研究对象和数据来源的不同。从使用数据来看，Meng 等（2009）使用的是家庭层面的数据，数据来源为国家统计局，数据较旧，而 Tian 和 Yu（2015）、Peng 和 Alfonso（2016）使用的是个人层面的数据，数据来源为 CHNS。

第二类，主观划分收入阶层或者主观选取人均收入水平并估计营养需求收入弹性是探索营养摄入与收入之间关系是否因收入水平的不同而发生变化的常用方法。Tian 和 Yu（2013）利用 2004 年 CHNS 数据，基于每人每天 2 美元的国际贫困线标准将样本划分两部分，结果表明低于贫困线的能量需求收入弹性为 0.322，而高于贫困线的能量需求收入弹性却接近于 0。Meng 等（2009）利用城镇住户调查数据和 You 等（2015）利用 CHNS 数据均计算了收入分位数上的营养需求弹性，结果表明不同收入分位数上的营养弹性存在较大差异。Huang 和 Gale（2010）利用 2002—2005 年城镇住户调查数据，计算了四个人均收入水平上的营养弹性，发现营养需求的收入弹性随收入水平的增加而逐渐下降，甚至高收入水平的能量需求收入弹性为负值。Xiao 和 Edward（1995）利用我国北方富裕农村的家庭数据选取了四个收入水平线也做了类似研究。但是以上文献在估计不同收入水平群体营养需求弹性时未能根据数据自身的特点划分收入阶层，多数以主观因素进行划分，可能导致研究结果出现偏误。

根据以上分析，科学客观地对研究对象进行分组有助于严谨和准确地估计不同收入群体的营养弹性。低收入群体可能极易受到贫困和营养不足问题的冲击，收入可能仍然是制约其营养摄入提高的关键因素，而高收入群体可能面临营养过剩问题的困扰，收入增长对其营养改善的作用可能有限。因此，有必要估计不同收入水平群体的收入弹性。

从估算营养弹性的研究方法上看，存在直接估计和间接估计的差异。间接法是通过估计食物需求方程，结合营养成分转化系数间接得到营养弹性。直接法是首先利用营养成分表将食物消费数据转化为营养需求数据，然后建立营养需求方程直接估算营养弹性。Tian 和 Yu（2013）从数学推导上比较了间接法和直接法，发现间接估计营养需求弹性时假定不存在食物品种之间的替换，往往高估营养需求弹性。对于直接法，食物消费数据转化为营养数据的方法不同也会导致不同程度的误差，但是如果适当增加食物的分类可以有效避免转化数据带来的误差。Zheng 和 Henneberry（2012）利用国家统计局 2004 年江苏省城镇数据，采用间接法估计的营养弹性范围为 0.9～1，同时 Meng 等（2009）利用国家统计局 1986—2000 年全国城镇数据，运用直接法估计的能量需求的收入弹性范围为 0.215～0.794。使用 CHNS 数据的相关研究多数是采用了直接法估计营养弹性，弹性范围在 0～0.4。可见，间接估计的营养弹性值可能高于直接估计的结果，本书将采用直接法估计营养弹性。

（二）人口因素

对于不同年龄和性别的人口，其每天用于维持生命代谢和从事体力活动的热量消耗存在显著差异。因此，如果在收入、价格等经济因素一定的情况下，家庭人口年龄结构的变化将导致膳食能量摄入的变化，进而对食物消费产生影响。

现有很多研究证实人口结构是影响食物消费和能量摄入的一个重要因素。从食物消费支出来看，在控制年龄、教育水平以及生活条件的情况下，男性的食品支出要明显高于女性，孩子的食物消费支出只有父母支出的 30%～40%。从食物消费量来看，年龄结构变化对食物消费需求存在不同程度的影响，如果低龄人口和高龄人口在总人口中所占比重增加，那么各类食物的人均消费量有可能出现下降。向晶和钟甫宁（2013）从人体能量需求出发，将人口结构变动考虑在内，对未来粮食消费进行了预测，结果表明如果不考虑人口结构因素的影响，可能会夸大未来我国粮食需求。从能量摄入来看，Zhong 等（2012）利用 CHNS 数据，运用成人当量方法研究了人口结构变动对能量摄入的影响，结果表明以能量为基础计算的人口结构综合消费指数显著影响人均能量摄入。可见，人口结构因素对家庭食物消费和能量摄入有不容忽视的影响。

从研究人口结构对消费影响的研究方法上来看，可以总结为两类。

一类是将不同年龄段人群的数量或比重直接作为解释变量引入消费函数。Meng 等（2009）、Tian 和 Yu（2013）通过将不同性别年龄段人群的比重加入营养需求方程中来控制人口结构对营养摄入的影响。Liu 等（2015）将人的生命周期分为了 6 个年龄组，进而用家庭中处在 6 个年龄组的人口数量作为解释变量加入计量模型中，研究了我国城镇家庭人口结构对家庭在外食物支出的影响。

另一类是构建一个综合指标来表征人口年龄结构，进而引入消费函数研究人口结构变动对消费的影响，最常用的方法是利用成人当量。Zhong 等（2012）以FAO提供的分年龄性别人口的日热量需求为基础，测算出不同年龄人群的成人当量，进而构建家庭人口结构指标，研究了人口结构变动对城乡居民能量摄入的影响。王金营和付秀彬（2006）利用标准消费人概念，通过将儿童和老年人的消费折算为成年人消费的比例构造了人口年龄结构综合变量，进而将人口年龄结构引入消费函数研究了人口老龄化对消费的影响。李国景和陈永福（2018）利用成人当量思想，将独生与非独生子女家庭类型因素引入了人口结构综合变量的构建中，测算并对比分析了独生与非独生子女家庭人口的成人当量。

根据以上文献总结来看，通过引入成人当量的概念和变量，可以容易而方便地将人口年龄结构引入消费函数，从而建立一个可以反映人口年龄结构影响的消费函数，使得研究人口结构变动对家庭消费的影响成为可能。不仅如此，将不同性别年龄人口折算成标准消费人，使得不同特征人口的消费进行等价比较成为可能。

利用成人当量的方法进行研究，最为关键的问题是测算不同年龄人群的成人当量数值。从目前的研究来看，测算方法有两种：一种是根据不同性别年龄人口的生理和营养的需求获得。例如，Zhong 等（2012）、向晶和钟甫宁（2013）根据FAO提供的日热量需求表，获得了不同人口的成人当量。另一种是根据可观测的消费者行为，即根据实际发生的消费数据获得。根据利用实际消费数据获得不同年龄人群成人当量数值的研究来看，这些研究的逻辑非常相似，即首先根据性别、年龄等信息建立不同年龄人群的成人当量函数，然后将其引入消费模型，通过实际消费数据估计获得成人当量函数中的未知参数，进而获得成人当量数值。Gould（2002）认为，利用可观察的消费者行为是估计成人当量权数相对较合适的方法。因此，本书将采用该种方法，利用实际食物消费数据实证获得成人当量，进而研究人口年龄结构对消费的影响。

成人当量（adult equivalent scale，简称 AES）是人均形式的一种替代，它反映了不同特征的家庭成员对家庭消费行为的影响。成人当量应用最常见的方法是，设定一个成年男性的权重为1，然后根据其他人的相对消费需求，安排给他们不同的权重，这些权重可以作为不同人口对应的成人当量。

权重的设定可以根据不同性别年龄人口的营养需求获得。例如，向晶和钟甫宁（2013）根据FAO提供的日热量需求表，获得了不同人口的成人当量。然而，FAO提供的日热量需求表是否符合中国人的特征还有待证实。权重的设定也可以根据可观测的消费者行为。其中，Barten（1964）建立的尺度模型主要用于评估由于家庭结构变化导致的生活成本的变化，用于衡量家庭结构变化对福利的影响。Buse等（1978）建立的成人当量模型，可以预测家庭结构变化对家庭消费支出的影响。

现有研究的目标主要在于成人当量的估计上，无论是基于可观测的消费者需求行为，也就是利用消费数据，还是利用营养需求都可以获得成人当量数值。但是，Deaton和Muellbauer（1986）认为，利用可观察的消费者行为被认为是估计成人当量最合适的方法，然而，目前的困境在于利用家庭支出数据运用怎样的方法去估计得到当量数值。从以往研究中发现，依据可观察的消费者行为，估计成人当量的计量方法从根据人口统计因素修改的与效用相一致的需求系统到单方程方法。

很多学者利用单方程方法估计成人当量，他们建立的模型是约化参数型模型，主要用于研究家庭结构特征对家庭消费的影响。从这类成人当量模型发展来看，经历了从离散型模型到连续型模型的变化。最初，Sydenstricker等（1921）根据年龄和性别，将家庭成员分到不同的年龄性别组，并把不同年龄性别组的成人当量权数设定为固定的数值，从而建立逐步离散型的成人当量模型。

之后，Pairs等（1955）和Price（1970）分别做出了一些修改，但是仍然没有改变成人当量模型的不连续性。Buse等（1978）认为，不连续性的成人当量模型存在不足，原因是家庭消费模式的变化可能是单个人生理和心理增长的函数，这是一个连续的过程。从Price（1970）估计得到的六种食物的支出成人当量参数也可以看出，不同年龄性别组对应的当量数存在很大差异，表明不连续的成人当量模型会使分割点处的权数数值出现突然的跳跃。针对不连续的成人当量模型，Friedman（1952）、Blokland（1976）提出将成人当量函数设定为家庭成员年龄、性别的连续函数，从而解决了成人当量模型的不连续性。Buse等（1978）正是借鉴了这种思想，对Prais（1955）和Price（1970）建立的成人当量模型进行了修正，将成人当量函数设定为家庭成员年龄、性别的连续函数，同时对划分的年龄层进行了重新调整，建立了连续的成人当量模型。Buse等（1978）基于1955年和1965年USDA家庭食物消费调查数据，运用修正的成人当量模型估计了6种食物支出成人当量，并作了详细地对比分析，结论表明家庭成员的年龄性别结构显著影响家庭的支出行为，并且男性和女性各种食物支出上的成人当量存在差异，这也表明男性和女性在各种食物消费支出上存在差异。

然而，Tedford 等（1986）认为，这种连续的成人当量模型仍然存在缺陷。第一，年龄分层背后的依据很少被精确表达。过去很多研究并没有解释年龄分层界限的选择依据是什么，以及为什么在生命周期中不同阶段的消费行为会存在差异。第二，以往实证研究中，家庭的一些社会人口统计学特征变量没有包含在用于估计成人当量的实证模型中。Tedford 等（1986）为了弥补以上缺陷，基于 Levinson 等（1978）的心理学研究以及 Vander（1978）的生命周期发展概念，对生命周期中的年龄分层进行了细化，建立了 TCH 成人当量模型。与之前的模型相比，该模型独一无二的地方在于其建立过程中结合了心理学知识、儿童发展、人类发展概念以及经济学概念，这种结合多学科知识建立的成人当量模型有助于解释为什么不同年龄性别的家庭成员对家庭消费行为的影响存在差异，而且能够很好地解释年龄分层的依据。

Tedford 等（1986）使用 1977—1978 年的美国食物消费数据，分别估计了 TCH 成人当量模型、Blokland（1976）建立的成人当量模型以及 Buse 等（1978）建立的成人当量模型，比较发现 Blokland（1976）建立的尺度模型有太多局限而不能充分解释整个生命周期上的消费行为，TCH 成人当量模型和 Buse 建立的成人当量模型在年龄层上存在差异，事实上 TCH 成人当量模型对年龄分层有更为精确的定义。结论也表明男性和女性的食物支出行为在生命周期中的不同阶段上存在较大差异。可见，Tedford 等（1986）建立的 TCH 成人当量模型相对较为合理。

可见，成人当量模型经历了逐步分离的模型到连续性的模型。其中，Tedford（1986）提出的连续性成人当量模型在最近研究中被广泛用于获得权数值。

三、食物自给率的研究

自加入世贸组织以来，随着我国经济的持续增长和城镇化进程的加快，居民收入水平继续提高，食物消费向富含蛋白质的动物性食物方向转型升级。同时，人口数量的刚性增长推动食物消费规模不断扩大。而且，随着居民对膳食营养知识的认识逐步加深，居民饮食向安全和营养方向转变，推动食物消费需求的多样化发展。这些发展和变化将导致我国食物需求保持刚性增长，直接关系到未来食物安全问题，在此背景下，对我国食物安全进行评价始终是学者研究的热点。

评价我国食物安全需要对我国的食物自给状况有个清晰的认识。从国内生产来看，一方面，我国人均农业资源匮乏，人均耕地少、耕地质量总体不高、耕地后备资源不足；另一方面，我国农业化肥和农药使用量大，导致农业环境污染严重，工业化和城镇化的快速推进也导致土地和水资源日益受到污染的威胁，这都将制约国内食物供给能力的增长。从进口来看，加入世贸以来，我国食物进口持续快速增长。特别是2010年以来，在大豆和植物油进口持续高位增长以及乳制品净进口大幅度增长的同时，主要粮食作物全部呈现净进口，肉类进口加速增长。

食物自给率是衡量一个国家和地区食物自给状况的一项核心指标，其定义为一个国家和地区的食物总生产量占总需求量的比例。现有研究对我国食物自给率的计算结果存在一定差异，部分原因在于对国内总需求量的计算上存在差异。一方面，有研究从需求端出发，利用居民食物消费数据来估算国内总需求情况。这种计算方法往往涉及大量数据，其中很多数据甚至很难经由统计渠道直接获取，需要进行折算等。比如计算粮食的国内总需求量，需要将食用、饲料、工业、种子和损耗等需求进行加总获得，计算较为复杂。另一方面，有研究从供给端出发来计算国内总需求量，即按照国内总需求等于可供消费的国内总供给，从国内生产量加净进口量和库存增加量来计算国内总需求量。其中，张元红（2016）从供给端出发利用FAO提供的我国食物生产、需求、贸易数据，计算了我国各类食物的自给率。

从使用数据上来看，很多研究利用FAO提供的我国食物供求平衡表数据测算自给率，但是该数据库最新数据截至2013年。另外，有研究利用国家统计局数据、海关数据对我国食物的需求、生产和贸易数据进行测算，进而计算食物自给率，虽然测算过程较复杂且引入了一些估算，但数据较新。从研究对象上看，大量研究关注粮食自给率，也有研究计算了各类食物的自给率，以及从热量角度计算我国综合食物自给率。但是，从营养结构的角度计算和分析我国蛋白质、脂肪和碳水化合物自给率的研究较少。

四、我国食物进口需求的研究

我国是一个拥有14.13亿人口的大国，人多、地少、缺水是基本的国情，为了满足我国居民不断丰富的食品需求，必须统筹利用好国内国外两种资源、两个市场，在确保谷物基本自给，还要适度进口国外农产品、深化同主要贸易伙伴国的农业合作，这符合国际贸易规律，也是国家总体战略和粮食安全战略的要求。在此背景下，很多学者就我国食物进口需求开展了大量研究。

食物进口需求弹性的估计一直都受到学术界的重视，不过针对不同品种以及不同时期的研究结果往往存在差异。我国大豆进口需求一直是研究的重点领域。高颖和田维明（2007）利用Rotterdam模型对我国大豆进口需求进行了研究，结果表明，我国对主要进口来源地的大豆数量均有弹性，且对美国、巴西、阿根廷等国大豆出口价格的变化很敏感；当我国的大豆需求增长以后，美国大豆出口的增长幅度最大，其后是阿根廷、巴西。高颖等（2012）再次运用Rotterdam模型探讨了我国大豆和大豆油进口量之间的关系，研究发现我国大豆油进口数量的减少将引起大豆进口更大幅度的增长，并且从巴西进口大豆的增长幅度会显著高于阿根廷和美国。赵殷钰和郑志浩（2015）进一步将国产大豆和大豆油与不同来源的进口大豆和大豆油纳入同一需求系统内，采用来源区分AIDS模型来分析我国大豆和大豆油需求，探讨了大豆和大豆油进口量之间的关系。

也有学者通过马歇尔需求函数构建粮食进口需求模型，具体来讲，将粮食进口需求表示为其相对价格和收入的函数，通过估计进口需求弹性来分析收入、价格对粮食进口需求的影响。其中，王锐等（2017）选取了2003—2013年的数据，建立粮食进口需求模型，重点分析了小麦、玉米和大米三大品种的进口需求的收入和价格弹性，结果表明，相对价格对进口需求的影响更为显著，价格下降，玉米、大米以及小麦的进口需求会显著增加，其中小麦最敏感；在长期，收入增长将进一步促进玉米进口增长，但对大米和小麦的进口影响有限；与短期相比，长期内相对价格对各品种的进口需求影响更大。

也有学者以农产品为研究对象进行研究，如徐芬和刘宏曼（2017）基于Magee（2004）提出的进口需求模型，采用系统广义矩估计方法，并结合反事实估计，测算我国多个自贸区对我国农产品进口的贸易创造和贸易转移效应。此外，也有学者利用Rotterdam模型研究了食物之外的商品的进口需求弹性。其中，杨红强和聂影（2008）利用Rotterdam模型对我国原木进口需求的来源地结构进行了研究。运用Rotterdam模型，罗利平等（2014）对日本花卉进口需求弹性以及罗利平和蒋勇（2014）对德国花卉进口需求弹性进行了估计，并对我国花卉的出口提出了建议。

总结来看，在进口需求模型上，第一，有学者利用来源区分模型从不同来源地去分析进口的需求弹性，其中，其中运用Rotterdam模型进行的研究相对较多，也有学者利用来源区分AIDS模型进行研究；第二，有学者通过马歇尔需求函数构建收入、价格对商品影响的进口需求模型。在研究对象上，以大豆为研究对象的较多，以食物整体为研究对象的研究相对缺乏，而以营养为研究对象从不同来源地去分析进口需求弹性的研究更是凤毛麟角。

截至目前，关于食物进口需求弹性的研究多数集中在粮食特别是大豆方面，对于其他食物品种的研究相对较少，将所有食物综合考虑在一起的研究则更为少见。而且，从营养视角系统考察我国热量、蛋白质、脂肪和碳水化合物进口来源地结构，以及估计进口来源地之间的相互关系的研究更是少见。众所周知，人类消费食物是为了摄取营养，目的是维持生命代谢和从事体力活动，因此，从营养的角度分析食物能够更深层次地理解食物需求。最初，张车伟和蔡昉（2002）以农村居民食物消费数据为基础数据，结合营养成分表，估计了我国贫困农村的营养弹性。近年，有研究以我国健康与营养调查数据为基础数据估计了全国居民营养弹性；同时，也有研究利用国家统计局城镇住户数据估计了我国城镇居民营养弹性。此外，胡小平和郭晓慧（2010）从合理营养标准的视角确定人均食物需求，预测了 2020 年我国主要粮食用途和品种的需求数量。

除了上述居民消费领域的相关研究，也有研究从热量角度分析食物生产、需求与净进口之间的关系。张元红（2016）利用 FAO 提供的我国食物生产、需求、贸易数据，为了避免不同类别的食物进行实物量加总可能带来的误差，按最基础的热量值折算每种食物后加总，从热量角度计算了我国综合食物自给率。可以看到，将食物需求、贸易数据按其主要营养含量折算后加总再开展相关研究是可行的，只要适当增加食物的分类就可以有效避免转化数据带来的误差。不过，上述研究均是基于热量角度开展的，从主要供能营养素角度，即蛋白质、脂肪和碳水化合角度开展的食物进口需求研究相对缺乏。

对我国来说，准确地估计食物和营养进口需求弹性，无论是对学术界还是政府都非常需要，这有助于相关政府部门和食物进口商更加清晰地了解我国食物市场的内部竞争关系，从而制定出更切合实际的产业和企业发展战略。鉴于此，有必要分析我国食物与营养进口来源地特征，开展我国食物与营养进口需求实证分析，理清进口来源地在我国食物进口市场上的相互关系。

五、国内外研究评述

通过以上文献综述来看，已有研究对我国食物消费和营养发展的变化趋势以及食物自给率进行了分析，对食物的进口需求弹性进行了估计，对我国居民的食物需求弹性和营养需求弹性进行了估计。但是，现有研究仍然存在需要丰富和改进的地方。

在食物自给率测算上，大量研究关注于粮食自给率，也有研究测算了各类食物的自给率，以及从热量角度计算我国综合食物自给率。但是，从营养结构的角度测算和分析我国蛋白质、脂肪、碳水化合物自给率的研究较少。本书将从食物和营养两个角度测算我国食物自给率，有助于多角度认识我国食物自给状况。

在食物进口需求方面，现有研究多数从食物角度对我国食物进口变化进行分析，而从营养角度分析食物进口来源特征以及实证研究食物进口相对缺乏。本书将从食物和营养两个角度统计分析和实证分析相结合研究我国食物进口来源特征。

在人口结构变化对食物消费和营养摄入量影响方面，已有研究通过将不同年龄段人群的数量或比重直接作为解释变量引入消费函数开展研究，也有研究借助成人当量概念构建一个综合指标来表征人口年龄结构，进而引入消费函数研究人口结构变动对我国居民消费的影响。总结来看，有研究根据日热量需求表，获得了不同人口的成人当量数值，也有研究主观将儿童和老年人的消费折算为成年人消费的比例构造了人口年龄结构综合变量，进而将人口年龄结构引入消费函数研究了人口老龄化对消费的影响。但是，通过构建不同人口的成人当量并利用食物消费数据实证估计获得不同人口的当量数值，进而开展我国食物消费与营养需求的研究相对缺乏。本书利用成人当量概念，结合三次样条函数，构建不同人口的成人当量，进一步构建表征家庭人口年龄结构的综合变量，并将其引入消费模型，估计人口年龄结构对居民食物消费支出与营养摄入量的影响，而且测算不同年龄人口的成人当量，并将其运用到未来人口当量规模变动的模拟中，有助于丰富和改善人口结构对食物消费和需求预测的影响研究。

在营养弹性方面，第一，从文献总结来看，营养需求的收入弹性问题仍然不能达成一致，营养需求与收入之间的关系仍然存在不确定性。第二，从营养需求收入弹性的意义来看，营养需求是否具有收入弹性关系到以消除贫困和营养不足为目标的收入政策是否有效。如果营养需求具有收入弹性，表明实施收入调节政策有助于改善营养状况，反之收入提高对营养改善的作用有限。从研究结果的差异性和政策含义的重要性来看，未来营养需求与收入之间的关系仍是一个重要议题。因此，本书将利用成人当量概念构建表征家庭人口年龄结构的变量，将人口结构对消费的影响引入实证分析中，进而研究收入、人口年龄结构等因素对家庭营养摄入量的影响。

第三节 研究目标及内容

一、研究目标

自加入世贸组织以来，我国农业快速融入世界农业体系中，食物进口不断增长，食物自给面临挑战。本书以测算食物自给率和分析食物进口来源特征为出发点，之后，从直接关系到食物进口和自给的食物需求角度入手，利用成人当量方法实证研究人口结构对食物支出和营养摄入量的影响，并测算食物需求成人当量，最后，基于人口结构变化模拟食物需求当量规模变动，并对未来食物净进口的预测结果进行修正。

具体研究目标如下。

（1）明晰食物自给率与进口来源特征、异质性消费、未来当量模拟、未来食物净进口修正的概念框架，并提出研究假设。

（2）从营养角度测算食物自给率，摸清我国食物自给现状。

（3）基于我国食物进口需求分析，总结和提炼我国食物与营养的进口来源特征。

（4）在分析城乡居民食物与营养消费现状的基础上，利用成人当量方法测度人口结构等因素对食物消费支出和营养摄入量的影响，并测算不同人口的成人当量水平。以便用于未来人口当量规模变动模拟与应用中。

（5）基于人口结构变化，对未来人口食物需求当量规模变动进行模拟，进一步对未来食物净进口的预测值进行修正，分析人口结构对食物进口的影响。

二、研究内容

本书的具体内容包括五个部分。

第一部分，概念界定、理论框架与研究假设（第二章）。

首先，对相关概念进行界定，包括食物的定义与分类，营养概念与数据转化，成人当量概念。其次，分析概念框架。在系统分析整体概念框架的基础上，对涉及的具体概念框架进行分析和阐述。具体包括食物自给率的测算；区分进口来源的食物进口需求概念框架和实证模型；人口结构变化对食物消费需求影响的理论分析和测量分析，这部分又包括利用成人当量概念将人口结构引入消费函数的理论框架，利用成人当量概念和三次样条函数构建不同人口的成人当量以及构建表征人口结构的综合变量的概念框架。最后，提出研究假设。

第二部分，基于营养视角的食物自给率测算与食物进口来源的特征分析（第三章）。

本部分内容主要包括食物自给率测算和食物进口来源特征分析两个方面。

在食物自给率测算分析中，首先利用国家统计局和联合国商品贸易数据库数据，分析我国食物与营养的供给状况；然后测算各类食物的自给率，从营养角度测算自给率，并进行国际比较。

在食物进口来源分析中，利用联合国商品贸易数据库数据，分别以食物整体、食物种类、能量、主要营养素为研究对象分析我国进口来源结构特征，在此基础上，从食物整体和营养角度实证研究我国食物进口，通过估计弹性分析食物进口需求依赖特征及来源地之间的相互关系。

第三部分，人口结构变化对城镇居民食物消费支出和营养摄入量的影响分析（第四章和第五章）。

本部分内容主要包括城镇居民食物消费和营养摄入量分析。

在城镇居民食物消费分析中，首先使用国家统计局城镇居民食物消费数据，分析城镇居民食物消费支出、消费结构、消费模式的变化；其次，分析了城镇人口结构的变化；再次，利用城镇住户消费数据，将表征人口结构的综合变量引入消费函数，通过估计弹性分析收入、人口结构等因素对城镇居民食物消费支出的影响，并测算不同人口的食物支出成人当量，便于应用到对未来人口当量的模拟中；进一步将样本均等划分，开展不同收入组的食物消费支出实证分析。

在城镇居民营养摄入量分析中，首先，使用国家统计局食物消费数据，从营养角度分析城镇居民食物消费；其次，利用城镇住户消费数据对城镇居民的能量摄入量进行实证分析，度量人口结构等因素的影响程度，测算不同人口的能量需求成人当量；再次，依据不同标准测算个人和家庭能量当量，在此基础上估计营养摄入弹性，并进一步开展不同收入组的能量摄入量实证分析；最后，开展总体及不同收入组样本的主要营养素摄入量的实证分析。

第四部分，食物需求当量规模变动的模拟及人口结构对食物进口的影响（第六章）。

本部分内容包括人口结构与食物自给率关系分析、未来人口当量规模变动的模拟分析、基于人口结构变化对未来食物净进口预测值的修正。

在人口结构与食物自给率关系分析中，首先利用2000—2016年我国城镇人口结构数据和测算出的人口当量，测算历年的我国城镇人口当量规模并分析其变化；然后通过非参数估计曲线分析城镇人口当量规模与食物自给率之间的关系。

在未来人口当量规模变动模拟分析中，利用有关机构对未来人口预测的结果，结合人口当量模拟未来人口食物需求当量规模的变动，分析未来食物自给率的变化。

在基于人口结构变化对未来食物净进口的修正中，根据未来人均当量的变化，对食物需求和净进口的预测结果进行修正，分析考虑和不考虑人口结构变化下的净进口之间的差额，以此分析人口结构变化导致我国食物净进口的变化。

第五部分，研究结论和政策含义（第七章）。

在前面部分的统计分析和实证分析的结果上，整理总结，提出相应的政策建议。

三、技术路线图

基于研究目标和研究内容，本书的技术路线如图1-1所示。

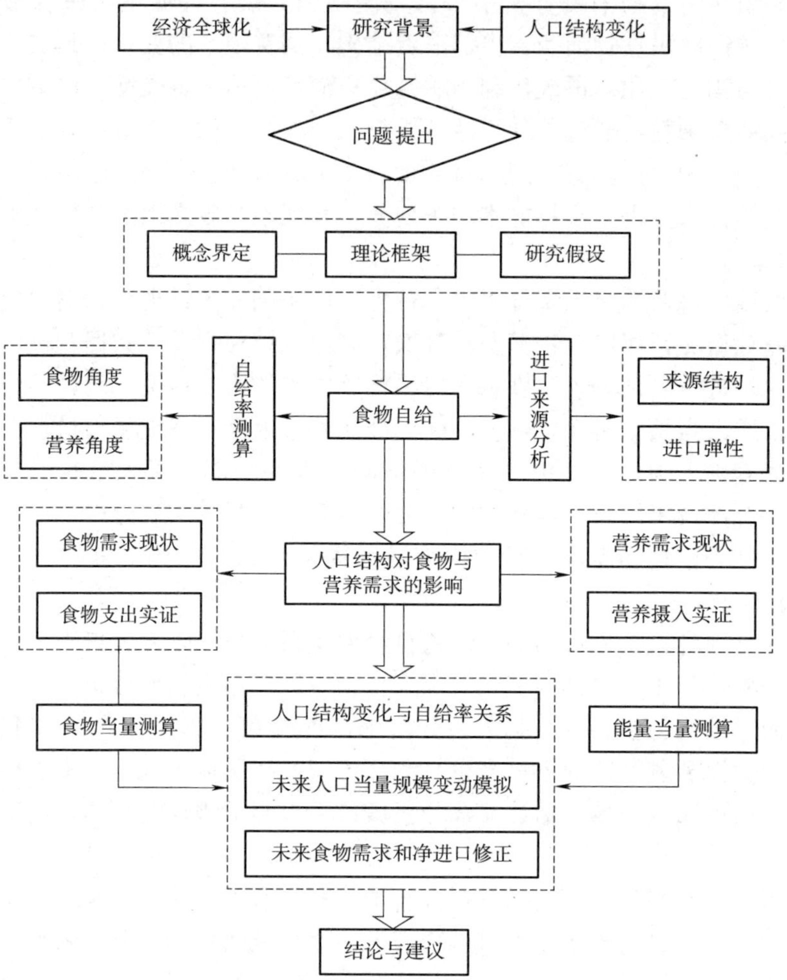

图 1-1　技术路线

第四节　研究方法与数据说明

一、研究方法

为了实现以上研究目标，本书综合应用统计分析、比较分析和计量分析的研究方法，具体如下。

（一）统计分析法

描述性统计有助于归纳和总结事物的基本特征，帮助研究者对所研究问题有一个整体性的认知和判断。基于国家统计局公布的城镇居民食物消费数据联合国商品贸易数据库的食物贸易数据以及以这些数据为基础数据根据营养成分表转化而来的营养数据，本书在第三章中运用多种统计分析的方法，对我国食物自给率变化、食物生产变化、食物进出口变化、营养进口变化进行了描述性统计分析，同时在第四章和第五章中对城乡居民的食物消费支出、食物消费量结构、营养摄入量的变化、动植物来源结构、主要营养素供能比进行了描述性统计分析。第四章和第五章中在利用城镇住户食物消费数据进行实证分析时，首先利用描述性统计分析对样本数据进行了详细的统计描述。此外，第六章中对城镇人口结构的变化、当量规模与自给率间的关系、未来人口当量规模的变化、未来食物净进口的变化均使用统计方法进行分析。

（二）比较分析法

本书在统计分析和计量分析中都多次采用比较分析法。在分析我国城镇居民营养摄入量、营养素提供能量的比例时，与《中国居民营养膳食指南》的推荐标准进行比较，与《中国食物与营养发展纲要（2014—2020年）》提出的2020年营养目标进行比较，与世界卫生组织建议各营养素的人群平均摄入量范围进行比较。第三章对我国食物和营养自给率进行了测算，将其与世界上其他国家的食物与营养自给率进行了对比分析。在第五章的估计能量需求收入弹性中，对本书以及以往研究中的收入弹性结果进行了对比分析。第四章和第五章的实证分析中，对加入与不加入人口结构变量的模型估计进行对比分析。在第六章中，多次对比分析人口当量规模变动与人口数量变动，在基于人口结构变化对未来食物净进口的修正中，对比分析修正与不修正的食物净进口之间的差额。

（三）计量分析法

计量分析是本书主要的研究方法。本书使用国家统计局城镇住户数据和我国食物进口年度数据，采用Stata处理大样本数据，并估计相关计量模型。具体来看，在第四章和第五章城镇居民食物消费支出和营养摄入量实证分析中，使用非线性估计方法估计了食物支出与收入之间的关系、营养摄入量与收入之间的关系，运用最小二乘法估计了食物消费支出函数，运用最小二乘法和工具变量方法估计了营养摄入方程。在分析我国食物进口结构的实证分析中，使用似不相关方法对Rotterdam模型进行了估计，测算了我国食物进口需求弹性。此外，在第六章中使用非参数估计方法对城镇人口当量数量比重与食物自给率间的关系进行了估计。

（四）规范分析法

规范分析方法是对经济运行中应该具有的规律和结果进行阐述和说明，回答事物的本质应该是什么。在第二章中，利用规范分析方法对食物自给率、成人当量等相关概念进行了界定，对理论分析框架的构建进行了阐述。

二、数据来源及说明

本书使用的数据主要为国家统计局公布的城乡居民食物消费和食物生产数据、联合国商品贸易统计数据库中的我国食物贸易数据、2009 年国家统计局城镇住户数据、USDA-FAO-Agricultural Outlook 数据库数据。数据来源于两个方面。

一是官方统计资料，如《中国统计年鉴》、联合国商品贸易统计数据库、USDA-FAO-AO 数据库等。

二是 2009 年国家统计局城调队居民住户统计资料，选取了代表华北、华南、华中、东北、西南和西北地区的河北、广东、河南、吉林、四川和新疆六省份的居民家庭各项消费的调查结果，研究范围界定在这六个省份的城镇居民。从地域来看，具有较好的代表性。根据调查方案，城镇住户指城市市区和县城关镇区居民委员会行政管理区域内的住户，包括户口在本地区的常住非农业户，户口在本地区的常住农业户，户口在外地、居住在本地区半年以上的非农业户，户口在外地、居住在本地区半年以上的农业户。调查的样本家庭以每天记账的方式将其一整年的收入和支出情况进行记录。

本书使用的营养数据是根据食物数据和食物成分表中的营养值计算得到。食物成分表以 2009 年中国疾病预防控制中心营养与食品安全所编制的《中国食物成分表》为主，其他学者的研究结果作为补充。本书以此为依据，利用食物生产量、消费量和进出口量数据计算得到能量和三大营养素的摄入数量。

第五节　可能的创新点

本书可能创新点如下。

第一，本书从营养角度测算我国食物自给率和分析食物进口来源特征，这为认识我国食物自给状况和食物进口需求依赖特征提供了多角度科学参考。

第二，鲜有研究利用我国食物消费数据，通过构建成人当量模型实证获得个人的成人当量数值。本书利用成人当量概念和三次样条函数构建了成人当量模型，并利用我国食物消费和营养摄入量数据测算不同人口的成人当量，这为未来研究人口结构对食物消费的影响提供了一种测量工具。

第三，传统的食物需求和食物进口预测可能由于忽略人口结构变化而出现偏差，本书基于人口结构变化，根据人均当量的变化对未来我国食物需求和净进口的预测进行修正，为进一步的研究分析提供参考。

第二章　理论框架与研究假设

本章的安排如下：对相关概念进行界定；针对上一章提出的研究目标，阐述本书的理论框架，并提出研究假设。

第一节　概念界定

一、食物的定义与分类

食物的分类与HS编码整理如表2-1所示。本书中食物的消费和生产数据来自国家统计局，食物进出口数据来源于联合国商品贸易数据库。根据数据的可获得性，将国内生产的食物划分为谷物、薯类、豆类、油料、糖料、蔬菜、水果、肉类、禽蛋、奶类、水产品。为了尽可能地让生产数据和贸易数据在食物种类上保持一致，根据乌拉圭回合《农业协议》界定的农产品范围（HS四位编码），将中国进出口食物划分为谷物、薯类、干豆类、油籽、植物油、糖类、蔬菜、水果、肉类、禽蛋、乳品、动物油脂、水产品。

表2-1　食物分类与HS税号

序号	大类	次类	产品HS税号
1	谷物及制品		
	谷物	小麦、玉米、稻谷、大麦、高粱等	1001、1002、1003、1004、1005、1006、1007、1008、1101、1102、1103、1904
		小麦产品	1001、1008、1101、1103、1904
		稻谷产品	1006、1102、1103
		玉米产品	1005、1102、1103、1104
		大麦产品	1003、1104
	粮食制品		1107、1108、1109、1902、1903、1904、1905
2	薯类		714、1105
3	油籽		1201、1202、1204、1205、1206、1207、1208、2008
		大豆	1201
4	干豆类		714、1106
5	植物油		1507、1508、1509、1510、1511、1512、1513、1514、1515

（续）

序号	大类	次类	产品 HS 税号
6	蔬菜		701、702、703、704、705、706、707、708、709、710、711、712、2001、2002、2003、2004、2005
7	水果		801、802、803、804、805、806、807、808、809、810、811、812、813、814
8	水产品		301、302、303、304、305、306、307、1603、1604、1605
9	肉类及制品		201、202、203、204、205、206、207、208、209、210、504、1601、1602
10	禽蛋		401、402、403、404、406、1901
11	乳品		407、408
12	动物油脂		405、1501、1502、1503、1505、1506
13	糖料及糖类		1209、1212、1701、1702、1703、1704
		食糖	1701、1702、1703、1704

二、营养概念及数据的转化

（一）基本概念

营养是指人体通过摄取食物，经过体内的消化、吸收和代谢等生理过程，利用食物中的有益物质以满足机体自身生理需要的生物学过程。营养学的相关理论和方法可以指导个体和群体合理地安排饮食，提高健康水平，预防和治疗疾病，同时还可以指导国家的食物生产及加工，改善国民体质、促进社会经济的发展。

营养源自食物。不同的食物具有不同的营养价值，自然界中没有任何一种食物含有人体必需的所有营养素。因此，人体每天必须进食多种食物，才能摄取数量充足、比例适宜的营养素。食物中具有一定生理功能的成分称为营养素。现代营养学把主要供能营养素划分为三大类：蛋白质、脂类、碳水化合物。它们既有各自的生理功能，如供给能量、构成机体组织成分及调节机体生理功能等，在代谢过程中又密切联系，共同参与和调节生命活动。主要供给能量的营养素为蛋白质、脂肪和碳水化合物。

能量为人体生命代谢和从事体力活动提供动力，人体每天都需要一定的热能。所需能量最主要来自食物中的三大产能营养素：蛋白质、脂肪和碳水化合物。每克蛋白质提供能量为 16.7 千焦，每克脂肪提供能量为 36.7 千焦，每克碳水化合物提供能量为 16.7 千焦。人体热能的消耗主要用于基础代谢、体力活动以及食物特殊动力作用。人类若长期能量不足，则会导致饮食性的营养不良，甚至死亡；如果长期能量摄入过多，易造成能量的囤积，导致肥胖等一系列退行性疾病的危险。因此，保持能量平衡，维持理想体重对保障身体健康有特殊的意义。中国营养学会推荐三大供能营养素占总热量百分比的范围分别为蛋白质 10%～15%，脂肪 20%～30%，碳水化合物 55%～65%。

蛋白质是生命和机体的物质基础，从机体的构成到一些生命活动，几乎都离不开蛋白质。蛋白质有重要的生理功能，通过代谢为人体提供热量，是人体一切细胞和组织的基本成分，是体内重要生理活性物质的基本成分。蛋白质如果长期摄入不足，热能供给不足，活动量过大以及精神紧张都可促使氮平衡趋向负平衡，可使机体出现生长发育迟缓、体重减轻、贫血、免疫功能低下、易感染、智力发育障碍等，严重时可引起营养性水肿。中国营养学会推荐蛋白质参考摄入量一般占能量的 10%～15%，优质蛋白质的摄入应占蛋白质摄入量的三分之一。从食物来源来看，动物性食物，如肉、鱼、蛋、奶，其蛋白质含量在 10%～20%，均属于优质蛋白质。植物性食物，如谷类、薯类、豆类等，其中大豆类的蛋白质含量为 20%～40%，是唯一能够替代动物性蛋白的植物性蛋白，属于优质蛋白质，谷物为 10%左右，薯类为 2%～3%。我国居民膳食主要以谷类为主，每日膳食中由谷类供给的蛋白质占 30～40 克，甚至更多。

脂类是人体组织的重要组成部分，正常人按体重计算含脂类 10%～20%，肥胖者可达到 30%以上。脂类包括脂肪和类脂。脂肪对人体有重要功能，除了能够储存和提供能量，是人体重要组成部分之外，还有维持体温正常、保护作用，是人体必需的脂肪酸的重要来源。脂肪摄入不足，可出现皮肤干燥、脱发，影响机体的正常生长发育。脂肪摄入过多，导致能量过剩，容易引发肥胖，增加心血管疾病、糖尿病、肿瘤等一系列退行性疾病发病的危险性。中国营养学会推荐脂肪参考摄入量为成年人脂肪供热占总热量比为 20%～30%；饱和脂肪酸、单不饱和脂肪酸、多不饱和脂肪酸的比例为 1∶1∶1 为宜。从食物来源来看，动物性食物，如肥肉、猪油、牛油、羊油、鱼油等，次类脂肪含饱和脂肪酸较多，人体必需的脂肪酸含量较少，营养价值较低；植物油类，如菜油、麻油、豆油、花生油等，含不饱和脂肪酸较多，是人体必需的脂肪酸的良好来源。

碳水化合物又称为糖类，是由碳、氢、氧三种元素组成的一大类化合物。碳水化合物不仅是人类最主要、最经济、最安全的能量来源，也是人类生命与健康所必需的最基本、最重要的物质。碳水化合物主要生理功能包括构成机体组织的重要成分、贮存和提供热能、调节血糖、节约蛋白质作用、提供膳食纤维等。中国营养学会推荐碳水化合物参考摄入量以占 55%～65%为宜。从食物来源上来看，碳水化合物的主要来源是粮谷类、豆类、薯类。还有各种食糖，如蔗糖、乳糖和果糖等，但各种食糖除供热能外，几乎不含其他营养素，营养价值远不如粮谷类和薯类。

我国政府非常重视国民的食物营养事业，制定了一系列纲领性文件。《九十年代中国食物结构改革与发展纲要》虽然开始重视营养管理体系的建立，但实现食物发展目标的措施更多的是涉及食物生产方面，对营养的重视有待于加强。2014年国务院办公厅下发的《中国食物与营养发展纲要（2014－2020年）》是我国政府制定的第三部关于食物与营养发展纲领性文件，其立足保障食物有效供给、优化食物结构、强化居民营养改善。

2016年，中共中央、国务院印发《“健康中国2030”规划纲要》，是一次国家层面对于健康战略的纲举目张，是对全体民众对更高健康需求的响应，其是今后相当长时间推进健康中国建设的行动纲领，其将健康中国战略分为三步走。2017年国务院办公厅印发《国民营养计划（2017—2030年）》是《“健康中国2030”规划纲要》的贯彻落实。该计划指出，目前我国居民面临营养不足与过剩并存的双重挑战、营养相关疾病多发、营养健康生活方式尚未普及等问题。

居民膳食指南的制定和贯彻是落实营养改善行动计划和营养纲要的具体措施，是贯彻营养改善行动计划的主要宣传教育大纲，其核心是倡导平衡膳食和合理营养，以达到促进健康的目的。膳食指南的作用一方面在于引导居民合理消费食物，保护健康；另一方面，这些原则可以成为政府发展食物生产及规划、满足居民合理的食物消费的根据。目前最新的膳食指南是《中国居民膳食指南（2016）》。

（二）营养数据的转化

为了计算食物中的能量及三大主要供能营养素的含量，将沿袭国际上的通用做法，即根据各种食物的能量、蛋白质、脂肪、碳水化合物含量折算后加总，然后再进行深入研究。具体来看，将各种食物数量与该种食物的可食比例及每百克该种食物的营养成分含量相乘求和，从而将食物生产、消费或贸易数据折算汇总获得营养数据。设定 N_k 为来自 n 种食物的第 k 类营养成分含量，其中，$k=1, \cdots, 4$，分别代表能量、蛋白质、脂肪、碳水化合物，计算公式为

$$N_k = \sum_{i=1}^{n} (a_{ki} \times E_i) \tag{2-1}$$

其中，a_{ki} 表示第 i 种食物中包含的第 k 类营养成分含量，$i=1, \cdots, n$；E_i 表示第 i 种食物的消费、生产或贸易数量。

从现有研究来看，营养转化系数的获得有两种方式。第一，利用中国疾病预防控制中心营养与食品安全所2009年提供的中国食物营养成分表，结合进口构成、产量构成等加权获得各类食物的营养含量。很多研究使用该方法将微观家庭消费数据转化为营养数据进行研究。也有研究结合国家层面的宏观数据

进行了相关研究，例如，王禹（2013）根据国家统计局的家庭食物消费量，结合食物营养成分表转化获得营养数据，分析了全国、城镇、农村居民家庭营养消费变化和各类食物营养贡献率。第二，根据FAO食物供需平衡表提供的人均每天食物消费量与人均每天食物提供的营养量，折算每单位食物提供的营养量。张元红（2016）利用FAO数据，根据该方法折算了我国食物供给、进出口数据，并对我国食物自给状况进行了相应分析。但是，FAO食物供需平衡表数据没有提供碳水化合物消费数据，但优势是同时提供了食物供给、需求、进出口和库存的相关数据，在数据的一致性上具有优势。

关于本书营养转化系数的获得，将主要借鉴中国疾病预防控制中心营养与食品安全所2009年提供的中国食物营养成分表，并以其他一些学者的研究结果为补充，在此基础上，尽可能地将食物进行细分，然后按照各种食物生产比例、消费比例或者进出口构成加权平均调整获得。

三、成人当量

对于人口总数，其计算背后的假设是将人口看作无差别的同质个体。例如，有这样两个家庭，一个成人和两个孩子组成的家庭与两个成人和一个孩子组成的家庭，它们的人口数量是相同的，其计算是将人口看作没有差异的同质个体的假设下进行的。

事实上，个体在结构等特征方面有着相当大的差异性，这些差异性对其消费会产生重大影响。也就是说，个体消费存在异质性，不同年龄的个体有不同消费需求。成人当量概念的前提就是个体消费存在异质性。

成人当量的基本思想是通过设定一个标准消费人（成人）的消费权重为1，然后根据其他人群的不同消费需求计算其相对于标准消费人的权重，这些权重称为成人等价尺度或成人当量（adult equivalent scale，简称AES）。成人当量方法可以提供以标准消费人为尺度的家庭人口结构的测量，这为产生一个表征人口年龄结构的综合变量提供思路。

如果获得了不同人口对应的成人当量，即相对于标准消费人的权重，然后将每个家庭成员的成人当量进行加总，就可以得到表征家庭人口年龄结构的综合变量，即家庭中成人当量的数量，也即标准消费人的数量。表示如下

$$FAES = \sum_{k=0}^{80+} (AES_k \times n_k) \tag{2-2}$$

其中，$FAES$ 为成人当量的数量；根据年龄和性别特征把人口划分为 k 组；AES_k 是第 k 年龄性别组中的个体对应的成人当量；n_k 设定一个家庭根据年龄和性别划分在第 k 组中的人口数量。

对于一个国家，其总人口可以折算成按标准人为尺度计算的当量的数量

M，表示如下

$$M=\sum_{k=0}^{80+}(AES_k \times n_{kt}) \tag{2-3}$$

其中，n_{kt} 设定为在第 t 年份，一个国家和地区根据年龄和性别划分在第 k 组中的人口数量。设定 P 为一个国家的总人口，那么它与 M 存在一定的差异。M 是考虑了人口年龄结构因素而计算出的实际总人口，而人口总数 P，其隐含的假设是每个成员是同质的。鉴于这种差异，计算家庭或者国家当量的数量，抑或标准消费人的规模，具有重要现实意义，可以应用到家庭间福利比较、贫困线制定、消费需求预测等领域。

不同人口的成人当量可依据对实际消费的观察而获得，如利用消费数据实证获得不同人口的成人当量；或是对于建立标准而进行的研究而获得，如根据不同年龄个体日人均热量消耗量而计算的不同人口的成人当量。

产生一个表征人口年龄结构的综合变量，进而进行相关研究有许多优势。第一，将此综合变量引入消费函数，可以从整体上度量年龄结构变动对消费的影响。第二，可以计算家庭或者国家层面上的标准消费人的规模，它与人口总数存在一定的差别，两者之间的对比分析可以提供一些有益信息，也可应用到未来人口规模变动模拟上。第三，使得计算与成年人对等的个人需求成为可能，可以刻画整个生命周期上各年龄人口当量的变化趋势。根据计算出的不同人口的当量，只要当量有所不同，也就证实了不同年龄人群有不同需求事实的存在，从而验证个人消费的异质性。

第二节　理论框架

图 2-1 为本书的理论概念框架。加入世贸组织以来，我国食物进口规模不断扩大，食物自给率整体呈现下降趋势。此背景下，有必要研究加入世贸以来我国食物自给状况的变化以及食物进口来源所表现出的特征，便于对我国食物自给和进口现状有个清晰的认识；同时，也有必要研究未来我国食物自给率的发展，以及影响未来食物进口变化的因素，这对我国食物自给战略和粮食安全战略具有重要的参考意义。

在评判食物自给状况中，食物自给率是一个重要指标。本书通过测算食物自给率来分析食物自给状况，以及从摄入营养角度测算自给率，深层次地分析我国食物自给状况。本书在食物进口来源分析中，不仅分析我国食物整体、各类食物的进口来源结构特征，还从摄入营养的角度分析食物进口来源结构特征，进一步利用来源区分模型实证研究我国食物进口依赖特征。

关于未来我国食物进口上，食物需求的变化将显著影响食物进口变化。随着我国经济的持续增长和城镇化进程的加快，居民收入水平将继续提高，食物消费向富含蛋白质的动物性食物方向转型升级。同时，随着人口政策调整，未来人口数量和结构将发生变化，这对食物消费产生显著影响。而且，随着居民对膳食营养知识的认识逐步加深，居民饮食向安全和营养方向转变，推动食物消费需求的多样化发展。这些发展和变化将导致我国食物需求保持刚性增长，进而促进食物进口。未来我国食物生产提升能力十分有限。一方面，我国人均农业资源匮乏，人均耕地少、耕地质量总体不高、耕地后备资源不足；另一方面，我国农业化肥和农药使用量大，导致农业环境污染严重，工业化和城镇化的快速推进也导致土地和水资源日益受到污染的威胁，这都将制约国内食物供给能力的增长。因此，未来推动食物进口变化的将是食物需求的增长，有必要从食物需求变化角度去分析未来食物净进口的变化。

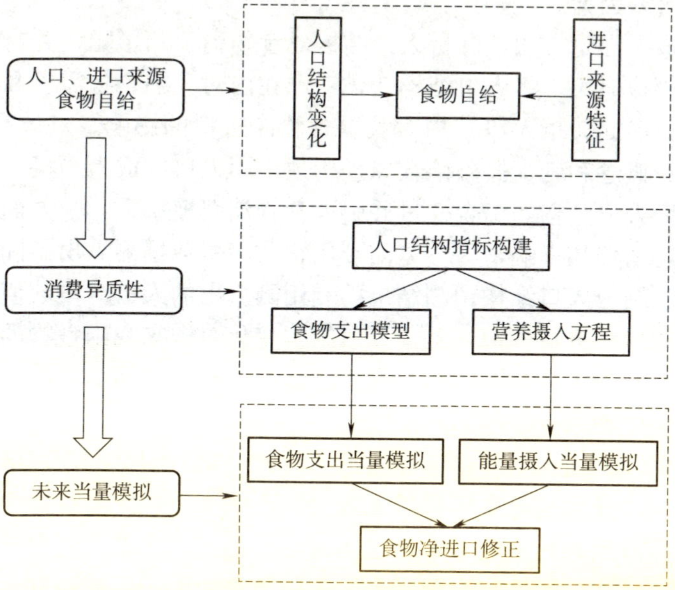

图 2-1　理论概念框架

关于未来我国食物需求和贸易预测上，一个重要问题是有可能忽略了人口结构因素的影响而导致对未来的预测出现偏差。现有的未来食物需求预测多数是根据未来人口数量变化进行预测的，可能忽略了人口结构变动而导致预测偏差。随着计划生育政策后续效应的逐步显现和全面三孩政策的实施，未来一段时间我国人口结构将发生关键变化，少子化和老龄化并存的新人口结构特征对我国食物需求产生显著影响，这直接关系到未来食物进口。由于年龄、性别、收入水平等因素的差异，个体之间的食物消费异质性将更加显现，不同个人的食物消费之间有很大不同，这将导致人口结构变化对整个社会的食物需求产生影响，进而影响到食物进口。可以预见，我国未来人口结构变化将对我国食物、进口产生影响，如果不考虑人口结构的影响，将可能低估未来我国食物需求，而一旦食物需求预测不准确，将导致食物进口预测出现偏差，影响我国食物自给状况的政策分析。因此，有必要将人口结构变化进行考虑，对未来我国食物需求和进口的预测进行修正，这对保障粮食安全具有参考意义。

本书将验证人口结构对食物消费的影响。只有证实了人口结构因素对食物消费有显著影响，接下来才能基于人口结构变化对未来食物需求和进口的预测进行修正。检验人口结构影响的思路是，在食物支出模型中，加入或不加入人口结构变量，观察其他参数是否发生变化，尤其是食物收入弹性估计是否出现偏差。如果估计的食物收入弹性出现了偏差，表明食物需求和预测需要考虑人口结构这一重要因素。

将引入成人当量方法，分析人口结构对食物消费的影响，并对测算出的成人当量进行模拟应用，将人口结构变化考虑在内对我国食物需求和进口预测结果进行修正，以此分析人口结构对我国食物净进口的影响。具体来看，首先，利用成人当量概念和三次样条函数原理构建不同人口的成人当量公式，进一步构建表征家庭人口结构的综合变量并引入食物消费模型中，一方面实证研究人口结构对食物消费的影响，另一方面利用食物消费数据测算出不同人口的当量水平；其次，结合人口结构预测结果，利用测算出的人口当量数值，对未来人口当量规模的变动进行模拟，基于人口结构变化对未来我国食物的需求和进口预测进行修正，通过计算修正与未修正的食物净进口之间的差额，分析人口结构变化对未来食物净进口的影响。

本书分别以食物支出和能量摄入量为研究对象，测算两个标准下的人口当量，即食物支出成人当量和能量成人当量。食物支出成人当量是根据食物消费支出水平计算得到，其反映了个体之间由于食物支出水平不同而导致的消费异质性，能够较好地反映经济因素对个体食物消费的影响，能较好地体现个体食物消费的现实性，对个体食物消费的异质性反映相对较强。不同人口的能量成人当量是根据食物消费数量计算获得的，反映了个人之间生理上对食物需求的差异，这种个体食物消费量间的差异要小于由经济因素不同所导致的个体间食物消费的差异。因此，有必要测算两个标准下的成人当量，并进行模拟和应用，以便进行对比分析。

根据以上分析，本书整体的概念框架是，通过营养视角的自给率测算和进口来源特征分析对我国食物自给和进口状况进行研究；然后，利用成人当量方法，实证研究人口结构导致的消费异质性对食物支出和营养摄入量的影响，并测算出两个标准下的人口当量数值；最后，利用测算出的成人当量，模拟将人口结构变化考虑在内的未来食物需求当量规模的变动，并将人均当量变动幅度应用到未来食物需求和净进口预测结果的修正上，以此分析人口结构对未来我国食物净进口的影响。图2-2为本书研究的理论概念框架结构图。本书涉及的理论包括比较优势理论食物消费需求理论、生命周期理论以及营养均衡与变迁理论等。

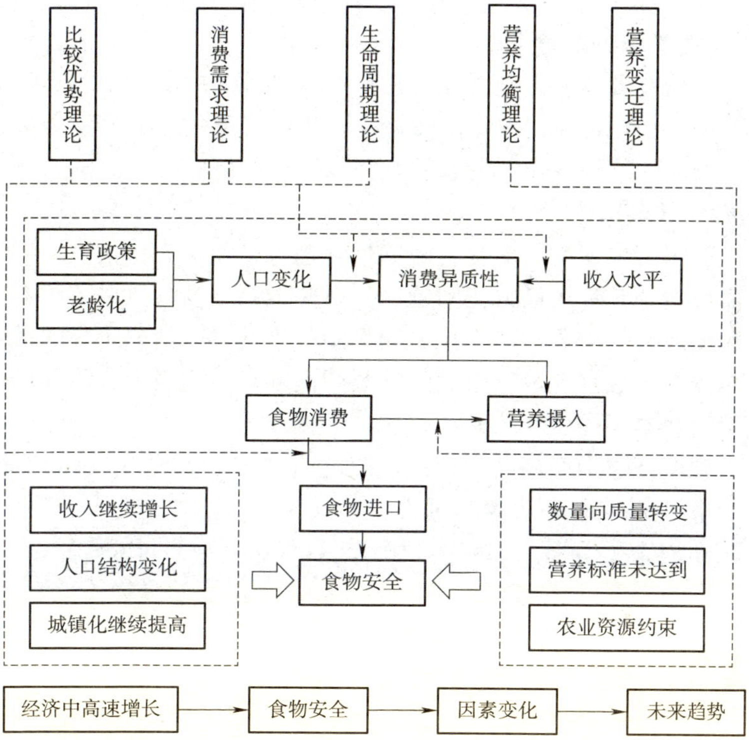

图2-2 理论概念框架结构

本书的研究内容包括食物自给率测算、食物进口来源特征分析、居民食物与营养需求的变化、居民食物与营养的异质性消费实证分析、未来人口当量规模的变动模拟与应用。在食物自给率测算分析中，借助营养均衡与变迁理论，从营养角度评价了我国食物的自给状况。在食物进口来源研究中，在比较优势理论和消费需求理论的基础上，分析我国食物与营养的进口来源地特征，实证估计我国食物与营养进口需求。在我国居民食物与营养需求变化分析中，运用食物消费需求理论、营养均衡与变迁理论，分析城乡居民的食物消费差异、消费结构的变化，以及从营养角度评价城镇居民的食物消费。在食物与营养的异质性消费研究中，利用生命周期理论和成人当量概念构建表征人口年龄结构的变量，并以马歇尔需求理论为理论基础，对我国城镇居民的食物消费和营养摄入量的影响因素进行实证分析。

接下来，将在上述总体概念框架下，对食物自给率测算的概念框架、食物进口需求模型、人口结构对食物消费需求影响的理论框架与测量进行阐述和分析。

一、食物消费需求与进口

（一）食物消费需求理论

需求是指消费者有能力购买并且愿意购买某种商品的欲望，是购买能力和购买欲望的统一。在古典消费需求理论中，需求形成的三大要素为消费者对商品的偏好、商品的价格以及消费者的收入水平。

1. 马歇尔需求理论

根据马歇尔需求理论，消费者的选择问题可以理解为在预算约束条件下选择一种商品以达到其效用最大化问题，并由此推导出马歇尔需求函数。可以根据直接效用函数和约束条件建立拉格朗日函数，通过极值一阶导的最大化条件获得马歇尔需求函数。也可以根据间接效用函数，运用极值一阶导条件和罗伊恒等式获得，在本书中将介绍此种方法。

根据微观经济学中商品需求理论，假设用 V 表示家庭 A 消费的间接效用，V 用食物价格 P 和收入 Y 表示时可得

$$V=V(P, Y \mid A)=\text{Max}[U(Q \mid A), PQ\leqslant Y] \tag{2-4}$$

其中，U 为家庭 A 的直接效用，Q 为家庭 A 消费的食物数量。

进一步运用极值一阶条件和罗伊等式 $\left(-\frac{\partial V}{\partial P}\right) / \left(\frac{\partial V}{\partial Y}\right)=Q(P, Y)$，可得食物消费需求函数，即

$$Q=Q(P, Y \mid A) \tag{2-5}$$

根据需求函数可以描述出需求曲线，进而可以分析收入和价格的变化对需求变动的影响。其他因素对需求的变动需要根据具体问题定量分析。Deaton 和 Muellbauer（1980）指出，运用不同间接效用函数推导出的不同形式的食物需求函数描述家庭消费行为能力时会出现一定差异。

弹性理论是需求理论中的重要内容。弹性是描述各类经济函数反应状况的参数，定义为 x 百分比的变化引起的 y 百分比的变化，也可解释为 x 变动百分之一所引起 y 的百分比变化。弹性公式可以表示为

$$e=(\Delta y/y) / (\Delta x/x)=(\Delta y/\Delta x) / (y/x) \tag{2-6}$$

在弹性的计算上，可以利用变量的中间值 $\bar{x}$、$\bar{y}$ 计算弹性。即

$$e=\frac{\partial y/y}{\partial x/x}=\frac{\partial y}{\partial x}\times\frac{\bar{y}}{\bar{x}} \tag{2-7}$$

也可采用变量的中间值来计算弹性值，即点弹性。

在消费经济学领域中，需求的收入弹性、自价格和交叉价格弹性是常用的弹性。

需求的收入弹性用于表述消费者对某种商品需求量的变动对于消费者收入量变动的反应程度，定义为该物品消费量百分比变化除以收入百分比的变化。需求的收入弹性可以分为三类。第一类，当某种商品的需求收入弹性大于1时，则称该商品为高档商品，对该商品的需求是富有收入弹性的，即该商品需求量增加的百分比超过了收入增加的百分比。若一种产品的需求是富有收入弹性的，当收入增加时，那么用于该产品的收入百分比就会增加。第二类，某种商品的需求收入弹性处在0～1时，则称该商品为正常商品，对该种商品的需求是缺乏收入弹性的，即当收入增加时，对该种商品的需求量增加的百分比是正的，但是小于收入增加的百分比。若一种产品的需求是缺乏收入弹性的，当收入增加时，那么用于该产品的收入百分比就会减少。第三类，某种商品的需求收入弹性处在小于0时，则称该商品为低档商品，表明当收入增加时，对该商品的需求量是减少的。

需求的价格弹性定义消费量百分比变化除以该物品价格百分比的变化，用于说明价格变化比率与需求量的变动比率之间的关系，即价格变动百分之一所引起需求量变化的百分比。根据价格弹性的大小可以分为五种情况。价格弹性等于1时，表明需求量变动幅度与价格变动幅度相同；价格弹性大于1时，表明需求富有价格弹性，即价格每变动1%，需求量变动大于1%；价格弹性大于0小于1时，表明需求缺乏价格弹性，即价格每变动1%，需求量变动的百分率将小于1%；价格弹性趋于0时，表明需求完全无价格弹性，需求量不随价格的变动而变动；价格弹性趋于无穷大，表明需求完全有价格弹性，在既定价格之下，需求量可以任意变动。

2. 需求函数的发展

在需求理论发展的基础上，很多需求函数模型得以建立和发展。从恩格尔曲线、恩格尔定律到根据消费者理论提出的线性支出需求系统（LES）；再到扩展的线性支出系统需求模型。后来又出现应用非常广泛的近乎理想的需求模型，以及基于近乎理想需求系统的各种扩展模型等。这里将针对本书用到的需求函数模型介绍恩格尔函数模型。

从收入弹性角度看，恩格尔曲线想要表达的内容是商品支出与收入之间的关系。Working-Lester 模型是常见的恩格尔曲线方程的一种。Deaton 和 Muellbauer（1980）的一个重要的研究贡献是把 Working-Leser 恩格尔曲线定义式放到了加总消费理论中。Gao（2010）修正了 Working-Lester 模型并测试了其模型的功能。除了 Working-Lester 模型外，恩格尔曲线函数式还包括双对数模型、半对数模型、对数倒数模型以及双对数倒数模型。对于许多商品来说，越来越多的证据表明，Working-Leser 形式对于个人消费行为不能提供一个精确的说明。一系列实证恩格尔曲线的研究表明，一些支出或支出份额方程需要有收入的高次项，这样就允许一些商品在一些收入水平上是奢侈品，同时在其他收入水平上是必需品。

（二）比较优势理论

为什么两国开展国家贸易，是什么决定了一国进口或出口的产品和服务的种类？大卫·李嘉图的比较优势理论认为，国际贸易的基础是生产技术的相对差别而非绝对差别，以及由此产生的相对成本的差别。每个国家都应根据“两利相权取其重，两弊相权取其轻”的原则，集中生产并出口其具有“比较优势”的产品，进口其具有“比较劣势”的产品。

国际贸易的经济基础体现在比较优势的原则上。首先从绝对优势的定义来理解比较优势，如果一国利用给定的资源可以生产出比其他国家更多的某种产品，则该国在生产该种产品上具有绝对优势。两个国家在不同的产品上分别具有绝对优势，那么贸易流向显而易见，即各自出口自己具有绝对优势的产品。但是，对冲绝对优势并不是实现这两个国家的最佳利益所必不可少的。一个国家可能在两种产品上都具有绝对优势，但与其他贸易伙伴相比，该国可能在一种产品上有着最低的机会成本，即具有比较优势，那么该国应该出口这些具有比较优势的产品。例如，美国可能在稻谷和电脑上都具有绝对优势，但是与其他国家相比美国生产电脑具有最低的机会成本，具有比较优势，那么美国出口电脑是有利的。可以看到，比较优势理论可以解释一国进口或出口的产品和服务的种类。

根据比较优势理论，结合现实可以分析本国想要进口外国产品的原因：其一，国内可能无法生产这种外国产品。例如，我国谷物的品种调剂需求而导致的进口，我国国内生产的小麦为中筋麦，强筋麦和弱筋麦国内生产供不应求，为了满足消费者的多样化需求，需要进口。其二，从其他国家购买或许更为便宜。例如，国内外粮价倒挂导致的我国粮食的进口。其三，本国生产的产品有限，而国内居民的需求正日益增加，这也会引致产品的刚性进口。

1. 开放经济下需求变动引起的进口贸易

从贸易小国和贸易大国两种情况分析开放经济下食物需求变动所引起的食物进口。贸易小国是指不能通过调整进出口来改变世界价格的国家，与之相反，贸易大国是指能够很大程度上影响世界市场上某种商品的价格的国家。

在贸易小国中，当国内食物需求增加，而国内食物供给又不能满足时，进口增加，此情况下，进口食物价格不会变化，因为小国的贸易变化不足以影响世界市场价格。如图 2-3 所示，假设世界食物价格在国内需求和供给曲线交点的下方，由于世界食物价格低于封闭经济下的均衡价格，消费者可以按照较低世界价格购买想要的食品，消费者会增加食物消费，食物需求曲线向右移动。由于世界食物价格和国内食物价格都是 P，国内需求的增加并没有改变价格，因为该国的食物进口不会影响世界价格。由于食物价格不变，食物生产量仍为 Q_s，然后消费量由 Q_{d1} 增加到 Q_{d2}，进口量由最初的 $Q_{d1}-Q_s$ 增加到 $Q_{d2}-Q_s$。当国内食物消费下降时，也就是食物需求曲线向左移动，食物需求减少，国内食物价格不变，国内生产量不变，导致进口减少。

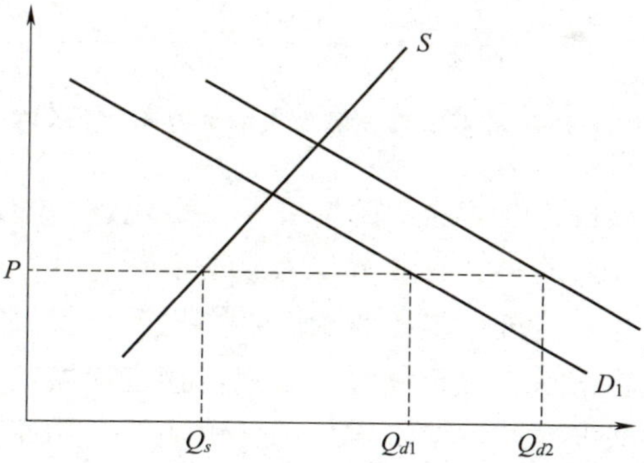

图 2-3　开放经济下贸易小国需求的变动对进口的影响

在贸易大国中，当国内食物需求增加，而国内供给不足时，进口增加，此情况下，进口食物价格上升，因为大国的进口增加影响了世界市场价格。如图 2-4 所示，假设世界食物价格在国内需求和供给曲线交点的下方，由于世界食物价格低于封闭经济下的均衡价格，消费者会增加食物消费，食物需求曲线向右移动。由于该国是贸易大国，国内需求的增加提高了世界价格。由于食物价格提高，食物国内生产量由 Q_{s1} 增加为 Q_{s2}，然后消费量由 Q_{d1} 增加到 Q_{d2}，进口量由最初的 $Q_{d1}-Q_{s1}$ 增加到 $Q_{d2}-Q_{s2}$。当国内食物消费下降时，也就是食物需求曲线向左移动，食物需求减少，大国需求减少影响了世界价格，国内食物价格下降，国内生产量减少，进口减少。

2. 食物进口的影响机制分析

入世以来，我国食物进口持续快速增长，食物进口呈现全面性、常态化特点，其背后的原因和影响机制有必要理清。运用比较优势理论可以解释我国食物进口。从国内食物生产来看，农业资源日益受到约束，农业比较优势缺失，导致食物进口增加。过去在农业上获得的成就，大部分是在严重透支农业资源的情况下实现的。一方面，化肥和农药的过量使用，导致农地和水资源受到污染。另一方面，城镇化和工业化的发展，导致农业资源减少且日益受到污染威胁。这些国内生产和环境的变化导致中国农业比较优势降低，导致进口食物增

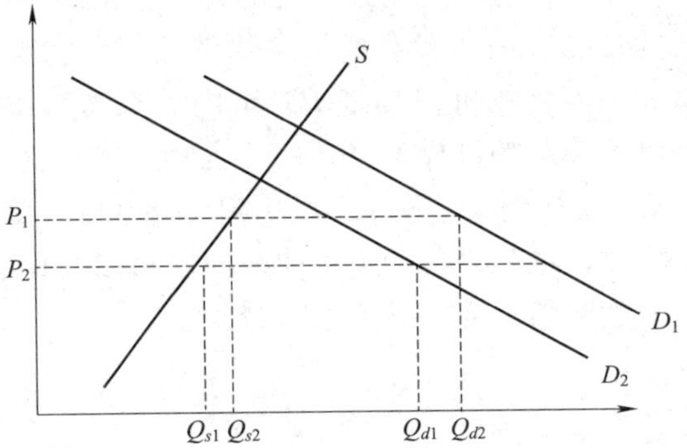

图 2-4　开放经济下贸易大国需求的变动对进口的影响

加。从农业生产成本分析，随着经济的发展，城镇化进程的加快，大量农村人口转移到城镇，农业部门缩小，农业劳动力成本不断上升，而且，农业生产资料的价格也呈上升趋势，这进一步导致国内食物生产投资报酬递减，国际竞争力下降，与进口食物相比缺乏比较优势，导致食物进口增加。

除了比较优势的缺失之外，经济增长和城镇化的发展使得居民生活水平不断提高，导致国内居民食物消费总量扩张和结构升级，从而引致食物进口。而且，由于生育政策的调整，未来人口数量和结构的变化也显著影响食物进口。品种调节需求也是导致中国食物进口的原因之一。例如，中国国内生产的小麦为中筋麦，强筋麦和弱筋麦国内生产供不应求，为了满足消费者的多样化需求，需要进口。

（三）食物自给率的测算

本书利用国家统计局和联合国商品贸易数据库数据，在对中国食物与营养的供给状况进行分析的基础上，通过计算自给率，从食物与营养角度评价中国食物自给状况，并与发达国家的食物自给率进行对比分析。

食物自给率是衡量一个国家和地区食物自给状况的一项核心指标，其定义为一个国家和地区的食物总生产量占总需求量的比例。现有研究对中国食物自给率的计算结果存在一定差异，部分原因在于对国内总需求量的计算上存在差异。一方面，有研究从需求端出发，利用居民食物消费数据来估算国内总需求情况。这种计算方法往往涉及大量数据，其中很多数据甚至很难经由统计渠道直接获取，需要进行折算。比如计算粮食的国内总需求量，需要将食用、饲料、工业、种子和损耗等需求进行加总获得，计算较为复杂。另一方面，有研究从供给端出发来计算国内总需求量，即按照国内总需求等于可供消费的国内总供给，从国内生产量加净进口量和库存增加量来计算国内总需求量。从研究对象上看，大量研究关注于粮食自给率，也有研究计算了各类食物的自给率，以及从热量角度计算中国综合食物自给率。但是，从营养结构的角度计算和分析中国蛋白质、脂肪和碳水化合物自给率的研究较少。

本书将从供给端出发计算国内总需求量，进而计算自给率。即按照国内总需求等于可供消费的国内总供给，从国内生产量加净进口量和库存增加量计算国内总需求量。设定 R 为自给率，可表示为

$$R=P/D=P/S \tag{2-8}$$

其中，P 为国内生产量，D 为国内总需求量，S 为可供消费的国内总供给量。由于库存数据难以获得，将借鉴以往研究的做法，用国内生产量加净进口量来近似替代国内总需求量。

（四）食物进口需求弹性估计

本书利用 Rotterdam 模型对我国食物进口进行实证，分析进口来源特征，该模型是通过消费者的效用最大化得出。根据消费理论，消费者的效用是在既定资源约束下的效用，即 $U=\text{Max}\left[U(Q),\ PQ\leqslant Y\right]$，其中，$Y$ 为预算约束，P 为商品的价格。需求函数为消费者在既定收入 Y 和商品价格 P 的条件下，满足最大化效用时选择的最大消费量 Q。因此，利用上式的效用函数和约束条件，引入拉格朗日乘子法构造拉格朗日函数，从而求解最大化问题，得出需求函数，即

$$Q=Q(P,\ Y) \tag{2-9}$$

根据以上分析可知，在开放经济环境中，一国对某种商品的进口需求是该国国民商品总支出和商品价格的函数，可表示为 $Q_t=f(Y_t,\ P_t)$，其中 Q_t 是 t 时期某种商品的进口需求，Y_t 为 t 时期的商品总支出，P_t 为 t 时期的商品价格，即各来源地的商品价格组成的价格向量。在既定的国民收入水平下，任一来源地的商品不仅受价格的影响，同时还受交叉价格的影响。因此，某来源地的商品需求可通过其自价格弹性来识别，而其与他国同类商品间的相互关系则可通过交叉价格弹性加以分析。当两个来源地的商品之间的交叉价格弹性大于 0，说明它们存在替代关系，否则存在互补关系。

为了能够准确识别我国食物进口来源特征，选用 Rotterdam 模型来测度不同来源地食物的支出弹性、自价格弹性和交叉价格弹性。该模型能在样本数量不太理想的情况下，较为合理地估计出进口需求的支出弹性和价格弹性，在农产品进口需求研究中得到广泛应用。其具体形式如下

$$w_i d\ln q_i=b_i d\ln Q+\sum_{ij}c_{ij}d\ln p_i \tag{2-10}$$

其中，w_i 表示从第 i 个来源地进口食物的金额占进口国进口食物总额的比重，q_i 表示从第 i 个来源地进口食物的进口量，p_i 表示从 i 个来源地进口食物的进口价格。$d\ln q_i$ 表示进口食物量的增比，$d\ln p_i$ 表示进口食物价格的增比，b_i 为食物进口的边际支出份额，c_{ij} 为食物进口价格的净效应。定义 $d\ln Q=$

$\sum_j w_j d\ln q_j$，为对数形式表示进口数量。b_i、c_{ij} 为待估计参数。公式 2-10 需要满足的需求性质为：加总性，$\sum_i b_i=1$，$\sum_i c_{ij}=0$；齐次性，$\sum_j c_{ij}=0$；对称性，$c_{ij}=c_{ji}$，$i\neq j$。支出、希克斯、马歇尔弹性公式分别为 $e_i=b_i/w_i$，$\theta_{ij}=c_{ij}/w_i$，$e_{ij}=\theta_{ij}-e_i w_j$，$i$，$j=1$，2，…，$n$。希克斯弹性为剔除收入效应之后的价格弹性。运用似不相关回归法对模型进行估计。

二、营养理论

（一）营养均衡及变迁理论

营养均衡理论对引导居民合理消费，最终形成理想膳食结构发挥了重要的理论基础，为本书分析我国居民的营养状况提供科学指导。

营养均衡指的是个体通过消费食物，需要全面而且均衡地摄入各类营养素，以保证自身机体的健康成长。当个体食物摄入的数量和结构合理，实现营养平衡的时候，身体对热量和各类营养素的需求得到满足，就能够促进机体生长、提高身体的代谢水平和抵抗疾病的能力，进而提高个体的劳动效率。当个体食物摄入数量和结构不合理，即营养失衡时，就会发生营养不良。营养不良是居民营养问题的一个很重要内容，其包括营养不足或营养过剩两方面。营养过剩一般被称为肥胖，而营养不良则通常是指营养不足。具体来说，营养不良是由于热量或蛋白质不足而导致的慢性营养缺乏症，并常伴有其他营养素缺乏。营养不良的原因有食物的摄取不足、营养物质吸收障碍、营养的需求量增加、营养素的丢失后增加等。

一个至关重要的问题是怎么才能确定所摄入的营养是否合理，是否均衡呢？膳食营养素推荐摄入量为解决这个问题提供了帮助，其是衡量个体所摄入营养素数量（dietary recommended intakes，简称 RNIs）是否合理的尺度。2000 年我国营养学第一次提出 RNIs，并随着居民营养问题的不断变化进行了多次修订。从定义来看，膳食营养素推荐摄入量是为了保证人体合理摄入营养素而设定的每日平均膳食营养素摄入量的一组参考值。例如，从事轻度活动水平的 18～50 岁男性每天能量摄入量推荐摄入量为 2 250 千卡，蛋白质为 65 克；相同年龄和活动水平的女性每天能量摄入量推荐摄入量为 1 800 千卡，蛋白质为 55 克。

通过合理膳食才能实现营养均衡。合理膳食是能保证供给符合机体生理状况、劳动条件及生活环境需要的各种营养素的膳食，应以数量充足、质地良好的不同食品，按照营养学的原则，经加工和调配而成，为机体生长发育及健康服务。合理膳食既能满足生理上的营养需求，又可避免因膳食构成的比例失调，以及营养素供给过多或不足而引起代谢紊乱的不平衡膳食。合理膳食的要求包括足够的热量、适量的蛋白质、适量的脂类、丰富的矿物质和维生素、适量的膳食纤维以及充足的水分。

营养变迁理论是指人类的营养健康状况随着收入、食物消费、营养意识、媒体宣传等经济社会因素的影响而发生的变化过程。营养变迁理论将人类的营养变迁划分为五个阶段。前三个阶段为食物搜寻、饥饿、饥饿的减少。第四阶段为退行性疾病阶段。在该阶段中，居民对高脂肪、高热量以及加工食品的消费量增加，导致消费者的营养状况出现超重、肥胖，同时慢性非传染性疾病的发病率逐渐增加。最后一个阶段为行为改变阶段。在该阶段中，居民开始重视膳食营养，食物消费逐渐向低脂肪、低热量的方向转变，对蔬菜和水果等植物性食物的消费增加，开始增加运动，居民的营养健康状况得到改善。目前，我国居民的营养状况正在经历营养变迁规律的第四阶段，居民超重、肥胖现象突出，与营养有关的慢性非传染性疾病发生率增加等。但是随着居民营养意识的逐渐加强，政府积极的宣传和引导，我国居民逐渐向营养变迁的第五阶段迈进。

综上所述，合理膳食、均衡营养，是维持人体健康与生存的重要条件。科学安排每日膳食，获得品种齐全、数量适宜的营养素，达到完善且合理的营养，不仅保证人体正常的生理功能，促进生长发育和健康，还可以提高机体的免疫力，有利于某些疾病的预防和治疗。

（二）营养需求函数

根据 Thomas（1994）健康生产函数的定义，营养摄入量是在家庭预算约束下满足最大效用时的一系列投入要素的函数，主要依赖于食物消费和其他影响消费行为的经济社会因素。本书沿袭这一思路，提出营养摄入水平是由收入水平、食物价格、生活环境、家庭或个人的社会人口学特征决定的。

$$N=f(I, P, S, D) \tag{2-11}$$

其中，N 为营养成分摄入量，I 为收入，P 为食物价格，S 为生活环境，D 为家庭人口社会统计特征。

三、人口结构对食物消费需求影响的理论分析与测量

（一）生命周期理论

生命周期包括个人和家庭的生命周期，指的是人的出生、成长、衰老、生病和死亡的过程，或是家庭建立、扩展、稳定到衰亡的过程。无论是个人还是家庭，在生命周期的不同阶段，其个人或家庭成员的年龄构成等发生一定变化，这将会对个人或家庭的消费行为产生影响。因此，生命周期理论在指导人口结构所导致的消费异质性研究中发挥重要理论基础作用，为本书分析人口结构对消费的影响提供科学指导。

个人生命周期是指一个人从出生，到成年，再到老年，最后死亡的过程。

根据生理、心理等因素，可以将个人发展划分为不同的时期。最为经典的是埃里克森的个体发展的模型，将个人生命周期划分为婴儿期、儿童早期、儿童中期、青春前期、青春期、成年早期、成年中期、成年晚期、老年期。每个阶段个体的生理、智力、情感、自我意识等存在差异，这些差异导致人在娱乐、教育、交流，当然也包括食物等方面，有特定的需求，进而造成消费存在差异。家庭生命周期是指一个家庭从形成、扩展、稳定、收缩、空巢到解体的过程。在家庭生命周期的每个阶段中，由于家庭的人口构成等因素的不同，处于不同阶段的家庭的消费行为存在较大差异。

从以上生命周期的分析可以看出，个人或者家庭的消费行为与生命周期有重要联系，原因可以归结为两方面：一是个人和家庭的需求随着生命周期的演变而发生变化，这会导致个人和家庭的消费发生变化；二是家庭中的决策形式在家庭生命周期中是变化的，这会影响家庭的消费。从生命周期与消费间关系的分析来看，人口结构的变化是影响个人和家庭消费的重要因素。

（二）人口结构对消费影响的理论分析

人口结构变动包括家庭或社会的少儿抚养比、老年抚养比、劳动人口数量等的变动。从人口结构变化影响消费的途径来看，人口结构变动通过影响消费者的需求、偏好、收入等方面影响消费。具体来看，由于不同年龄的人有不同的偏好，随着人口年龄构成的变化，人们的需求会发生变化，这将影响消费行为。人口结构变化通过收入路径影响消费可以总结为以下几个方面。从通过劳动力参与影响消费来看，当家庭中成年劳动人口比重较大时，劳动力就业率较高，家庭收入可能较高，从而增加消费。反映在国家层面上，当市场上的劳动力大量增加时，可能出现劳动力供大于求，此时就业竞争将加剧，这会导致劳动力工资水平的下降，从而降低收入，减少消费；但同时，劳动力数量的增加，也有利于产出水平的增加，从而促进居民消费。从通过储蓄比例影响消费分析来看，当个人处在少儿或年老的时候进行负储蓄，而在劳动力时期则进行储蓄，那么当家庭少儿或老龄人口比重增加时，家庭储蓄将较少，增加消费。另外，人口年龄结构可以通过影响技术进步而影响消费水平。当整个社会老年人群体数量较多时，一方面会因为劳动力数量的减少，诱发技术创新以缓解劳动力短缺，此时技术进步会增加产出，增加居民消费；但同时也有另外情况，当社会老龄化严重时，会减慢技术进步和创新，从而降低产出减少消费。从年龄结构影响消费的内在机制分析，人口结构转变将会对食物消费产生显著影响。

异质性消费是指个人或家庭间的消费存在差异。根据生命周期理论可知，人口结构变化是导致个人或家庭异质性消费的重要因素。个人生命周期理论认为，随着年龄的变化，个人的需求、偏好、收入等会发生变化，这些变化会影响个人的消费行为。因此，在其他因素不变的情况下，作为影响需求的一个因素，人口构成会部分决定消费需求的异质性。

根据以往研究，刻画人口年龄结构的指标多种多样，总结来看，有两种方式可以去实证研究人口年龄结构对消费的影响。一方面，可以将儿童数量或比重、老年人口数量或比重，或是表示他们存在的虚拟变量直接作为自变量引入消费函数。另一方面，可以寻找一个综合变量来表征人口年龄结构，进而引入消费函数。本书将利用第二种方式研究人口年龄结构对消费的影响。具体来看，本书分析人口年龄结构对消费影响的思路是：首先，利用成人当量权数概念和三次样条函数的构造原理，构建不同年龄性别人口的成人当量，进一步构建表征家庭人口年龄结构的综合变量；其次，将此综合变量引入消费函数，利用微观消费数据，一方面实证估计家庭人口年龄结构整体对食物消费的影响，另一方面测算不同人口的食物成人当量，以便用于未来当量规模变动的模拟与应用。

利用成人当量概念分析人口年龄结构变动对消费影响的理论框架表示如下：首先，在每个人是同质的假设下分析消费与人口变动的关系。如果假设每个人是同质的，那么人口的变化表现为人口的增加。设定消费的变化为 ΔC，表示为 $\Delta C=\Delta C_1+\Delta C_2$。其中，$\Delta C_1$ 为新增人口所带来的消费总量的增加，ΔC_2 为不考虑人口数量变化条件下消费水平变化带来的消费总量的增加。无论是由新增人口还是消费水平变化所带来的消费总量的增加，都可以表示为如下基本形式的消费函数

$$C=P\times C/P \tag{2-12}$$

其中，P 为人口数量，C/P 为人均消费水平，该式表明在人均消费水平一定的情况下，消费总量与人口规模相关。

上述对人口与消费关系的分析，是在将人口看作没有差异的同质个体的假设下进行的，这其实仅仅是从人口的数量角度分析人口与消费的关系。根据生命周期理论可知，个体在年龄结构等特征方面有着相当大的差异性，这些差异性对其消费会产生不可忽视的影响。那么，在个体消费存在异质性的情况下，人均消费水平并非固定不变，其影响因素有很多，如人均收入水平、人口年龄结构等都是其中的影响因素。根据不同个人的消费异质性，设定将人口根据年龄划分为三个组别：少年、成年人、老年人，并用少年人口数量比重和老年人口数量比重来表示人口年龄结构。那么，根据绝对收入假说的消费函数模型，人均消费可以扩展表示为人均收入和人口年龄结构的函数，基本形式为

$$c=\alpha_1+\alpha_2 y+\alpha_3 chld+\alpha_4 old+\mu \tag{2-13}$$

其中，c 为人均消费水平，y 为人均收入，$chld$ 为少年人口数量比重，old 为老年人口数量比重。公式 2-13 两边同乘以总人口 P，得总消费函数为

$$C=\alpha_1 P+\alpha_2 Y+\alpha_3 Chld+\alpha_4 Old \tag{2-14}$$

其中，C 为总消费水平，Y 为总收入，$Chld$ 为少年人口数量、Old 为老年人口数量。上式表明消费是人口总量、少年人口数量、老年人口数量以及总收入的线性函数。

利用成人当量概念，将人口年龄结构综合变量引入消费函数的思维过程如下：根据成人当量概念，设定成年人为标准消费人，同时设定少年人口的平均消费水平为成年人口消费水平的 a 倍，老年人口的平均消费水平相当于成年人口消费水平的 b 倍。设定少年人口的数量为 $Chld$，成年人口的数量为 $Adult$，老年人口的数量为 Old。那么，将总人口 P 转化为以标准消费人，即成年人需求为尺度计算的标准消费人规模表示为

$$SCP=a\times Chld+Adult+b\times Old \tag{2-15}$$

相对于人口总数 P，标准消费人总数 SCP 考虑到了个体消费的异质性，即根据它的计算过程可知，其将少年和老年人折算为成年人的比例，从而将个体异质性考虑进入。那么，由 $sc=C/SCP$ 计算到的标准人的消费水平，是一个已经排除了人口年龄结构影响的指标，因而决定消费水平的因素只有人均收入水平及其他因素。那么，标准消费人的平均消费函数表示为

$$sc=\alpha_1+\alpha_2 y+\mu \tag{2-16}$$

其中，sc 为标准消费人的消费水平，它不同于人均消费水平。公式 2-16 反映了当排除人口年龄差异的影响后，消费函数中影响消费水平的因素将大大简化，年龄结构不再是标准消费人消费水平的主要影响因素。将公式 2-16 两端乘以标准消费人规模 SCP，得到总消费函数。

$$C=\alpha_1\times SCP+\alpha_2 Y/P\times SCP+\mu \tag{2-17}$$

公式 2-17 表明，总消费可以表示为人口标准消费人数量、收入的函数。由此可见，利用成人当量概念将表征人口年龄结构的综合变量引入了消费函数。

（三）人口结构对消费需求影响的测量

不同人口的成人当量可依据对实际消费的观察而获得，如利用消费数据实证获得不同人口的当量；或是依据建立标准而进行的研究而获得，再如根据不同年龄人口每日人均热量消耗量而计算的个人的成人当量。本书将依据对实际消费的观察，结合三次样条函数的原理和成人当量概念，构建个人的成人当量公式，进一步构造一个可以表征人口结构的综合变量并引入消费函数进行实证研究，同时测算出不同人口的食物需求成人当量，这是本书的贡献。

1. 三次样条函数的构造原理

样条函数是一种分段多项式函数，各相邻段上的多项式之间具有某种连接性质，使其连接处具有一定的光滑性，因此样条函数既保持了多项式在表达上

的简单性和逼近的可行性，又在各段之间保留了相对独立的局部性质。样条函数被用来描述一个较复杂的经济问题的不同时期的不同状况，适合模拟不同年龄人群有不同消费需求的问题。使用样条函数来近似模拟两个变量之间关系的优势在于模拟的关系曲线是根据数据产生的，即不同数据产生不同的关系曲线，它不是有关函数形式假设的产物。在样条函数中，三次样条函数优点最为突出，利用三次样条函数模拟经济技术数学模型是一种较为灵活、稳定性相对较好的方法。下面介绍三次样条函数的构造原理，为后面计算利用年龄表示的消费三次样条函数做理论基础。

已知平面上有 h 个点（x_i，y_i）（$i=1$，2，…，h），设在区间［a，b］上有 $a<x_1<x_2<\cdots<x_n<b$。若某函数 S（x）满足以下三个条件。

条件 1，S（x_i）$=y_i$（$i=1$，2，…，n）。

条件 2，S（x）在每个区间［x_i，x_{i+1}］（$i=1$，2，…，$n-1$）上是一个次数不超过 3 的多项式。

条件 3，S（x）在整个区间上［x_1，x_n］上有连续的一阶导数和二阶导数。

那么，S（x）称为过 n 个点的三次样条函数，x_1，x_2，…，x_n为样条节点，其中 x_1、x_n为边界节点。若函数 S（x）满足下面的任一边界条件，即在 x_1，x_n两端点处附加的条件，那么三次样条函数 S（x）存在且唯一。

边界条件 1，函数在区间［x_1，x_n］两端点的一阶导数已知，即 S'（x_1）$=m_1$，S'（x_n）$=m_n$，m_1、m_n为已知数。

边界条件 2，函数在区间［x_1，x_n］两端点的二阶导数已知，即 S''（x_1）$=m_1$，S''（x_n）$=m_n$，m_1、m_n为已知数。特别的当 S''（x_1）$=S''$（x_n）$=0$ 时，S（x）称为自然三次样条函数。

边界条件 3，函数为周期的且满足 S（x_1）$=S$（x_n），S'（x_1）$=S'$（x_n），S''（x_1）$=S''$（x_n）。

总结来看，求解三次样条函数的步骤为：首先确定边界条件，判断是第几种插值问题，并构造出小区间上的三次样条函数 S（x_i）；然后利用在插值节点处的一阶与二阶导数的连续性，以及两个边界条件，通过解线性方程组即得三次样条函数的分段表达式。

2. 构建个人的成人当量

根据以上分析，构建成人当量的过程如下。

首先，设定 S_{ij} 表示第 i 个家庭中第 j 个家庭成员的成人当量。S_{ij} 可表示为

$$S_{ij}=S\left(a_{ij},\ g_{ij} \mid a_r,\ g_r\right) \tag{2-18}$$

公式 2-18 中，a_{ij}、g_{ij} 分别表示该家庭成员的年龄、性别，当为男性时，

$g_{ij}=\mathrm{M}$，当为女性时，$g_{ij}=\mathrm{F}$；a_r、g_r分别代表标准消费人的年龄和性别。这样 S_{ij} 表示在标准消费人的消费条件下，计算的个人的成人当量，也即反映了一个给定年龄和性别的家庭成员相对于一个标准消费人对家庭消费的影响。

其次，根据三次样条函数的构造原理，构建不同性别年龄人群的成人当量的前提是需要将个人的生命周期按年龄进行划分区间。

从现有文献的总结来看，生命周期没有一个固定的划分标准和模式，按照研究内容和研究目的的不同，可以划分不同的生命周期阶段。研究者可以对个人生命周期加以细化、分割，使之能够用来解释各种不同生长状况、不同文化、不同社会环境的研究视角，也可以简化生命周期已达到研究的目的。采用 Could（2002）的划分方法，根据中国人的预期寿命将生命周期划分为九个阶段，分别为刚出生的婴儿（$a_{ij}=0$）、儿童或青少年（$0<a_{ij}\leqslant17$）、青年过渡阶段（$17<a_{ij}\leqslant22$）、青年（$22<a_{ij}\leqslant35$）、中年过渡阶段（$35<a_{ij}\leqslant40$）、中年（$40<a_{ij}\leqslant55$）、中老年过渡阶段（$55<a_{ij}\leqslant60$）、中老年（$60<a_{ij}\leqslant70$）和老年过渡阶段（$a_{ij}>70$）（表 2-2）。

定义儿童或青少年、青年、中年和中老年为发展阶段，这四个年龄区间上的成人当量设定为三次样条函数；定义刚出生的婴儿、青年过渡阶段、中年过渡阶段、中老年过渡阶段和老年过渡阶段为过渡阶段，这五个年龄区间上的成人当量设定为固定数值。三次样条函数将个人生命周期的发展阶段和过渡阶段连接在一起。

表 2-2　生命周期的划分

阶　段	年龄或年龄组	阶　段	年龄或年龄组
刚出生的婴儿阶段	0	中年	$40<a_{ij}\leqslant55$
儿童或青少年	$0<a_{ij}\leqslant17$	中老年过渡阶段	$55<a_{ij}\leqslant60$
青年过渡阶段	$17<a_{ij}\leqslant22$	中老年	$60<a_{ij}\leqslant70$
青年	$22<a_{ij}\leqslant35$	老年过渡阶段	$a_{ij}>70$
中年过渡阶段	$35<a_{ij}\leqslant40$		

再次，根据三次样条函数的构造原理，计算发展阶段年龄区间上的三次样条函数 $S(a_{ij}, g_{ij})$ 的具体形式。此时需要做出如下假设。

假设 1，$S(0, M)=S(0, F)=c_1$，表示无论性别，刚出生婴儿的成人当量设为 c_1。

假设 2，函数 $S(a_{ij}, g_{ij})$ 对 a_{ij} 的一阶导数和二阶导数均存在，并且在过渡阶段上一阶导数和二阶导数均为 0，即当 $17<a_{ij}\leqslant22$、$35<a_{ij}\leqslant40$、$55<a_{ij}\leqslant60$、$a_{ij}>70$ 时，满足 $\partial S(a_{ij}, g_{ij})/\partial a_{ij}=\partial S^2(a_{ij}, g_{ij})/\partial a_{ij}^2=0$。

假设 3，$S(17, M)=c_2$，$S(35, M)=c_3$，$S(55, M)=c_4$，$S(70,$

M）$=c_5$，S（17，F）$=c_6$，S（35，F）$=c_7$，S（55，F）$=c_8$，S（70，F）$=c_9$。

处在发展阶段上的人群的成人当量设定为了年龄的三次样条函数，那么根据假设 2，此三次样条函数符合边界条件 1 和条件 2，此时年龄的三次样条函数存在且唯一。

本书将以计算 $0<a_{ij}\leqslant 17$ 区间上男性成员的年龄三次样条函数为例，对计算过程进行详细表述，过程如下。

根据三次样条函数的构造原理，设定 $0<a_{ij}\leqslant 17$ 上男性的年龄三次多项式为

$$S(a_{ij},M)=e_{01}+e_{11}a_{ij}+e_{21}a_{ij}^2+e_{31}a_{ij}^3 \tag{2-19}$$

公式 2-19 中，a_{ij} 表示第 i 个家庭中第 j 个家庭成员的年龄，M 表示该成员为男性，e_{01}、e_{11}、e_{21}、e_{31} 为未知系数。

根据假设 1，刚出生婴儿的成人当量为 c_1，那么由三次样条函数的连续性可得

$$S(0,M)=e_{01}=c_1 \tag{2-20}$$

根据假设 3 知 S（17，M）$=c_2$，那么由三次样条函数的连续性可以得出

$$S(17,M)=e_{01}+17e_{11}+17^2e_{21}+17^3e_{31}=c_2 \tag{2-21}$$

由假设 2 和函数的连续性可知，S（a_{ij}，M）对 a_{ij} 的一阶导数在年龄为 17 岁上为零，即

$$\partial S(a_{ij},M)/\partial a_{ij}\big|_{a_{ij}=17}=e_{11}+2\times e_{21}a_{ij}+3\times e_{31}a_{ij}^2\big|_{a_{ij}=17}=e_{11}+34\times e_{21}+867\times e_{31}=0 \tag{2-22}$$

由以上三式联立，将 e_{21}、e_{31} 用 c_1、c_2、e_{11} 表示如下

$$\begin{cases}e_{21}=-0.010\,4c_1-0.117\,6e_{11}+0.010\,4c_2\\ e_{31}=0.000\,4c_1+0.003\,5e_{11}-0.000\,4c_2\end{cases} \tag{2-23}$$

将公式 2-23 带入三次公式 2-19，可以得出 $0<a_{ij}\leqslant 17$ 区间上男性成员的三次样条函数

$$S(a_{ij},M)=c_1+e_{11}a_{ij}-[0.117\,6e_{11}+0.010\,4(c_1-c_2)]a_{ij}^2+[0.003\,5e_{11}+0.000\,4(c_1-c_2)]\,a_{ij}^3 \tag{2-24}$$

在这里，a_{ij} 为成员的年龄，c_1 表示刚出生婴儿的成人当量，c_2 表示 $17<a_{ij}\leqslant 22$ 男性的成人当量，e_{11} 为未知参数。根据三次样条函数的构造原理和假设，将分别计算出发展阶段年龄区间上的人群的成人当量公式，具体过程不再展示。不同年龄或年龄组人群的成人当量具体形式整理如表 2-3 所示。

最后，根据成人当量的思想，需要设定一个标准消费人。本书设定 35～40 岁男性为参照标准消费人，进一步设定其成人当量为 1，即 $c_3=1$，那么其他年龄性别人群的成人当量均在标准消费人的消费情况下折算获得，使得计算与成年人对等的个人需求成为可能。

表 2-3　不同性别年龄人口的成人当量

公式序号	年龄或年龄组	成人当量 $S(a_{ij}, g_{ij})$	成员数量
刚出生婴儿			
S_0	$a_{ij}=0$	c_1	n_0
男性			
S_1	$0<a_{ij}\leqslant 17$	$c_1+e_{11}a_{ij}-[0.1176e_{11}+0.0104(c_1-c_2)]a_{ij}^2+[0.0035e_{11}+0.0004(c_1-c_2)]a_{ij}^3$	n_1
S_2	$17<a_{ij}\leqslant 22$	c_2	n_2
S_3	$22<a_{ij}\leqslant 35$	$c_2+e_{21}(a_{ij}-22)-[0.1538e_{21}+0.0176(c_2-c_3)](a_{ij}-22)^2+[0.0059e_{21}+0.0009(c_2-c_3)](a_{ij}-22)^3$	n_3
S_4	$35<a_{ij}\leqslant 40$	c_3	n_4
S_5	$40<a_{ij}\leqslant 55$	$c_3+e_{31}(a_{ij}-40)-[0.1333e_{31}+0.0133(c_3-c_4)](a_{ij}-40)^2+[0.0044e_{31}+0.0006(c_3-c_4)](a_{ij}-40)^3$	n_5
S_6	$55<a_{ij}\leqslant 60$	c_4	n_6
S_7	$60<a_{ij}\leqslant 70$	$c_4+e_{41}(a_{ij}-60)-[0.2e_{41}+0.03(c_4-c_5)](a_{ij}-60)^2+[0.01e_{41}+0.002(c_4-c_5)](a_{ij}-60)^3$	n_7
S_8	$a_{ij}>70$	c_5	n_8
女性			
S_9	$0<a_{ij}\leqslant 17$	$c_1+e_{12}a_{ij}-[0.1176e_{12}+0.0104(c_1-c_6)]a_{ij}^2+[0.0035e_{12}+0.0004(c_1-c_6)]a_{ij}^3$	n_9
S_{10}	$17<a_{ij}\leqslant 22$	c_6	n_{10}
S_{11}	$22<a_{ij}\leqslant 35$	$c_6+e_{22}(a_{ij}-22)-[0.1538e_{22}+0.0176(c_6-c_7)](a_{ij}-22)^2+[0.0059e_{22}+0.0009(c_6-c_7)](a_{ij}-22)^3$	n_{11}
S_{12}	$35<a_{ij}\leqslant 40$	c_7	n_{12}
S_{13}	$40<a_{ij}\leqslant 55$	$c_7+e_{32}(a_{ij}-40)-[0.1333e_{32}+0.0133(c_7-c_8)](a_{ij}-40)^2+[0.0044e_{32}+0.0006(c_7-c_8)](a_{ij}-40)^3$	n_{13}
S_{14}	$55<a_{ij}\leqslant 60$	c_8	n_{14}
S_{15}	$60<a_{ij}\leqslant 70$	$c_8+e_{42}(a_{ij}-60)-[0.2e_{42}+0.03(c_8-c_9)](a_{ij}-60)^2+[0.01e_{42}+0.002(c_8-c_9)](a_{ij}-60)^3$	n_{15}
S_{16}	$a_{ij}>70$	c_9	n_{16}

从表 2-3 可以看出，对于男性来说，c_1、c_2、c_4、c_5分别为过渡阶段的刚出生男性、17～22 岁男性、55～60 岁男性以及 70 岁以上男性相对于标准人(35～40 岁男性)的成人当量，同时 0～17 岁、22～35 岁、40～50 岁以及 60～70 岁年龄区间上的男性的成人当量为表 2-3 中对应的三次多项式。对于女性来说，c_1、c_6、c_7、c_8、c_9分别为过渡阶段的刚出生女性、17～22 岁女性、35～

40 岁女性、55～60 岁女性以及 70 岁以上女性相对于标准人的当量，同时 0～17 岁、22～35 岁、40～50 岁以及 60～70 岁发展阶段女性的成人当量为表 2-3 中对应的三次多项式。在表 1 中，c_1、c_2、c_4、c_5、c_6、c_7、c_8、c_9 以及每个多项式中的参数 e_{11}、e_{21}、e_{31}、e_{41}、e_{12}、e_{22}、e_{32}、e_{42} 为未知参数，需要利用数据获得估计值。

3. 构建表征人口结构的家庭人口结构指数

利用消费数据结合模型获得表 2-3 成人当量公式中的未知参数是解决问题的关键。在这里将引入家庭人口结构指数的概念，进而结合数据和模型估计出成人当量公式中的未知参数。

正如前面所述，如果把每个家庭成员的成人当量进行加总，则可获得表征家庭人口结构的家庭人口结构指数。根据此定义，家庭人口结构指数为各年龄或年龄组人群的成人当量乘以对应年龄区间上的家庭人口数量，并进行加总获得，即

$$FAES = S_0 \times n_0 + S_1 \times n_1 + \cdots + S_{16} \times n_{16} \tag{2-25}$$

在这里，S_0，S_1，…，S_{16} 为各年龄或年龄组人群的成人当量，n_0，n_1，…，n_{16} 为各年龄或年龄组家庭成员的数量（表 2-3）。将表 2-3 中具体的成人当量公式 $S(a_{ij}, g_{ij})$ 带入公式 2-25，然后合并同类项，整理如下

$$\begin{aligned} FAES = {} & c_1 \times VA + c_2 \times VB + VC + c_4 \times VD + c_5 \times VE + c_6 \times VF + c_7 \times VG + c_8 \times \\ & VH + c_9 \times VI + e_{11} \times VJ + e_{21} \times VK + e_{31} \times VL + e_{41} \times VM + e_{12} \times \\ & VN + e_{22} \times VO + e_{32} \times VP + e_{42} \times VQ \end{aligned} \tag{2-26}$$

在这里，由人口数量和年龄汇总计算获得的人口结构变量 VA，VB，…，VQ 的具体公式见表 2-4。

表 2-4　公式 2-26 中由人口数量和年龄汇总计算获得的变量的公式

$VA = n_1 + n_9 - 0.0104\sum_{n1} a_{ij}^2 + 0.0004\sum_{n1} a_{ij}^3 - 0.0104\sum_{n9} a_{ij}^2 + 0.0004\sum_{n9} a_{ij}^3$
$VB = n_2 + n_3 + 0.0104\sum_{n1} a_{ij}^2 - 0.0004\sum_{n1} a_{ij}^3 - 0.0178\sum_{n3} (a_{ij} - 22)^2 + 0.0009\sum_{n3} (a_{ij} - 22)^3$
$VC = n_4 + n_5 + 0.0178\sum_{n3} (a_{ij} - 22)^2 - 0.0009\sum_{n3} (a_{ij} - 22)^3 - 0.0133\sum_{n5} (a_{ij} - 40)^2 + 0.0006\sum_{n5} (a_{ij} - 40)^3$
$VD = n_6 + n_7 + 0.0133\sum_{n5} (a_{ij} - 40)^2 - 0.0006\sum_{n5} (a_{ij} - 40)^3 - 0.03\sum_{n7} (a_{ij} - 60)^2 + 0.002\sum_{n7} (a_{ij} - 60)^3$
$VE = n_8 + 0.03\sum_{n7} (a_{ij} - 60)^2 - 0.002\sum_{n7} (a_{ij} - 60)^3$
$VF = n_{10} + n_{11} + 0.0104\sum_{n9} a_{ij}^2 - 0.0004\sum_{n9} a_{ij}^3 - 0.0178\sum_{n11} (a_{ij} - 22)^2 + 0.0009\sum_{n11} (a_{ij} - 22)^3$

（续）

$VG=n_{12}+n_{13}+0.0178\sum_{n11}(a_{ij}-22)^2-0.0009\sum_{n11}(a_{ij}-22)^3-0.0133\sum_{n13}(a_{ij}-40)^2+0.0006\sum_{n13}(a_{ij}-40)^3$
$VH=n_{14}+n_{15}+0.0133\sum_{n13}(a_{ij}-40)^2-0.0006\sum_{n13}(a_{ij}-40)^3-0.03\sum_{n15}(a_{ij}-60)^2+0.002\sum_{n15}(a_{ij}-60)^3$
$VI=n_{16}+0.03\sum_{n15}(a_{ij}-60)^2-0.002\sum_{n15}(a_{ij}-60)^3$
$VJ=\sum_{n1}a_{ij}-0.1176\sum_{n1}a_{ij}^2+0.0035\sum_{n1}a_{ij}^3$
$VK=\sum_{n3}(a_{ij}-22)-0.1538\sum_{n3}(a_{ij}-22)^2+0.0059\sum_{n3}(a_{ij}-22)^3$
$VL=\sum_{n5}(a_{ij}-40)-0.1333\sum_{n5}(a_{ij}-40)^2+0.0044\sum_{n5}(a_{ij}-40)^3$
$VM=\sum_{n7}(a_{ij}-60)-0.2\sum_{n7}(a_{ij}-60)^2+0.01\sum_{n7}(a_{ij}-60)^3$
$VN=\sum_{n9}a_{ij}-0.1176\sum_{n9}a_{ij}^2+0.0035\sum_{n9}a_{ij}^3$
$VO=\sum_{n11}(a_{ij}-22)-0.1538\sum_{n11}(a_{ij}-22)^2+0.0059\sum_{n11}(a_{ij}-22)^3$
$VP=\sum_{n13}(a_{ij}-40)-0.1333\sum_{n13}(a_{ij}-40)^2+0.0044\sum_{n13}(a_{ij}-40)^3$
$VQ=\sum_{n15}(a_{ij}-60)-0.2\sum_{n15}(a_{ij}-60)^2+0.01\sum_{n15}(a_{ij}-60)^3$

第三节　研究假设

基于以上理论框架的分析，提出如下研究假设。

假设一，食物需求当量规模与人口数量之间存在差异。

人口数量是将人口看作没有差异的同质个体测算的，其背后的假设是每个人是同质的。其实，个体在结构等特征方面有着相当大的差异性，这些差异性对其消费会产生重大影响。当量测算的前提是个体消费存在异质性。借助食物消费数据实证获得不同人口的食物需求成人当量，进而获得家庭或国家层面的人口食物需求当量规模，其与人口数量存在一定差异。

假设二，食物支出当量与能量成人当量之间存在差异。

食物支出成人当量是根据个体的食物消费支出水平计算得到，其能反映出个体之间由于食物消费成本的不同而导致的消费异质性。个体食物消费成本较高表明其消费了价格较高、品质较好的食物，暗示着其对健康、预期寿命较为关注。食物支出成人当量能够较好地反映经济因素对个体食物消费的影响，能较好地体现个体食物消费的现实性，对个体食物消费的异质性反映相对较强。不同人口的能量成人当量是根据食物消费数量计算出的，反映了个人之间生理上对食物需求的差异，这种个体食物消费量间的差异可能要小于由经济因素不同所导致的个体间食物消费的差异。因此，分别以食物支出和营养摄入量为研究对象，测算出的食物支出成人当量和能量成人当量之间可能存在差异。

假设三，未来人口食物需求当量规模变动表现为先增后减。

人口数量和人口当量规模的差异在于是否考虑到人口结构因素。人口数量的增减对食物消费的影响固然重要。但是，剧烈的人口结构的变动对食物消费影响同样不容忽视。不同年龄性别的人口，其食物消费存在差异，因此，预测考虑人口结构因素的未来人口食物需求当量规模的变动，对未来食物消费预测和保障食物安全供给具有重要意义。未来一段时间是我国人口变化的关键时期，人口继续刚性增长、老龄化继续加剧，这可能导致未来人口食物需求当量规模的变化趋势表现为先增后减。

假设四，基于人口结构变化修正的食物净进口大于基于人口数量预测的食物净进口。

基于人口数量变化预测的食物需求和食物净进口可能由于没有考虑人口结构变化而出现偏差。年龄、性别、收入水平等因素的差异导致个人之间的食物消费存在异质性，因此人口结构的变化会对家庭或社会的食物需求产生显著变化，进而影响到食物进口。随着计划生育政策后续效应的逐步显现和全面三胎政策的实施，未来我国人口结构将发展关键变化，少子化和老龄化并存的新特征将对我国食物需求产生影响，这直接关系到我国食物进口。因此，如果不考虑人口结构的影响，将可能低估未来我国食物需求，对食物净进口的预测将出现偏差。

假设五，食物与营养进口需求弹性富有弹性。

估计食物进口需求弹性具有重要政策含义。如果某一来源国食物支出弹性富有弹性，表明其出口我国的食物规模对我国食物需求量增加的反应较敏感；如果某一来源国食物的自价格弹性缺乏弹性，表明我国从该来源国进口的食物对其价格变化反应不敏感，意味着我国对该来源国食物的依赖程度较高。因此，估计我国食物进口需求弹性对分析我国食物进口依赖特征和保障食物安全具有重要现实意义。

第四节　小　　结

本章介绍了本书的相关概念界定、理论框架、研究假设。本书从食物进口规模不断扩大和食物自给率呈现下降趋势出发，引申出需要对我国食物自给和进口现状进行研究，也需要对未来食物进口的变化进行研究，进而从需求角度入手，利用成人当量方法验证人口结构对食物消费的影响，进一步模拟未来人口当量的变动，基于人口结构变化对未来食物需求和净进口的预测结果进行修正。基于以上思路，从食物和营养角度，构建了“食物自给率测算与食物进口来源特征—人口结构变化对食物与营养需求的影响—未来人口食物当量规模变动—未来食物净进口变化”的逻辑框架，系统分析了本书的概念框架，并对每部分的分析思路、概念框架进行了阐述和分析，最后总结提出了研究假设。

在人口结构变化对消费影响的理论分析和测量分析中，在生命周期理论和个体消费存在异质性的理论前提下，详细阐述了利用成人当量概念和三次样条函数原理构建不同人口成人当量和构建表征家庭人口年龄结构综合变量的概念框架，为接下来度量人口结构变化对食物消费和营养摄入量的影响、测算不同人口的成人当量提供了概念框架和分析思路。

第三章　我国食物自给率测算与食物进口来源特征

入世以来，我国农业逐步融入世界农业经济体系中，食物进口持续快速增长，呈现常态化、全面性特点。特别是2010年以来，在大豆和植物油进口持续高位增长以及乳制品净进口大幅度增加的同时，主要粮食作物全部呈现净进口，肉类进口加速增长，食物进口已经成为我国食物的重要供给来源，这也导致我国食物自给状况面临挑战和风险。

日益增长的食物需求是导致食物进口不断变化和食物自给面临挑战的重要方面。从需求侧分析，一是人口数量的刚性增长推动食物消费规模不断扩大，引致食物进口需求增加；二是随着计划生育政策后续效应的不断显现和全面三胎政策的实施，人口结构的显著变化将会对食物需求和食物自给产生重要影响；三是城镇化发展导致的城乡人口迁移，将通过食物消费数量和结构变化影响食物需求，对食物进口需求产生影响。可以预见，未来人口在结构和空间上的变化将对食物需求产生显著的影响，这将直接关系到食物自给状况。

从供给侧分析，未来通过国内生产增加供给面临刚性制约，食物进口成为现实选择。一方面，我国人均农业资源匮乏，人均耕地少、耕地质量总体不高、耕地后备资源不足；另一方面，目前我国农业化肥和农药使用量大，导致农业环境污染严重，工业化和城镇化的快速推进也导致土地和水资源日益受到污染的威胁，这都将制约国内食物供给能力的增长，进而影响食物自给。此外，当前我国粮食贸易进口过度的主要原因包括两方面：一是国内外价差的驱动，其根本原因是我国粮食生产基础差，竞争力先天不足，这与我国经营模式小型化、生产成本持续上升密切相关；二是保护调控手段后天缺乏，主要是缺少高关税调控手段。

食物自给率是衡量一个国家和地区食物自给状况的一项核心指标，其定义为一个国家和地区的食物总生产量占总需求量的比例。目前，大量研究关注于粮食自给率，也有研究计算了各类食物的自给率，以及从热量角度计算我国综合食物自给率。但是，从营养结构的角度计算和分析我国蛋白质、脂肪和碳水化合物自给率的研究较少。

我国食物进口需求弹性估计是以往文献的研究热点。从研究对象上看，多数研究涉及我国大豆进口需求弹性的估计，主要是因为我国大豆进口规模大且进口集中度高；另外一些研究开展了对谷物、肉类等进口需求弹性的估计。截至目前，关于食物进口需求弹性的研究多数集中在粮食特别是大豆方面，对于其他食物品种的研究相对较少，将所有食物综合考虑在一起的研究则更为少见。有别于上述文献，本书将结合食物营养成分转化系数，将我国食物进口数据转化为营养数据，从营养视角系统考察我国热量、蛋白质、脂肪和碳水化合物进口来源结构特征，以及估计进口需求弹性。对我国来说，准确地估计食物和营养进口需求弹性是否富有弹性，有助于清晰地认识我国食物进口依赖特征，也有助于相关政府部门和食物进口商更加清晰地了解我国食物进口需求市场的内部竞争关系。

鉴于此，本章首先利用2000—2016年国家统计局和联合国商品贸易数据库数据，分析我国食物与营养的供给状况，并通过计算自给率分析我国食物与营养的自给状况；然后，以食物整体、具体食物种类为研究对象分析我国进口来源结构特征，并从营养角度分析我国能量、主要营养素包括蛋白质、脂肪、碳水化合物的进口来源结构特征；其次，利用来源区分模型，分别以食物整体、能量、三种主要营养素为研究对象，实证估计我国食物与营养进口需求弹性，分析我国食物进口依赖特征。

第一节　基于营养视角的我国食物供给与食物自给率测算

一、概念界定与数据说明

本部分将从供给端出发计算国内总需求量，进而计算自给率。即按照国内总需求等于可供消费的国内总供给，从国内生产量加净进口量和库存增加量计算国内总需求量。设定R为自给率，可表示为$R=P/D=P/S$。其中，P为国内生产量，D为国内总需求量，S为可供消费的国内总供给量。由于库存数据难以获得，将借鉴以往研究的做法，用国内生产量加净进口量来近似替代国内总需求量。

为了计算食物中的能量及三大主要供能营养素的自给率，将沿袭国际上的通用做法，即根据各种食物的能量、蛋白质、脂肪和碳水化合物含量折算后加总，然后再进行深入研究。具体来看，将各种食物数量与该种食物的可食比例及每百克该种食物的营养成分含量相乘求和，从而将食物生产或贸易数据折算汇总获得营养数据。设定N_k为来自n种食物的第k类营养成分含量，其中，$k=1$，…，4，分别代表能量、蛋白质、脂肪、碳水化合物，计算公式为$N_k=$

$\sum_{i=1}^{n} \times a_{ki} \times E_i$。其中，$a_{ki}$ 表示第 i 种食物中包含的第 k 类营养成分含量，$i=1, \cdots, n$；E_i 表示第 i 种食物的生产或贸易数量。

我国食物的生产数据来自国家统计局，食物进出口数据来源于联合国商品贸易数据库。根据数据的可获得性，将国内生产的食物划分为谷物、薯类、豆类、油料、糖料、蔬菜、水果、肉类、禽蛋、奶类、水产品。为了尽可能地让生产数据和贸易数据在食物种类上保持一致，根据乌拉圭回合《农业协议》界定的农产品范围（HS 四位编码），将我国进出口食物划分为谷物、薯类、干豆类、油籽、植物油、糖类、蔬菜、水果、肉类、禽蛋、乳品、动物油脂、水产品。时间区间均为 2000—2016 年。关于营养转化系数的获得，将借鉴中国疾病预防控制中心营养与食品安全所 2009 年提供的中国食物营养成分表作为补充，并在此基础上，尽可能地将食物进行细分，然后按照各种食物生产比例或者进出口构成加权平均调整获得。

二、我国食物与营养供给变动分析

本部分从人均国内食物生产量、食物进出口量，以及从食物国内生产、净进口可提供每个国民多少营养素的角度考察我国食物与营养供给状况，并从营养素提供能量的比率来分析供给国内居民消费的营养结构的合理性。

（一）我国国内食物生产变动分析

表 3-1 为人均国内食物生产量变化。从植物性食物生产来看，自 2000 年以来，谷物人均国内产量呈现先减后增态势；豆类人均国内产量总体呈现递减趋势；油料人均国内产量呈递增趋势；糖料人均国内产量开始时呈现增长趋势，而后呈现波动态势；蔬菜和水果人均国内产量均呈现递增趋势。从具体的变化趋势来看，第一，谷物人均国内产量从 2000 年的 319.72 千克减少到 2003 年的 289.64 千克，之后开始增长，2015 年已经增长到 416.32 千克，2016 年有所下降。第二，2000 年豆类人均国内产量为 15.86 千克，2015 年下降到 11.57 千克，2016 年有所上升。第三，2006 年以来油料人均国内产量从 20.09 千克增长到 2016 年的 26.25 千克。第四，蔬菜和水果人均国内产量分别从 2000 年的 350.85 千克和 49.12 千克增长到 2016 年的 576.98 千克和 205.04 千克。

从动物性食物产量来看，首先，肉类、禽蛋和奶类人均国内产量均呈现先增长后趋于稳定的态势。其中，2000—2006 年奶类增长幅度相对较大，从人均 6.53 千克增长到 24.29 千克，增幅 17.76 千克。其次，水产品人均国内产量呈现增长趋势，从 2000 年的 29.24 千克增长到 2016 年的 49.91 千克。

表 3-1　2000—2016 年我国人均国内食物生产量

单位：千克

	2000 年	2003 年	2006 年	2009 年	2012 年	2013 年	2014 年	2015 年	2016 年
谷物	319.72	289.64	343.10	360.86	398.32	406.18	407.52	416.32	408.89
豆类	15.86	16.46	15.24	14.46	12.78	11.72	11.88	11.57	12.52
薯类	29.08	27.19	20.55	22.45	24.32	24.47	24.39	24.20	24.27
油料	23.31	21.75	20.09	23.64	25.38	25.85	25.64	25.73	26.25
糖料	60.24	74.61	79.57	91.99	99.59	101.02	97.68	90.93	89.25
蔬菜	350.85	418.12	410.45	463.27	523.49	540.24	555.67	571.26	576.98
水果	49.12	112.34	130.10	152.83	177.67	184.41	191.12	199.15	205.04
肉类	47.45	49.86	53.93	57.32	61.94	62.72	63.65	62.74	61.75
禽蛋	17.22	18.05	18.44	20.55	21.13	21.14	21.16	21.82	22.38
奶类	6.53	13.51	24.29	26.37	27.65	25.95	27.23	27.31	26.05
水产品	29.24	31.55	34.87	38.34	43.63	45.36	47.24	48.74	49.91

数据来源：国家统计局。

（二）食物贸易变动分析

表 3-2 为我国食物进口量变化。入世以来，我国谷物进口数量总体呈现递增态势，2015 年进口量高达 3 485.2 万吨，2016 年下降到 2 444.21 万吨。谷物进口量增加主要受到品种结构性的短缺和国内外价差的影响。我国油籽进口规模不断扩大。其中，大豆进口占据绝大部分且进口地十分集中。2016 年大豆进口量又创历史新高，全年进口 8 970.38 万吨，同比增长 2.2%。近年，我国植物油进口呈现下降趋势，但仍保持在高位，2016 年进口 783.14 万吨，比 2015 年减少 89.93 万吨。糖类进口虽然有所下降，但仍保持在 300 万吨以上。我国蔬菜和水果进口呈小幅递增态势。近年，我国肉类进口规模高速增长，2016 年进口量为 468.73 万吨，较 2012 年增长了一倍还多。动物油脂进口总体呈下降趋势，从 2000 年的 40.27 万吨下降到 2016 年的 17.32 万吨。2012 年以来，奶品进口量增长较快，2016 年进口量为 217.57 万吨，较 2012 年增长了 91.42 万吨。2015 年之前水产品进口保持小幅增长，之后有所下降。

表 3-2　2000—2016 年我国主要食物进口量

单位：万吨

	2000 年	2003 年	2006 年	2009 年	2012 年	2013 年	2014 年	2015 年	2016 年
谷物	331.95	270.75	449.02	408.54	1 519.40	1 622.63	2 165.92	3 485.20	2 444.21
薯类	25.85	237.00	495.39	611.03	714.66	739.95	866.61	939.34	771.87
干豆类	10.66	7.21	37.18	42.17	75.55	110.95	87.35	104.33	112.74
油籽	1 341.47	2 100.80	2 934.33	4 646.94	6 244.77	6 798.32	7 766.40	8 773.98	8 970.38
植物油	202.14	574.38	724.36	1 028.69	1 052.10	1 019.92	868.41	873.07	783.14

（续）

	2000 年	2003 年	2006 年	2009 年	2012 年	2013 年	2014 年	2015 年	2016 年
糖类	110.04	84.51	139.97	115.39	393.04	468.26	362.89	500.39	321.57
蔬菜	8.47	8.70	11.41	8.10	18.16	18.13	18.86	20.35	21.47
水果	98.29	107.91	132.00	237.62	330.49	315.58	387.56	434.05	403.88
肉类	124.37	118.95	92.59	146.43	222.25	271.90	258.52	286.05	468.73
蛋类	0.03	0.02	0.00	0.00	0.00	0.00	0.00	0.00	0.00
奶类	23.05	33.21	40.30	68.74	126.15	174.34	193.11	179.15	217.57
动物油脂	40.27	31.61	33.66	37.36	25.94	18.83	23.49	23.31	17.32
水产品	124.05	143.94	216.83	222.24	251.18	275.13	281.98	268.36	264.69

资料来源：联合国商品贸易数据库。

如表 3-3 所示，在我国食物出口上，入世以来，蔬菜、水果、水产品、糖类出口呈现明显的递增趋势，2000—2016 年，以上产品增幅分别为 626.95 万吨、276.99 万吨、263.40 万吨、151.66 万吨。谷物类出口下降趋势明显，与 2000 年相比，2016 年出口量减少了 1 207.72 万吨。其余的食物产品出口变动幅度不大。

表 3-3　2000—2016 年我国主要食物出口量

单位：万吨

	2000 年	2003 年	2006 年	2009 年	2012 年	2013 年	2014 年	2015 年	2016 年
谷物类	1 423.49	2 267.45	704.51	266.01	220.11	226.13	205.49	181.53	215.77
薯类	10.58	13.01	16.07	14.72	14.73	13.66	11.27	12.71	14.78
干豆类	57.59	104.71	80.40	111.36	101.91	85.81	56.66	51.05	64.07
油籽	129.43	189.62	207.16	206.21	205.44	203.18	200.32	195.39	196.62
植物油	13.89	8.12	41.86	12.68	11.33	12.74	14.56	14.24	12.70
糖类	48.38	27.10	68.98	87.03	118.79	146.99	141.93	146.29	200.04
蔬菜	288.98	506.04	678.00	742.69	863.81	892.34	918.95	942.55	915.93
水果	88.62	162.93	215.30	349.24	328.23	318.76	289.05	304.29	365.61
肉类	76.14	88.56	101.00	67.71	83.80	84.96	89.83	82.84	76.70
蛋类	6.14	8.73	0.67	8.29	10.25	9.33	9.46	9.76	10.32
奶类	8.46	8.71	10.98	9.16	9.20	8.53	9.77	8.79	7.86
动物油脂	0.33	0.43	1.14	1.44	1.56	1.18	1.63	1.46	1.02
水产品	146.07	192.09	289.79	274.19	369.28	384.80	403.45	391.34	409.47

资料来源：联合国商品贸易数据库。

（三）基于营养视角的食物供给变动分析

表 3-4 为我国人均每天营养国内产量和净进口量。总体来看，加入世贸以

来，热量、蛋白质、脂肪、碳水化合物的人均每天国内产量和净进口量均有不同程度的增长。具体来看，首先，热量人均每天国内产量呈现递增趋势；人均每天净进口量 2015 年之前呈递增态势，2016 年有所下降。其次，从三大供能营养素的供给来看，蛋白质人均每天国内产量和净进口量均呈现缓慢递增趋势。近年，脂肪的人均每天国内产量和净进口量保持相对稳定。2010 年以来，碳水化合物人均每天国内产量呈现缓慢递增趋势；人均每天净进口量 2015 年之前呈递增态势，2016 年有所下降。

表 3-4　2000—2016 年我国人均每天营养国内产量和净进口量

单位：千卡/天、克/天

年份	能量		蛋白质		脂肪		碳水化合物	
	国内产量	净进口	国内产量	净进口	国内产量	净进口	国内产量	净进口
2000	2 079.36	71.97	95.58	4.14	78.44	7.31	376.06	−1.33
2003	2 113.07	146.93	97.69	5.94	79.70	16.09	401.37	−4.40
2006	2 285.86	252.76	103.64	10.52	82.57	19.92	430.94	9.77
2009	2 482.36	403.13	112.14	17.78	90.57	30.21	471.79	17.57
2010	2 544.84	439.96	115.02	22.39	92.68	29.99	487.45	24.32
2011	2 616.84	414.46	117.85	21.34	93.77	27.94	506.95	25.11
2012	2 705.50	509.39	121.22	24.99	96.97	33.48	525.28	35.21
2013	2 744.36	534.04	122.73	27.57	97.93	33.81	536.95	39.30
2014	2 766.11	561.99	124.22	31.62	98.71	32.43	544.16	44.46
2015	2 791.65	642.72	125.54	36.58	98.53	34.57	555.02	58.21
2016	2 786.57	610.45	125.95	36.89	98.67	33.56	555.05	48.08

图 3-1 为供给国内居民消费的蛋白质、脂肪和碳水化合物提供的热量占总热量的比率随年份的变化。供给的蛋白质和脂肪的供能比率均已接近或者超出了世界卫生组织建议的蛋白质和脂肪提供能量比率范围的上限，碳水化合物的供能比例处于较低水平。具体来看，首先，2000—2014 年蛋白质供能比率在 14%～15%的范围内波动，2015 年供能比率超过了世界卫生组织建议的 15%上限，2016 年增加到 15.31%。其次，脂肪的供能比率也处于较高水平，有些年份超过了世界卫生组织建议的 30%上限。最后，2000—2016 年碳水化合物供能比率在 54%～58%的范围内变动，与世界卫生组织建议的 55%～75%相比，处于相对较低水平。与日本比较来看，2016 年我国的蛋白质供能比为 15.31%，高于日本的 12.8%；脂肪供能比为 27.98%，低于日本的 29.6%，碳水化合物供能比为 56.71%，低于日本的 57.6%。

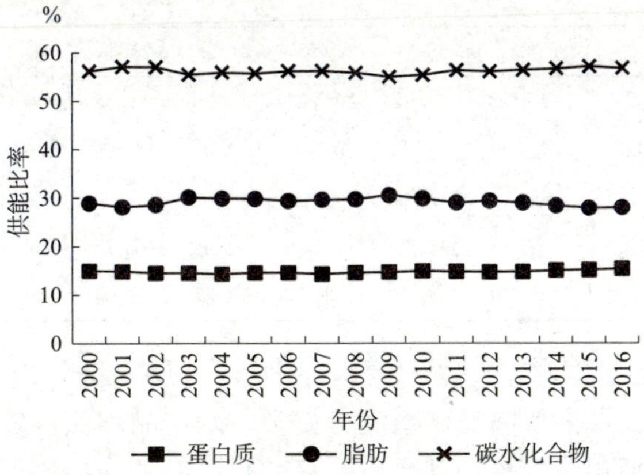

图 3-1　2000—2016 年我国主要营养素供能比率变化

表 3-5　世界卫生组织建议各营养素的人群平均摄入量范围

营 养 素	下　限	上　限
蛋白质提供能量比例	10%	15%
脂肪提供能量比例	15%	30%
碳水化合物提供能量占比	55%	75%

注：下限值是预防营养缺乏的最低摄入量，上限值是预防慢性疾病的摄入量上限。

三、基于营养视角的我国食物自给状况分析

（一）食物自给率的变动分析

表 3-6 为以实物数量计算的我国各类食物自给率。从 2016 年的自给率测算结果来看，首先，蔬菜、水果、蛋类、水产品的自给率接近或者超过 100%，表明这些产品的国内产量不仅满足了国内消费，而且部分产量用于出口。其次，谷物、糖类、肉类、奶类均保持 90%以上的自给率。第三，油籽自给率最低，只有 37.79%。薯类自给率也相对较低，为 81.59%。

表 3-6　2000—2016 年我国食物自给率变化

单位：%

年份	谷物	薯类	油籽	糖类	蔬菜	水果	肉类	蛋类	奶类	水产品
2000	102.77	99.59	80.99	98.55	100.63	99.84	99.20	100.28	98.27	100.60
2003	105.64	94.01	73.14	98.93	100.93	100.38	99.53	100.37	98.62	101.20
2006	100.57	84.93	63.37	98.78	101.25	100.49	100.12	100.03	99.09	101.62
2009	99.70	83.40	53.77	99.58	101.20	100.55	98.98	100.30	98.33	101.03
2010	99.20	84.69	48.26	98.93	101.21	100.27	98.93	100.38	97.90	101.38
2011	99.25	86.98	49.78	97.37	101.33	99.95	98.55	100.37	97.52	101.95

（续）

年份	谷物	薯类	油籽	糖类	蔬菜	水果	肉类	蛋类	奶类	水产品
2012	97.65	82.47	46.22	96.43	101.21	99.99	98.38	100.36	96.97	102.04
2013	97.54	82.09	43.57	95.92	101.20	100.01	97.86	100.33	95.52	101.81
2014	96.60	79.59	40.32	97.08	101.20	99.62	98.10	100.33	95.31	101.92
2015	94.54	78.21	37.26	95.10	101.19	99.53	97.70	100.33	95.66	101.87
2016	96.21	81.59	37.79	98.24	101.13	99.87	95.61	100.33	94.50	102.14

如表 3-6 所示，从变化趋势上看，首先，自加入世贸组织以来，我国谷物、糖类、蔬菜、水果、肉类、蛋类、奶类、水产品均保持较高自给率，表明这些产品自给水平相对较高。其次，油籽的自给率下降趋势最为明显，其自给率从 2000 年的 80.99%下降到 2016 年的 37.79%。油籽自给率下降的原因可以归结为：其一，我国大豆的进口规模不断扩大。2000 年大豆进口首次超过 1 000 万吨，2016 年大豆进口量又创历史新高，全年进口 8 391.3 万吨。其二，2010—2013 年油菜籽进口量逐年迅速攀升，从 2010 年的 93 万吨增加到 2013 年的 504.6 万吨，3 年间进口量增长了 5 倍多；2014 年开始油菜籽进口量趋于回落，但仍然维持在 400 万吨以上。其三，2000—2005 年，我国薯类保持 90%以上的自给率；2006 年后逐渐下降，到 2016 年自给率已降为 81.59%。根据以上分析可以看出，中国绝大部分食物的自给程度处于较高水平；食物自给的短板主要在油籽，2000 年以来油籽自给率下降较多，自给水平较低。

如图 3-2 所示，我国食物自给率变化特点：个别品种（如大豆）自给率快速下降，多个品种自给率有较小程度的下降态势，如谷物、薯类。自 1995 年放开大豆贸易以来，豆类自给率呈现快速下降态势；薯类自给率在加入世贸组织以后也呈现下降趋势；谷物自给率也有一定程度的下降。

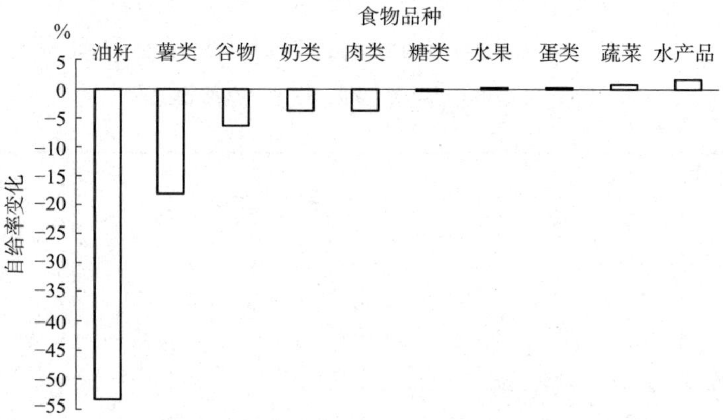

图 3-2　2000—2016 年我国各类食物自给率变化

根据2013年FAO提供的各国食物供需平衡表数据计算其他国家的食物自给率，并与本书研究结果进行对比。总体来看，与其他国家相比，我国主要食物的自给率处于较高水平。从表3-7的具体食物自给率来看，2013年我国谷物自给率高达97.54%，远高于同在亚洲、农业资源条件相近的日本，高于英国，低于美国、德国、法国，更低于农业资源丰富的澳大利亚和加拿大；我国油籽自给率为43.57%，低于美国、加拿大、澳大利亚和法国，高于日本、德国、英国；我国肉类自给率为97.86%，高于日本、英国，低于美国、加拿大、澳大利亚、德国和法国；我国奶类自给率为95.52%，高于日本、加拿大、英国；我国蔬菜、水果、蛋类、水产品自给率均高于表3-7所列的其他国家。

表3-7　2013年各国食物自给率对比

单位：%

国家	谷物	薯类	油籽	糖类	蔬菜	水果	肉类	蛋类	奶类	水产品
中国	97.54	82.09	43.57	95.92	101.20	100.01	97.86	100.33	95.52	101.81
日本	28	76	9	29	79	40	55	95	64	55
美国	127	96	171	79	90	74	116	105	104	70
加拿大	202	147	346	9	55	17	129	94	95	96
德国	113	117	6	106	40	25	114	71	123	24
法国	189	116	78	182	73	57	98	100	123	30
英国	86	75	39	59	38	5	69	88	81	55
澳大利亚	279	82	276	228	82	90	166	99	146	29

资料来源：日本农林水产省。

（二）营养自给率的变动分析

图3-3为我国营养自给率变化情况。从2016年的营养自给率测算结果来看，热量自给率为82.03%，蛋白质为77.35%，脂肪为74.62%，碳水化合物为92.03%。从自给率变化来看，首先，热量自给率总体呈现下降趋势，从2000年的96.65%下降到2016年的82.03%。其次，蛋白质自给率总体呈现下降趋势。2000—2007年蛋白质自给率保持在90%以上，之后跌破90%，2016年下降到77.35%。再次，脂肪自给率呈现先下降后稳定的趋势，其自给率从2000年的91.48%下降到2009年的74.99%，之后虽有些波动，但基本稳定在74%。最后，我国碳水化合物自给率总体呈现下降趋势，但均保持在90%以上。2000年碳水化合物自给率为100.35%，2015年下降到最低点位90.51%，2016年回升到92.03%。可以看出，入世以来，我国营养自给率均呈现不同程度的下降，且营养自给率有进一步下降的趋势。

图3-4为各国热量自给率的变化情况。总体来看，我国热量自给率高于同

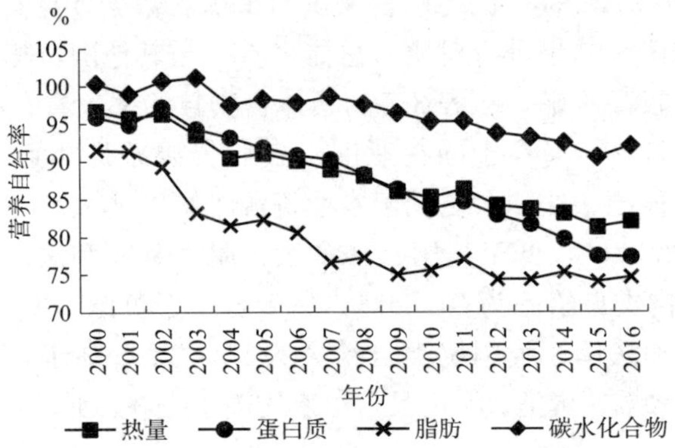

图 3-3　2000—2016 年我国营养自给率变化

处东亚的日本，也高于英国，但低于美国、德国和法国。从各国热量自给率随年份变化的趋势上看，我国和英国热量自给率下降较明显，日本在极力维持较低的热量自给率，美国、德国、法国的虽有些波动但基本保持稳定。对比各个国家的热量自给率发现，我国热量自给率处于相对较高水平，但总体呈现下降趋势，值得关注。

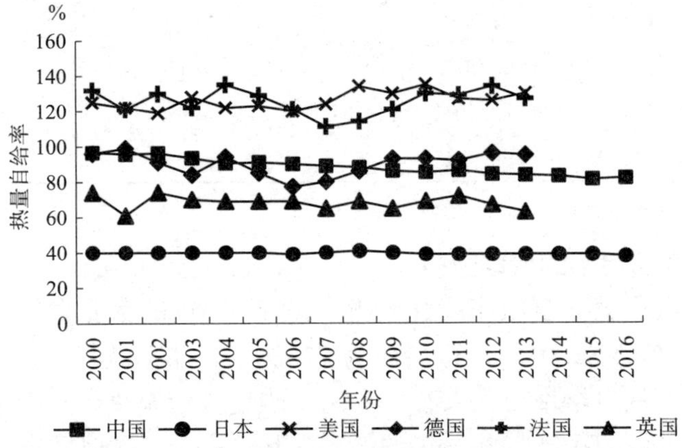

图 3-4　2000—2016 年各国热量自给率变化

资料来源：日本农林水产省。

第二节　基于数量和摄入营养视角的我国食物进口来源的特征分析

本节首先根据出口我国农产品的国家排名、地理位置、对外发展战略，对我国食物进口来源地进行划分；其次，以食物整体、食物种类为研究对象分析我国从主要进口来源地进口食物数量及金额的变化；再次，从营养角度分析我国能量、主要营养素包括蛋白质、脂肪、碳水化合物的进口来源结构特征。

根据出口我国农产品的国家排名、地理位置、对外发展战略，将我国食物进口的国家和地区分为美国、巴西、澳大利亚、阿根廷、加拿大、新西兰、欧盟、东盟、其他国家和地区。表 3-8 为出口我国农产品金额排在前列的国家和地区，可以看出，2016 年，我国前五大农产品进口来源地分别为美国、巴西、欧盟、澳大利亚、加拿大。农产品中食物占绝大部分，因此，以上国家和地区出口我国的食物也应排在前列，它们是我国食物主要进口来源地。近年，我国从新西兰进口的农产品金额在不断上升。2005 年新西兰出口我国的农产品金额为 7.06 亿美元，2016 年增长到 45.06 亿美元；年均出口额从 2005—2016 年 29.15 亿美元增长到 2010—2016 年 43.34 亿美元。因此，新西兰也是我国食物主要进口来源地。另外，在“一带一路”倡议的实施和人类命运共同体的构建下，我国与东盟国家之间的贸易进一步加强，它们是我国食物重要的进口来源地之一。因此，将剩余的国家和地区进一步分为东盟国家、其他国家和地区。

表 3-8 列出了 2005—2016 年、2010—2016 年主要进口来源地出口我国的农产品年均出口金额，可以看出，一是主要进口来源地出口我国的农产品金额均有不同程度的增长；二是与其他国家相比，美国和巴西出口我国的农产品金额相对较多，且保持相对稳定；三是 2010 年以来，加拿大、新西兰、欧盟在我国农产品进口市场的地位有所上升。

表 3-8 2005—2016 年、2010—2016 年我国农产品进口额排名前列的国家和地区

单位：亿美元

年份	美国	巴西	澳大利亚	阿根廷	加拿大	新西兰	欧盟
2005	67.24	30.27	24.06	29.93	11.46	7.06	20.13
2010	186.40	107.35	39.30	57.04	30.04	22.08	49.41
2015	247.40	198.85	80.62	50.94	52.22	44.28	132.77
2016	238.90	190.73	66.98	42.05	53.63	45.06	141.00
2005—2016 平均	188.95	130.89	51.73	47.94	34.21	29.15	69.34
2010—2016 平均	249.76	183.02	70.43	50.08	47.78	43.34	98.71

资料来源：2016 年国际农产品贸易统计年鉴。

一、食物进口来源结构特征分析

（一）从不同来源地进口食物的贸易规模分析

表 3-9 为 1996—2016 年我国从世界进口食物的金额以及不同来源地食物占我国食物进口总额的比重。我国加入世界贸易组织之后，食物进口额增长迅

速，2014 年增长到 919.04 亿美元，是 2000 年的 12.49 倍；2014 年之后进口额有所下降，2016 年下降到 853.86 亿美元，比 2014 年下降了 7.09%。从不同来源地食物在我国食物进口总额的比重上分析，2016 年美国、巴西、东盟、欧盟、加拿大食物占我国食物进口总额的比重均大于 5%。

表 3-9　1996—2016 年我国从世界进口食物金额及不同来源地金额占比

单位：亿美元、%

年份	世界	美国	巴西	澳大利亚	阿根廷	加拿大	欧盟	新西兰	东盟	其他
1996	61.95	17.96	9.57	14.82	2.83	16.36	4.46	1.04	20.36	12.61
2000	73.59	26.72	6.75	7.91	9.49	8.91	8.08	2.63	13.50	16.02
2005	187.89	22.16	14.34	3.88	15.67	5.08	4.03	2.56	17.86	14.43
2010	520.99	27.01	19.31	2.36	10.64	4.97	3.52	3.45	18.16	10.59
2011	654.73	26.50	21.86	2.55	7.81	4.05	3.65	3.56	19.40	10.62
2012	795.63	27.04	21.57	3.03	6.13	6.16	4.09	3.81	17.80	10.38
2013	868.60	22.36	24.86	4.15	5.51	6.14	5.52	5.50	14.60	11.36
2014	919.04	24.25	22.42	4.37	4.64	5.54	5.63	6.34	14.66	12.15
2015	877.45	20.79	21.71	4.93	5.58	5.43	7.99	4.10	15.20	14.26
2016	853.86	22.67	21.74	3.56	4.68	5.56	9.57	4.50	13.43	14.29

资料来源：联合国商品贸易数据库。

表 3-10 为 1996—2016 年我国从世界进口食物的数量及不同来源地食物占我国食物进口总量的比重。加入世贸组织以来，我国食物进口数量呈现递增态势，从 2000 年的 24.41 百万吨增长到 2015 年的 158.88 百万吨，2016 年有所下降，为 147.98 百万吨。从不同来源地食物占我国食物进口总量的比重看，2016 年美国、巴西、澳大利亚、阿根廷、加拿大、东盟食物占我国食物进口总量的比重接近或大于 5%，比重分别为 29.37%、27.90%、4.38%、5.67%、6.01%、14.46%。

表 3-10　1996—2016 年我国从世界进口食物数量及不同来源地数量占比

单位：百万吨、%

年份	世界	美国	巴西	澳大利亚	阿根廷	加拿大	欧盟	新西兰	东盟	其他
1996	18.26	21.63	5.82	19.67	2.34	23.09	3.01	0.59	16.20	7.66
2000	24.41	27.95	8.99	10.62	12.23	11.04	7.01	1.02	12.38	8.76
2005	50.29	24.58	16.76	5.46	17.49	6.00	2.82	0.74	20.46	5.70
2010	89.59	29.99	23.34	3.01	13.01	4.86	1.84	0.72	17.92	5.33
2011	88.14	30.30	26.58	3.05	9.65	3.91	1.39	0.79	18.54	5.79

（续）

年份	世界	美国	巴西	澳大利亚	阿根廷	加拿大	欧盟	新西兰	东盟	其他
2012	109.74	30.96	24.66	4.97	6.24	5.71	1.26	0.83	19.18	6.18
2013	118.34	26.55	30.23	4.10	5.97	6.11	1.92	1.00	17.28	6.85
2014	132.81	29.62	26.21	5.32	5.07	6.15	2.19	0.97	17.28	7.18
2015	158.88	25.19	27.34	5.57	6.48	5.66	4.45	0.71	15.79	8.81
2016	147.98	29.37	27.90	4.38	5.67	6.01	2.74	0.86	14.46	8.62

资料来源：联合国商品贸易数据库。

（二）从不同来源地进口食物的贸易结构分析

（1）谷物。美国、澳大利亚、东盟、加拿大出口我国的谷物数量相对较多。谷物包括小麦产品、稻谷产品、玉米产品、粮食制品。表 3-11 为我国从世界进口的谷物数量及不同来源地谷物占我国谷物进口总量的比重。从 2016 年进口比重来看，美国、澳大利亚、东盟、加拿大占我国谷物进口总量的比重均大于 5%，分别为 28.51%、22.88%、21.52%、6.52%，总比重达到 79.43%。

从变化趋势分析，2010—2013 年，美国谷物份额从 24.54%上升到 43.84%，之后有所下降，2016 年为 28.51%。2000—2013 年澳大利亚谷物份额保持在 30%左右，之后出现下降，2016 年份额减少为 22.88%。2010 年以来，东盟谷物份额基本保持相对稳定，2010 年为 18.53%，2016 年为 21.52%。加拿大谷物份额从 2000 年的 30.41%下降到 2011 年的 4.28%，之后保持在相对较低的位置。从谷物进口总量来看，入世以来，我国谷物进口数量总体呈现递增态势，谷物进口量从 2000 年的 331.95 万吨上升到 2015 年的 3 485.2 万吨，2016 年有所下降，进口量为 2 444.21 万吨。从具体品种来看，自 2009 年以来，我国小麦进口量持续超过出口量，除了品种调剂的原因，主要是价差驱动的作用。2010 年以来我国玉米由净出口变为净进口；同时，玉米替代品大麦、高粱、木薯等进口量也呈爆发式增长，严重挤压了国产玉米消费市场。2016 年以来，由于国内玉米价格的下降，国内外价格差有所减少，玉米进口量大幅减少，替代品进口也受到一定抑制。由于品种结构性的短缺和国内外价差的持续存在，我国大米进口量继续增长，对国内市场冲击力度不减。

表 3-11　2000—2016 年我国从世界进口谷物数量及不同来源地数量占比

单位：万吨、%

年份	世界	美国	巴西	澳大利亚	阿根廷	加拿大	欧盟	新西兰	东盟	其他
2000	331.95	5.05	0.00	32.48	0.00	30.41	20.50	0.00	10.06	1.50
2005	688.34	7.29	0.00	31.82	0.00	31.47	14.11	0.01	14.54	0.76

（续）

年份	世界	美国	巴西	澳大利亚	阿根廷	加拿大	欧盟	新西兰	东盟	其他
2010	668.02	24.54	0.04	33.77	0.00	11.50	10.39	0.00	18.53	1.23
2011	645.29	32.98	0.00	30.31	2.72	4.28	4.72	0.00	24.15	0.83
2012	1 519.40	37.95	0.00	30.80	0.74	4.71	0.85	0.00	19.35	5.60
2013	1 622.63	43.84	0.00	19.91	0.80	7.67	2.17	0.00	21.22	4.38
2014	2 165.92	33.80	0.00	26.60	0.37	4.48	4.90	0.00	21.17	8.66
2015	3 485.20	28.82	0.00	21.28	0.38	5.84	13.69	0.00	14.39	15.58
2016	2 444.21	28.51	0.00	22.88	0.13	6.52	3.23	0.01	21.52	17.20

资料来源：联合国商品贸易数据库。

自2018年以来中美贸易摩擦不断升级，7月6日商务部公布对原产于美国的谷物加征25%关税。2017年美国出口我国谷物706.98万吨，其中高粱为475.78万吨，占相当大的比重。因此，有必要分析美国高粱在我国进口市场上的情况。2011年以来，我国高粱进口量呈现激增态势，而且对来源于美国的高粱依赖程度很高。2017年我国从世界进口高粱505.65万吨，其中从美国进口475.78万吨，占我国进口总量的比重高达94.09%。排在次席的是澳大利亚，但进口量仅为29.61万吨。我国之所以近年进口大量的高粱，原因如下：第一，高粱是玉米饲料重要的替代产品，当国内玉米价格上涨时，替代品高粱的需求量出现激增，促进高粱进口，而且高粱没有进口配额限制，这进一步促进了高粱进口。第二，从国内生产来看，高粱国内生产量有限，不能满足高粱的大量需求，从而推动高粱进口。根据以上可知，对美国高粱加征关税，会使得高粱进口价格上升，导致美国高粱进口量下降。因为高粱的替代品相对较多，对高粱加征关税会导致其替代品进口量上升，也会增加国内高粱替代品的生产。

（2）油籽及干豆类。我国油籽进口来源地较为集中，主要从巴西、美国、阿根廷、加拿大进口油籽。油籽包括大豆、花生、油菜籽。表3-12为2000—2016年我国从世界进口的油籽数量及不同来源地油籽占我国油籽进口总量的比重。从2016年进口比重来看，巴西、美国、阿根廷、加拿大油籽占我国油籽进口总量的比重均大于5%，分别为42.63%、38.45%、8.97%、5.94%，总比重达到95.99%。

从变化趋势分析，2000年以来，美国的油籽在我国油籽市场的份额保持相对稳定且相对较大；巴西油籽的份额从2000年15.80%增长到2013年的46.82%，之后有所波动但保持在40%以上；2005年以来，阿根廷油籽份额总体呈现递减趋势，从27.30%减少到2016年的8.97%；2000—2016年加拿大油籽份额始终在10%以下，2012年以来，份额在5%～8%波动。从油籽进口总量来看，我国油籽进口量呈现快速增长态势，从2000年的1 341.47万吨上升到2016年的8 970.38万吨，创历史新高。其中，大豆进口占据绝大部分且进口地十分集中。2016年大豆进口量又创历史新高，全年进口8 391.3万吨，同比增长2.7%，主要来自巴西、美国和阿根廷，占比分别为45.6%、40.7%和9.6%。

表3-12 2000—2016年我国从世界进口油籽数量及不同来源地数量占比

单位：万吨、%

年份	世界	美国	巴西	澳大利亚	阿根廷	加拿大	欧盟	新西兰	东盟	其他
2000	1 341.47	40.45	15.80	8.56	20.76	9.79	4.20	0.00	0.07	0.37
2005	2 709.23	40.84	29.36	0.15	27.30	0.99	0.00	0.00	0.07	1.28
2010	5 721.57	41.38	32.55	0.03	19.57	3.31	0.00	0.00	0.12	3.06
2011	5 482.60	40.68	37.70	0.66	14.20	3.14	0.01	0.00	0.10	3.51
2012	6 244.77	41.67	38.28	0.63	9.45	5.92	0.01	0.00	0.09	3.95
2013	6 798.32	32.75	46.82	1.46	9.01	5.59	0.01	0.00	0.09	4.28
2014	7 766.40	38.73	41.22	0.78	7.74	7.25	0.01	0.00	0.07	4.21
2015	8 773.98	32.46	45.71	0.55	10.78	6.07	0.01	0.00	0.06	4.37
2016	8 970.38	38.45	42.63	0.16	8.97	5.94	0.01	0.00	0.06	3.79

资料来源：联合国商品贸易数据库。

中美贸易摩擦不断升级的新背景下对原产于美国的大豆加征25%关税会对我国大豆供给造成一定影响。我国大豆消费高度依赖进口，美国大豆基本占我国大豆进口总量的三分之一。2017年我国大豆进口量为9 553.4万吨，其中，从美国进口3 285.3万吨，占我国进口总量的34.39%，排名第二。从其他大豆进口来源地分析来看，巴西和阿根廷等南美国家是我国大豆重要的进口来源地。2017年，我国从巴西进口大豆5 092.74万吨，排名第一，占我国进口总量的53.31%；阿根廷大豆在我国市场的份额为6.89%。从变化趋势上看，我国对美国大豆的依赖性正逐步降低，巴西大豆的比重呈现上升趋势。2010年，美国大豆在中国市场的比重为43.06%，巴西大豆为33.92%，到2017年美国大豆的比重下降到34.39%，而巴西大豆比重上升到53.31%。此外，虽然来源于加拿大的大豆数量相对较小，但近年出现成倍增长。2015年，我国从加拿大进口大豆107.11万吨，2017年增加到204.84万吨，增长了近一倍，这对美国大豆也会造成一定的冲击。可见，在我国大豆进口市场，美国大豆面临着巴西、阿根廷强有力的竞争，以及来自加拿大的冲击。

利用 Armington 替代弹性（1969）模拟对美国大豆加征 25%关税对进口美国大豆数量的影响。大豆的 Armington 替代弹性来自普度大学的 GTAP 数据库。Armington 替代弹性反映进口产品与国产产品之间的相对价格的变动导致的进口量的变动。例如，GTAP 数据库提供的大豆进口替代弹性为 2.2，表明进口大豆价格相对于国产大豆价格上升 1%，进口大豆的数量将下降 2.2%。那么，当对进口美国的大豆加征 25%关税后，进口大豆的价格相对于国产大豆价格上升了 25%，导致进口大豆的数量下降 55%。2017 年我国从美国进口 3 285.30 万吨，那么预计 2018 年进口美国大豆可能减少 1 806.92 万吨。

根据以上分析可以得出，对美国大豆加征关税，会使得美国大豆进口成本上升，导致进口美国大豆的数量减少。对我国大豆供给的影响，关键看其他来源地大豆能否弥补美国大豆进口量的减少。从我国大豆进口格局来看，巴西和阿根廷等南美洲国家是我国重要的大豆进口来源地，对美国大豆加征关税，会增加南美洲国家大豆出口我国的数量。但是也可以看到大豆国外进口替代空间有限，而且国内大豆产量有限、库存水平较低，因此对美国大豆加征关税，会带来大豆短期供给的减少，进而可能推动国内大豆价格上升，但增幅有限；长期来看，会通过寻找其他进口来源地增加大豆进口，以及养殖户会通过增加豆类替代品的消费来满足需求。因此，我国国内大豆供求仍然能够平衡，国内大豆价格运行仍趋于相对稳定。

此外，我国干豆类进口来源地较为集中，主要从加拿大和美国进口。2016 年，加拿大、美国干豆类占我国干豆类进口总量的比重分别为 80.91%、8.92%。从进口总量来看，2000 年以来，我国干豆类进口量总体呈现递增趋势，从 2000 年的 10.66 万吨上升到 2016 年的 112.74 万吨。

（3）植物油。我国植物油进口较为集中。东盟、加拿大、巴西是我国植物油主要的进口来源地。2016 年东盟、加拿大、巴西植物油占我国植物油进口总量的比重分别为 65.95%、7.69%、4.02%。从变化趋势分析，2000 年以来，东盟植物油在我国油籽市场的份额保持相对稳定且相对较大；2000—2016 年加拿大、巴西植物油份额均未超过 10%。从进口总量来看，2000—2012 年我国植物油进口总体保持递增趋势，之后出现下降，2016 年下降为 783.14 万吨。其中，棕榈油进口占据相当大的比例，进口地主要为印度尼西亚和马来西亚等东盟国家；葵花油和红花油进口比重约为 13%，进口地主要为乌克兰、俄罗斯和阿根廷；菜籽油进口比重约为 10%左右，主要从加拿大进口（表 3-13）。

表 3-13　2000—2016 年我国从世界进口植物油数量及不同来源地数量占比

单位：万吨、%

年份	世界	美国	巴西	澳大利亚	阿根廷	加拿大	欧盟	新西兰	东盟	其他
2000	202.14	4.32	3.63	0.01	7.10	4.30	3.54	0.00	75.41	1.70
2005	663.36	0.04	4.86	0.01	20.62	2.67	0.09	0.00	70.66	1.07
2010	922.12	3.15	9.80	0.01	3.31	9.90	0.29	0.00	70.13	3.40
2011	850.38	3.06	5.98	0.02	5.23	6.20	0.48	0.00	76.01	3.02
2012	1 052.10	2.49	8.77	0.21	7.02	9.40	0.94	0.00	66.51	4.66
2013	1 019.92	1.09	4.46	0.18	6.73	9.09	4.12	0.00	65.43	8.90
2014	868.41	2.21	5.54	0.27	6.11	6.67	1.25	0.00	68.67	9.28
2015	873.07	0.17	2.61	0.52	6.57	6.34	1.49	0.00	76.32	5.98
2016	783.14	1.48	4.02	0.39	1.76	7.69	1.26	0.00	65.95	17.44

资料来源：联合国商品贸易数据库。

（4）糖类。巴西、东盟、澳大利亚出口我国的糖及糖料数量相对较大。2016 年巴西、东盟、澳大利亚糖类占我国糖类进口总量的比重分别为 61.86%、7.19%、6.31%。从变化趋势分析，2010 年以来巴西糖类在我国糖类市场的份额保持相对稳定且相对较大；2000 年以来东盟糖类份额波动频繁且幅度较大；2000 年以来，我国从澳大利亚进口糖类呈现先减后增趋势。从进口总量来看，糖类进口量从 2000 年的 110.04 万吨增长到 2013 年的 468.26 万吨，之后有所波动，2016 年进口量为 321.57 万吨。

（5）蔬菜。我国蔬菜进口来源地较为集中，从美国、欧盟、加拿大、东盟进口蔬菜数量相对较大。2016 年美国蔬菜占我国蔬菜进口总量的比重高达 54.55%，欧盟占 16.33%，加拿大占 8.92%，东盟占 4.6%。从变化趋势分析，2010 年以来美国蔬菜在我国蔬菜市场的份额保持相对稳定且数值较大；2010 年以来，欧盟蔬菜在我国蔬菜市场保持 10%上的份额；2010 年加拿大蔬菜份额总体呈现小幅递增趋势；2010 年东盟蔬菜份额呈现先减后稳定的态势。从进口总量来看，我国蔬菜进口量总体呈现递增趋势，2012 年以来进口增长缓慢，2016 年进口量增长到 21.47 万吨。

（6）水果。我国从东盟、美国进口的水果数量相对较大，2016 年，从二者进口水果占进口总量的比重分别为 66.16%、4.89%。从变化趋势来看，2010 年以来东盟水果份额总体呈现下降趋势，从 2010 年的 80.72%下降到 2016 年的 66.16%；美国始终保持在 10%以下的数量比重。从进口总量上看，2000—2015 年我国水果进口量呈现递增趋势，从 98.29 万吨增长到 434.88 万吨，2016 年有所下降，为 403.88 万吨。

（7）畜产品及水产品。表 3-14 为我国从世界进口肉类数量及不同来源地数量占比。欧盟、美国、巴西、加拿大、新西兰、澳大利亚出口我国的肉类数量相对较大，2016 年各自在我国肉类进口市场上的份额均接近或者超过了 5%，其中，欧盟肉类份额相对最大，为 43.96%，美国、巴西的肉类份额也均超过了 10%。从变化趋势分析，2000 年以来，欧盟肉类份额总体呈现递增趋势，从 2000 年的 17.95%增长到 43.96%；美国肉类总体呈现递减趋势，从 2000 年的 62.90%减少到 2016 年的 14.99%；巴西肉类份额 2013 年以来呈增长趋势。澳大利亚肉类份额 2013 年以来有所递减。肉类包括猪肉、牛肉、羊肉、禽肉及其产品。从进口总量上分析，2011—2015 年肉类进口呈现缓慢增长趋势，从 202.86 万吨增长到 286.05 万吨，但 2016 年出现大幅度增加，进口量高达 468.73 万吨，值得关注。从品种看，肉类及制品进口规模高速增长，2016 年进口量为 468.73 万吨，较 2012 年增长了一倍之多。肉类进口产品结构发生了较大变化。2008 年之前禽肉一直是我国最主要的肉类进口品种，之后，在国内外价差及国内需求的驱动下，猪、牛、羊肉进口额均大幅提升，至 2011 年猪肉首次取代禽肉成为肉类第一大进口品种。

表 3-14　2000—2016 年我国从世界进口肉类数量及不同来源地数量占比

单位：万吨、%

年份	世界	美国	巴西	澳大利亚	阿根廷	加拿大	欧盟	新西兰	东盟	其他
2000	124.37	62.90	0.03	3.86	1.69	5.72	17.95	2.76	2.06	3.04
2005	71.70	43.05	20.74	4.51	3.44	7.54	14.31	5.56	0.03	0.81
2010	168.60	20.31	17.63	2.90	7.71	13.01	33.49	3.03	0.00	1.92
2011	202.86	45.75	12.86	3.02	2.82	6.63	23.53	3.37	0.00	2.01
2012	222.25	38.57	10.90	4.50	2.18	6.59	30.00	4.48	0.00	2.77
2013	271.90	27.94	7.11	10.93	1.21	7.19	33.24	7.13	0.00	5.24
2014	258.52	23.97	8.42	10.79	1.72	5.31	35.14	7.95	0.00	6.69
2015	286.05	10.97	12.39	9.25	2.82	4.99	43.86	7.80	0.00	7.92
2016	468.73	14.99	15.77	4.67	2.21	7.18	43.96	4.80	0.00	6.42

资料来源：联合国商品贸易数据库。

我国乳品进口来源地相对集中。2016 年欧盟、新西兰、美国、澳大利亚出口我国的乳品数量占进口总量的比重均超过了 5%，比重分别为 39.48%、33.69%、14.57%、6.77%，它们是我国乳品主要进口来源地。从变化趋势分析，欧盟乳品份额 2010 年以来呈现递增趋势，从 19.23%增长到 39.48%；新西兰乳品近年出现下降，从 2012 年的 45.02%下降到 2016 年的 33.69%；

2005 年以来，美国乳品份额总体呈递减趋势，从 25.01%减少到 2016 年的 14.57%；澳大利亚乳品份额基本保持相对稳定，但份额相对较低。从进口总量上看，2000—2012 年我国乳品进口总体保持递增趋势，从 2000 年的 23.05 万吨增长到 2016 年的 217.57 万吨。

东盟、澳大利亚是我国主要的动物油脂进口来源地。2016 年，东盟、澳大利亚动物油脂占我国动物油脂总进口的比重分别为 66.63%、20.97%。从变化趋势看，新西兰动物油脂份额保持递增趋势，从 2005 年的 34.51%上升到 2016 年的 66.63%；澳大利亚动物油脂份额呈现下降趋势，从 2005 年的 63.02%下降到 2016 年的 20.97%。从进口总量分析，我国动物油脂进口呈现下降趋势，从 2000 年 40.27 万吨下降到 2016 年的 17.32 万吨。

美国、东盟、其他国家和地区出口我国的水产品数量相对较大，2016 年各自在我国水产品进口市场上的份额均接近或者超过了 5%，其中，美国、东盟的水产品份额分别为 14.22%、8.36%；其他国家和地区的份额超过了 60%。从变化趋势分析，美国水产品份额 2011—2015 年基本保持在 17%左右，2016 年有所下降，为 14.22%；东盟水产品始终保持在 10%以下。从进口总量上看，2010 年以来，我国水产品保持相对稳定，2010 年进口 250.29 万吨，2016 年进口 264.69 万吨。

二、营养进口来源特征分析

利用食物营养成分转化系数将食物进口数据转化为营养数据，以日人均营养进口量分析我国从世界及不同来源地进口能量、产能营养素的数量及比重变化，并从进口食物的种类上进行分析。

（一）热量进口来源分析

表 3-15 为我国从世界进口能量日人均数量及不同来源地能量占我国能量进口总量的比重。2016 年，美国、巴西、阿根廷、加拿大、东盟、其他国家和地区出口我国的能量占我国能量进口总量的比重均超过了 5%，是我国能量主要进口来源地。其中，美国、巴西、东盟能量在我国能量市场的份额相对较大，2016 年分别为 27.08%、27.55%、18.11%。从进口总量来看，1996—2015 年我国能量进口数量总体呈现递增趋势，从日人均进口 101.51 千卡增加到 677.56 千卡，2016 年有所下降，为 647.06 千卡。

表 3-15　1996—2016 年我国从世界进口能量日人均数量及不同来源地占比

单位：千卡/天/人、%

年份	世界	美国	巴西	澳大利亚	阿根廷	加拿大	欧盟	新西兰	东盟	其他
1996	101.51	14.87	19.29	10.77	4.47	13.44	4.99	1.56	26.65	3.95

（续）

年份	世界	美国	巴西	澳大利亚	阿根廷	加拿大	欧盟	新西兰	东盟	其他
2000	131.59	26.05	8.76	8.77	12.34	10.02	5.69	1.46	24.18	2.73
2005	288.68	18.97	15.14	3.38	20.82	4.23	1.27	0.82	33.39	1.98
2010	479.04	24.92	21.51	2.12	11.86	6.63	1.22	0.60	27.56	3.58
2011	455.03	25.61	23.07	2.30	9.64	5.18	1.03	0.63	28.81	3.73
2012	548.54	25.73	23.03	3.01	7.36	7.55	1.17	0.67	26.79	4.67
2013	572.62	21.68	26.75	2.78	7.03	7.74	2.49	0.64	24.64	6.26
2014	598.57	26.59	25.54	3.40	6.12	7.25	1.77	0.77	22.15	6.42
2015	677.56	22.64	27.22	3.57	7.78	6.58	3.26	0.68	21.66	6.62
2016	647.06	27.08	27.55	2.63	5.93	7.07	2.53	0.65	18.11	8.45

资料来源：根据联合国商品贸易数据库数据计算整理所得。

（二）主要营养素进口来源分析

表3-16为我国从世界进口蛋白质日人均数量及不同来源地蛋白质占比。2016年，美国、巴西、阿根廷、加拿大、其他国家和地区出口我国的蛋白质比重均超过了5%，是我国蛋白质主要进口来源地。其中，美国、巴西蛋白质在我国蛋白质市场的份额相对较大，2016年分别为36.19%、38.42%。油籽进口是美国、巴西成为我国蛋白质主要进口来源地的主要原因。根据计算，2016年，美国出口我国的油籽提供的蛋白质占美国出口我国蛋白质总量的比重为93.15%，这一比重巴西高达99.11%，阿根廷也高达99.06%。油籽中，大豆是美国、巴西出口我国的主要品种。此外，在美国出口我国的蛋白质中，谷物提供的蛋白质占据着相对较高的比重，2016年为5.23%。从进口总量来看，1996—2016年我国蛋白质进口数量总体呈现递增趋势，从日人均进口1.71克增加到39.54克。

表3-16　1996—2016年我国从世界进口蛋白质日人均数量及不同来源地占比

单位：克/（天·人）、%

年份	世界	美国	巴西	澳大利亚	阿根廷	加拿大	欧盟	新西兰	东盟	其他
1996	1.71	42.72	1.54	16.61	3.86	20.07	2.02	0.30	5.61	7.26
2000	6.74	38.79	13.40	8.76	17.82	10.47	5.69	0.32	1.15	3.60
2005	12.58	37.86	26.52	1.52	24.37	3.26	1.18	0.27	1.61	3.41
2010	25.10	39.37	30.32	0.75	18.15	4.43	1.07	0.21	1.39	4.31
2011	24.21	39.30	34.66	1.27	13.04	4.44	0.87	0.25	1.31	4.86
2012	27.82	40.16	34.64	1.88	8.56	6.70	0.94	0.28	1.71	5.12
2013	30.35	32.00	41.95	2.37	8.11	6.90	1.17	0.40	1.65	5.44

（续）

年份	世界	美国	巴西	澳大利亚	阿根廷	加拿大	欧盟	新西兰	东盟	其他
2014	34.30	37.08	37.13	2.13	7.00	7.78	1.24	0.37	1.80	5.47
2015	39.15	30.98	40.61	2.04	9.60	6.76	2.01	0.30	1.72	5.98
2016	39.54	36.19	38.42	1.32	8.06	6.84	1.95	0.32	1.63	5.26

资料来源：根据联合国商品贸易数据库数据计算整理所得。

表 3-17 为我国从世界进口脂肪日人均数量及不同来源地脂肪占比。2016 年，美国、巴西、阿根廷、加拿大、东盟、其他国家和地区出口我国的脂肪比重均超过了 5%，是我国脂肪主要进口来源地。其中，美国、巴西、东盟脂肪在我国脂肪市场的份额相对较大，2016 年分别为 19.86%、22.58%、29.77%。油籽进口是美国、巴西和阿根廷成为我国脂肪主要进口来源国的原因。据计算，2016 年，美国出口我国的油籽提供的脂肪占美国出口我国脂肪总量的比重为 92.45%，这一比重巴西和阿根廷分别为 92.65%和 88.7%。不仅如此，巴西和阿根廷出口我国的食用植物油提供的脂肪在各自出口我国脂肪总量中也占据着相对较高的比重，2016 年比重分别为 4.73%和 9.42%。从品种看，我国从巴西主要进口大豆油，从阿根廷主要进口葵花油和红花油。

表 3-17　1996—2016 年我国从不同来源地进口脂肪的数量及占比

单位：克/（天·人）、%

年份	世界	美国	巴西	澳大利亚	阿根廷	加拿大	欧盟	新西兰	东盟	其他
1996	7.26	7.44	29.64	3.11	5.94	4.26	6.56	2.35	36.82	3.87
2000	8.58	20.99	6.71	6.68	10.14	7.74	4.68	2.29	38.74	2.03
2005	20.23	11.31	11.19	2.19	21.18	2.43	0.49	1.18	48.70	1.33
2010	31.24	16.68	17.44	1.62	8.86	7.49	1.11	0.89	42.48	3.42
2011	29.29	17.60	17.01	1.76	8.12	5.03	1.14	0.93	45.08	3.34
2012	34.76	16.80	18.36	1.32	7.50	7.98	1.55	1.00	40.98	4.50
2013	35.11	13.68	19.48	1.59	7.20	7.66	3.72	0.91	38.55	7.23
2014	33.79	18.66	20.42	1.54	6.46	6.75	2.07	1.24	35.70	7.16
2015	35.86	15.42	22.01	1.52	8.09	6.08	2.69	1.20	37.39	5.60
2016	34.80	19.86	22.58	1.00	5.11	6.75	3.50	1.07	29.77	10.37

资料来源：根据联合国商品贸易数据库数据计算整理所得。

植物油进口是东盟成为我国脂肪进口来源地的主要原因。据计算，2016 年，东盟出口我国的植物油提供的脂肪占东盟出口我国脂肪总量的比重为 96.95%。在植物油进口中，我国进口的棕榈油几乎全部来自印度尼西亚和马来西亚。从进口总量来看，1996—2015 年我国脂肪进口数量总体呈现递增趋势，从日人均进口7.26克增加到35.86克，2016年有所下降，为34.80克。

表3-18为我国从世界进口碳水化合物日人均数量及不同来源地碳水化合物占比。2016年，美国、巴西、澳大利亚、阿根廷、加拿大、东盟、其他国家和地区出口我国的碳水化合物比重均超过了5%，是我国碳水化合物主要进口来源地。其中，美国、巴西、东盟碳水化合物在我国碳水化合物市场的份额相对较大，2016年分别为29.73%、31.77%、10.29%。谷物和油籽进口是美国成为我国碳水化合物进口来源地的主要原因。据计算，在美国出口我国的碳水化合物中，谷物提供的碳水化合物占比约为30.68%，油籽占比为68.6%。巴西和阿根廷成为我国碳水化合物主要进口来源地的原因仍然是向我国出口了大量油籽。据计算，2016年，巴西出口我国的油籽提供的碳水化合物占巴西出口我国碳水化合物总量的比重高达99.9%，这一比重阿根廷也高达99.02%。谷物和薯类是东盟成为我国碳水化合物进口来源地的主要原因。据计算，在东盟出口我国的碳水化合物中，谷物提供的碳水化合物占比约为66.28%，薯类占比为33.58%，水果占比3.28%。从进口总量来看，1996—2015年我国碳水化合物进口数量总体呈现递增趋势，从日人均进口10.20克增加到66.64克，2016年有所下降，为57.83克。

表3-18 1996—2016年我国从不同来源地进口碳水化合物的数量及占比

单位：克/天、%

年份	世界	美国	巴西	澳大利亚	阿根廷	加拿大	欧盟	新西兰	东盟	其他
1996	10.20	19.47	1.19	25.21	1.09	24.14	1.75	0.07	15.02	12.06
2000	10.27	23.85	8.61	13.40	11.33	12.15	6.78	0.21	8.58	15.08
2005	19.43	25.03	16.56	8.95	15.38	8.38	3.32	0.26	11.02	11.11
2010	33.01	31.70	28.65	4.19	13.37	5.40	1.43	0.13	9.09	6.03
2011	34.18	29.69	34.97	3.65	9.22	5.01	0.70	0.14	10.40	6.21
2012	43.93	30.76	29.94	6.29	5.38	6.01	0.41	0.14	14.27	6.80
2013	48.40	26.37	38.54	4.83	5.07	6.94	0.65	0.16	9.85	7.59
2014	52.97	29.80	30.89	6.88	4.47	6.83	1.34	0.16	12.42	7.22
2015	66.64	24.90	30.92	7.25	5.56	6.22	4.06	0.12	10.78	10.19
2016	57.83	29.73	31.77	5.91	5.35	6.94	1.15	0.16	10.29	8.70

资料来源：根据联合国商品贸易数据库数据计算整理所得。

三、基于食物数量的进口需求实证分析

（一）模型设定

为了能够准确测算我国食物进口需求弹性，分析我国食物进口依赖特征以

及识别我国食物进口市场不同来源地的食物之间的相互关系，将以食物整体为研究对象，选用 Rotterdam 模型来测度不同来源地食物的支出弹性、自价格弹性和交叉价格弹性。该模型能在样本数量不太理想的情况下，较为合理地估计出进口需求的支出弹性和价格弹性，在农产品进口需求研究中得到广泛应用。其具体形式如下

$$w_i d\ln q_i = b_i d\ln Q + \sum_{ij} c_{ij} d\ln p_i \tag{3-1}$$

其中，w_i表示从第 i 个来源国进口商品的金额占进口国进口商品总额的比重，q_i表示从第 i 个来源国进口商品的进口量，p_i表示从 i 个来源国进口商品的进口价格。$d\ln q_i$表示进口商品量的增比，$d\ln p_i$表示进口商品价格的增比，b_i为商品进口的边际支出份额，c_{ij}为商品进口价格的净效应。定义 $d\ln Q = \sum_j w_j d\ln q_j$，为对数形式表示进口数量。$b_i$、$c_{ij}$为待估计参数。公式 3-1 需要满足的需求性质为：加总性$\sum_i b_i = 1$，$\sum_i c_{ij} = 0$；齐次性$\sum_j c_{ij} = 0$；对称性 $c_{ij} = c_{ji}$，$i \neq j$。支出、希克斯、马歇尔弹性公式分别为 $e_i = b_i / w_i$，$\theta_{ij} = c_{ij} / w_i$，$e_{ij} = \theta_{ij} - e_i w_j$，$i$，$j = 1$，2，…，$n$。

运用似不相关回归法对模型进行估计。在模型估计中，用进口额除以进口量获得单位值替代商品进口价格。从以上分析可知，某来源国的商品需求可通过其自价格弹性来识别，而其与他国同类商品间的相互关系则可通过交叉价格弹性加以分析。当两个来源国的商品之间的交叉价格弹性大于零，说明存在替代关系，否则存在互补关系。

（二）数据说明

我国食物进口额（美元）和进口量（千克）数据来源于联合国商品贸易数据库，数据区间为 1996—2016 年。用进口额除以进口量获得单位值替代食物进口价格。若在研究时期内某国家和地区对我国的年出口量占我国食物总进口数量的接近或超过 5%，则该国家和地区可以被认定为主要进口来源地，根据此进口来源地的划分标准，结合表 3-10 关于我国从世界进口食物数量及不同来源地数量占比的描述，将我国食物进口来源地划分为美国、巴西、澳大利亚、阿根廷、加拿大、东盟、其他国家和地区。从表 3-10 可以看出，2016 年我国从以上国家和地区进口的食物占食物进口总量的比重分别为美国（29.37%）、巴西（27.90%）、澳大利亚（4.38%）、阿根廷（5.67%）、加拿大（6.01%）、东盟（14.46%）、其他国家和地区（8.62%）。

表 3-19 为我国从七个不同国家和地区进口食物的金额比重和进口价格的统计描述，可以看出，美国、巴西、东盟对应的食物进口额比重均值相对较大，分别为 23.66%、15.67%、18.00%，表明这些国家和地区在我国食物进

口市场上占据主导地位。澳大利亚和加拿大对应的食物进口额比重相对较小，分别为4.94%和6.51%。不同国家和地区的进口额比重的标准差均相对较小，表明这21年间，其在我国食物进口市场上的支出比重较为稳定。从进口价格来看，我国从其他国家和地区进口的食物单位价值相对较高，为每千克1.01美元，我国从剩余的国家和地区进口的食物单位价值范围为0.4～0.5，且标准差相对较小，表明价格相对稳定。

表3-19 1996—2016年我国从不同来源地进口食物的金额比重和价格的统计描述

单位：美元/千克

国家和地区	均值	标准差	最小值	最大值	国家和地区	均值	标准差	最小值	最大值
支出比重					价格				
美国	23.66	2.77	17.96	28.76	美国	0.43	0.13	0.28	0.65
巴西	15.67	5.89	5.47	24.86	巴西	0.42	0.15	0.20	0.67
澳大利亚	4.94	3.11	1.93	14.82	澳大利亚	0.40	0.19	0.18	0.79
阿根廷	9.52	5.00	2.83	18.83	阿根廷	0.45	0.16	0.20	0.71
加拿大	6.51	3.25	2.97	16.36	加拿大	0.45	0.20	0.22	0.78
东盟	18.00	2.72	13.43	22.42	东盟	0.47	0.16	0.22	0.78
其他	21.71	4.66	13.60	31.43	其他	1.01	0.43	0.38	1.68

（三）参数估计结果分析

表3-20为我国食物进口需求函数的参数估计结果。

首先，从进口数量指数的参数估计来看，进口数量指数系数 b_i 的估计值全部大于零，且显著性水平均小于或等于10%，表明当我国的食物进口总量增加时，从六个国家和地区的食物进口数量都会有所增加，但增加的幅度有所不同。具体来看，我国食物进口支出增长一个单位时，从美国进口食物的增长幅度最大（0.282），增幅最小的是巴西和阿根廷（0.068）。

其次，从自价格系数的估计值来看，所有的自价格系数都为负值，且显著性水平均为小于或等于10%。

最后，从交叉价格系数的估计值来看，在21个交叉价格系数中，有三分之一的系数显著性水平小于或等于10%。具体来看，美国与加拿大的交叉价格系数为−0.064，显著性水平为5%；美国与东盟的交叉价格系数为0.065，显著性水平为10%；澳大利亚与巴西出口我国的食物之间的交叉价格系数为0.051，且显著性水平为1%；阿根廷与加拿大的交叉价格系数为0.052，显著性水平为5%；加拿大与东盟的交叉价格系数为0.049，显著性水平为5%。

表 3-20　我国食物进口需求函数的参数估计结果

国家和地区	b_i	价格系数						
		美国	巴西	澳大利亚	阿根廷	加拿大	东盟	其他
美国	0.282***	−0.152**	−0.023	−0.016	0.077	−0.064**	0.065*	0.112***
	(0.049)	(0.073)	(0.044)	(0.023)	(0.049)	(0.032)	(0.038)	(0.037)
巴西	0.068*		−0.083*	0.051***	0.020	0.002	0.019	0.013
	(0.039)		(0.046)	(0.018)	(0.042)	(0.025)	(0.030)	(0.028)
澳大利亚	0.086***			−0.033**	0.023	−0.004	−0.014	−0.007
	(0.030)			(0.016)	(0.020)	(0.014)	(0.014)	(0.018)
阿根廷	0.133***				−0.157***	0.052**	0.019	−0.034
	(0.047)				(0.052)	(0.026)	(0.030)	(0.033)
加拿大	0.145***					−0.099***	0.049**	0.063***
	(0.028)					(0.026)	(0.021)	(0.020)
东盟	0.110***						−0.174***	0.035
	(0.030)						(0.032)	(0.022)
其他	0.175***							−0.183***
	(0.054)							(0.042)

注：括号内为标准误；***、**、* 分别表示 1%、5%、10%的显著性水平。

(四) 弹性结果分析

1. 支出弹性分析

表 3-21 为我国食物进口需求的支出弹性和马歇尔弹性。从支出弹性来看，各国家和地区对应的食物支出弹性均为正，且显著性水平均为 1%。从具体数值来看，美国、澳大利亚、阿根廷、加拿大的食物支出弹性大于 1，分别为 1.192、1.744、1.398、2.233，表明富有弹性；而巴西、东盟的食物支出弹性小于 1，分别为 0.434 和 0.614，表明缺乏弹性。上述结果表明，当我国食物需求总量增加时，我国从加拿大进口的食物数量增幅会相对最大，其次是澳大利亚、阿根廷、美国、东盟、巴西。

表 3-21　我国食物进口需求的支出弹性和马歇尔弹性

国家和地区	支出弹性	价格系数						
		美国	巴西	澳大利亚	阿根廷	加拿大	东盟	其他
美国	1.192***	−0.925***	−0.286	−0.126	0.214	−0.347**	0.062	0.215
	(0.206)	(0.307)	(0.196)	(0.098)	(0.204)	(0.137)	(0.163)	(0.170)
巴西	0.434*	−0.252	−0.596*	0.307***	0.087	−0.015	0.045	−0.010
	(0.247)	(0.282)	(0.309)	(0.115)	(0.260)	(0.159)	(0.195)	(0.186)

（续）

国家和地区	支出弹性	价格系数						
		美国	巴西	澳大利亚	阿根廷	加拿大	东盟	其他
澳大利亚	1.744***	−0.733	0.768**	−0.761**	0.294	−0.186	−0.606*	−0.519
	(0.599)	(0.462)	(0.385)	(0.333)	(0.394)	(0.288)	(0.311)	(0.407)
阿根廷	1.398***	0.483	−0.009	0.170	−1.778***	0.454	−0.053	−0.665*
	(0.497)	(0.519)	(0.463)	(0.212)	(0.532)	(0.276)	(0.324)	(0.372)
加拿大	2.233***	−1.507***	−0.318	−0.165	0.584	−1.668***	0.353	0.488
	(0.438)	(0.490)	(0.401)	(0.218)	(0.393)	(0.398)	(0.324)	(0.334)
东盟	0.614***	0.218	0.011	−0.110	0.047	0.233**	−1.075***	0.063
	(0.169)	(0.210)	(0.178)	(0.081)	(0.163)	(0.117)	(0.175)	(0.131)
其他	0.806***	0.326*	−0.065	−0.072	−0.235	0.239**	0.018	−1.017***
	(0.247)	(0.174)	(0.137)	(0.086)	(0.147)	(0.095)	(0.112)	(0.209)

注：括号内为标准误；***、**、* 分别表示 1%、5%、10%的显著性水平。

2. 自价格弹性分析

从马歇尔弹性来看，不同来源地食物的自价格弹性均为负值，且显著性水平都在 10%以上，表明当来源地食物价格增加时，对来源地食物的进口数量会相应减少。从具体数值上看，阿根廷、加拿大、东盟、其他国家和地区的自价格弹性绝对值大于 1，表明富有弹性，其中，阿根廷和加拿大的自价格弹性绝对值相对较大，分别为 1.778 和 1.668；美国、巴西、澳大利亚的自价格弹性绝对值小于 1，表明缺乏弹性，其中，巴西的自价格弹性绝对值最小，为 0.596。上述结果表明，来源巴西的食物进口量受价格变化的影响相对最小，其次是澳大利亚、美国，我国食物进口对这些国家的依赖性更强一些；相反，来源阿根廷和加拿大的食物进口量则相对最易受到价格冲击，其次是其东盟、其他国家和地区，表明我国从这些国家和地区进口的食物数量受其价格影响较大，进口相对不稳定。可以推出，当各个食物出口国采取价格竞争策略同时降价时，我国对阿根廷、加拿大的食物进口额会随之激增，而对巴西、美国、澳大利亚的进口额却不会显著增长。反之，当价格同时上涨时，我国从巴西、美国、澳大利亚进口的食物受影响相对最小。

3. 交叉价格弹性分析

表 3-22 为我国食物进口需求的希克斯价格弹性。不同于马歇尔价格弹性，希克斯价格弹性剔除了收入效应而仅反映替代效应的影响结果，因此能够更加准确地揭示不同来源地产品之间的替代关系或互补关系。当两个来源地的食物之间的交叉价格弹性大于 0，说明它们存在替代关系，否则存在互补关系。

如表 3-22 所示，有三分之一的交叉价格弹性统计显著性水平在 10%及以下。我国食物进口需求的希克斯交叉价格弹性总结为以下特点。

第一，在我国食物进口市场，进口美国食物与进口加拿大食物之间存在互补关系。进口美国食物的价格与来源加拿大的食物进口量的交叉价格弹性为－0.269，显著性水平为 5%，表明当进口美国食物的价格上升 1%时，来源加拿大的食物进口量将减少 0.269%。进口加拿大食物的价格与来源美国的食物进口量的交叉价格弹性为－0.979，且显著性水平为 5%，表明当进口加拿大食物的价格上升 1%时，来源美国的食物进口量将减少 0.979%。由此可见，来源于美国的食物与来源加拿大的食物之间存在互补关系。美国和加拿大同属北美洲，领土接壤，气候条件相近，可能导致两个国家出口我国的食物对价格的变化反应为同向性，进而导致在我国食物进口市场两者存在一定的互补关系。

第二，进口巴西食物与进口澳大利亚食物之间存在竞争关系。从弹性结果来看，进口巴西食物价格与来源澳大利亚的食物进口量的交叉价格弹性为 0.328，且显著性水平为 1%，而进口澳大利亚的食物价格与来源巴西的食物进口量的交叉价格弹性为 1.041，且显著性水平为 1%。在我国食物进口市场，进口巴西食物与进口澳大利亚食物种类之间可能存在一定的相似性，进而导致两者之间存在一定的竞争关系。从我国肉类进口来看，2016 年巴西占我国肉类总进口的 15.77%，澳大利亚占 4.67%。从肉类进口具体品种来看，我国主要从澳大利亚进口牛产品和羊产品，2016 年分别进口 14.3 万吨和 8 万吨，而我国从巴西进口的肉类主要为牛肉。目前，我国已经成为巴西肉类最大的进口国，且未来进口量仍可能继续增长，2016 年，我国牛肉进口市场的 30%来源于巴西，进口数量超过欧盟，为 16.5 万吨。可见，巴西牛肉和澳大利亚牛肉在我国进口市场存在竞争关系，这可能是导致巴西和澳大利亚在我国食物进口市场存在竞争关系的原因之一。另外，巴西和澳大利亚在我国糖及糖料进口市场也存在一定的相似性。从进口糖及糖料来看，2016 年我国从巴西进口的糖及糖料占总进口的份额为 61.86%，澳大利亚份额为 6.31%。从具体品种来看，巴西仍为我国食糖进口第一大来源国，2016 年进口量为 198.9 万吨，份额为 65%；而澳大利亚虽然排在我国食糖进口来源地的前列，但数量远不及巴西，2016 年进口量为 19.7 万吨，份额为 6.4%。

第三，进口阿根廷食物与进口加拿大食物之间存在竞争关系。从弹性结果来看，进口阿根廷食物价格与来源加拿大的食物进口量的交叉价格弹性为 0.545，且显著性水平为 5%，而进口加拿大的食物价格与来源阿根廷的食物进口量的交叉价格弹性为 0.796，且显著性水平为 5%。两个来源地在我国食物进口市场存在一定的竞争关系的原因之一是油籽进口存在一定的竞争。美国和巴西是我国主要的油籽进口来源国，占我国油籽进口总量的份额接近或超过40%，我国从阿根廷和加拿大进口油籽可能更多是起到补充油籽进口需求作用，2016年我国从加拿大进口油籽占总进口量的5.94%，阿根廷份额为8.97%。因此，两个进口来源地可能在油籽进口市场上存在一定的竞争关系，进而导致食物之间存在一定的竞争关系。

第四，在我国食物进口市场，进口东盟食物与进口美国、加拿大食物之间存在竞争关系。从弹性结果来看，东盟食物价格与来源于美国、加拿大的食物进口量的交叉价格弹性分别为0.363、0.273，且显著性水平为10%及以下；而美国、加拿大的食物价格与来源于东盟的食物进口量的交叉价格弹性分别为0.276、0.755，且显著性水平为10%及以下。上述结果表明，在我国食物进口市场，东盟国家食物价格影响着来源于美国、加拿大的食物进口，当东盟食物价格上升时，来源于上述美国、加拿大食物的市场地位将有所上升。

表3-22　我国食物进口需求的希克斯价格弹性

国家和地区	价格系数						
	美国	巴西	澳大利亚	阿根廷	加拿大	东盟	其他
美国	−0.643**	−0.099	−0.067	0.327	−0.269**	0.276*	0.474***
	(0.310)	(0.186)	(0.096)	(0.207)	(0.136)	(0.159)	(0.158)
巴西	−0.149	−0.528*	0.328***	0.128	0.013	0.123	0.085
	(0.280)	(0.295)	(0.113)	(0.266)	(0.158)	(0.194)	(0.176)
澳大利亚	−0.321	1.041***	−0.675**	0.460	−0.073	−0.292	−0.141
	(0.461)	(0.359)	(0.328)	(0.401)	(0.285)	(0.292)	(0.371)
阿根廷	0.814	0.210	0.239	−1.645***	0.545**	0.199	−0.361
	(0.515)	(0.438)	(0.208)	(0.542)	(0.273)	(0.314)	(0.342)
加拿大	−0.979**	0.032	−0.055	0.796**	−1.523***	0.755**	0.973***
	(0.493)	(0.380)	(0.216)	(0.399)	(0.395)	(0.320)	(0.312)
东盟	0.363*	0.107	−0.080	0.105	0.273**	−0.965***	0.196
	(0.209)	(0.169)	(0.080)	(0.166)	(0.116)	(0.175)	(0.124)
其他	0.517***	0.061	−0.032	−0.158	0.292***	0.163	−0.842***
	(0.172)	(0.127)	(0.084)	(0.150)	(0.094)	(0.103)	(0.194)

注：括号内为标准误；***、**、*分别表示1%、5%、10%的显著性水平。

从进口具体食物的种类来分析，进口东盟食物与进口美国、加拿大食物之间存在竞争关系的原因如下：其一，美国、加拿大、东盟是我国谷物的主要进口来源地。2016年，在我国谷物进口市场份额上，美国位居首位，加拿大位居第五，东盟排第三，其各自谷物占我国谷物进口总量的份额分别为

28.51%、6.52%、21.52%。可见，东盟与美国、加拿大在谷物进口市场上的相似性，可能导致我国食物进口市场上有一定的竞争。其二，在我国水产品进口上，美国、加拿大、东盟均是我国水产品的主要进口来源地。从进口量份额来看，2016 年美国占我国水产品进口总量的 14.22%，加拿大为 3.37%，东盟 21.52%。其三，在我国蔬菜进口市场上，2016 年美国居首位，进口量份额为 54.55%，加拿大为 8.92%，东盟进口量份额为 4.6%。其四，在我国植物油进口市场上，东盟和加拿大之间可能存在一定的竞争关系。2016 年东盟占我国植物油进口总量的 65.95%，位居首位，加拿大在我国的份额为 7.69%，位居第三的位置。虽然份额和种类相差较大，但在我国植物油进口市场上仍存在一定的竞争关系。

四、基于摄入能量视角的食物进口需求的实证分析

上一节以食物整体为研究对象，对我国食物进口进行了实证研究，估计了我国食物进口需求弹性，并分析了我国食物进口需求依赖特征。不同食物含有不同的营养成分，将各类食物含有的营养成分含量进行加总，然后再进行研究可以消除加总过程中食物品种的差异。那么本节以 1996—2016 年我国食物进口数量为基础数据进行营养数据的转化，利用 Rotterdam 模型，对我国能量进口需求弹性进行估计，从营养角度估计我国营养进口需求弹性，分析进口需求依赖特征以及主要进口来源地之间的相互关系。

（一）数据的统计描述

结合表 3-15 关于我国从世界进口能量日人均数量及不同来源地占比的描述，将我国能量进口来源地划分为美国、巴西、澳大利亚、阿根廷、加拿大、欧盟、新西兰、东盟、其他国家或地区。从表 3-15 可以看出，2016 年我国从美国、巴西、阿根廷、加拿大、东盟、其他国家和地区进口的能量占能量进口总量的比重均超过了 5%，分别为美国（27.08%）、巴西（27.55%）、阿根廷（5.93%）、加拿大（7.07%）、东盟（18.11%）、其他国家和地区（8.45%）。

表 3-23 为 1996—2016 年我国从以上六个不同国家和地区进口能量的金额比重和进口价格的统计描述，可以看出，美国、巴西、东盟对应的能量进口额比重均值相对较大，分别为 23.66%、15.67%、18.00%，表明这些国家和地区在我国食物进口市场上占据主导地位。加拿大对应的能量进口额比重相对较小，为 6.51%。不同国家和地区的进口额比重的标准差均相对较小，表明这 21 年间，它们在我国能量进口市场上的支出比重较为稳定。从进口价格来看，我国从其他国家和地区进口的能量单位价值相对较高，为每千克 4.76 美元，我国从剩余的国家和地区进口的食物单位价值范围在 1.2～2.1，且标准差相对较小，表明价格相对稳定。

表 3-23　1996—2016 年我国从不同来源地进口能量的金额比重和价格的统计描述

单位：美元/千克

国家和地区	均值	标准差	最小值	最大值	国家和地区	均值	标准差	最小值	最大值
支出比重					价格				
美国	23.66	2.77	17.96	28.76	美国	2.03	0.70	1.17	3.21
巴西	15.67	5.89	5.47	24.86	巴西	1.66	0.78	0.69	2.90
阿根廷	9.52	5.00	2.83	18.83	阿根廷	1.46	0.67	0.74	2.49
加拿大	6.51	3.25	2.97	16.36	加拿大	1.77	0.47	1.10	2.52
东盟	18.00	2.72	13.43	22.42	东盟	1.23	0.53	0.67	2.08
其他	26.65	6.37	15.75	39.27	其他	4.76	1.92	1.93	7.91

（二）参数估计结果分析

表 3-24 为我国能量进口需求函数的参数估计结果。首先，从进口数量指数的参数估计来看，进口数量指数系数 b_i 的估计值全部大于零，除东盟的进口数量指数系数估计不显著外，其他系数显著性水平均为 1%。其次，从自价格系数的估计值来看，所有的自价格系数都为负值，美国、巴西、其他国家和地区的自价格系数估计显著。最后，从交叉价格系数的估计值来看，整体上看，在 15 个交叉价格系数中，有 7 个系数显著性水平小于或等于 10%。可见，模型估计相对较好。

表 3-24　我国热量进口需求函数的参数估计结果

国家和地区	dQ	价格					
		美国	巴西	阿根廷	加拿大	东盟	其他
美国	0.334***	−0.208***	0.100***	−0.017	−0.003	0.051**	0.077*
	(0.062)	(0.077)	(0.039)	(0.037)	(0.052)	(0.021)	(0.042)
巴西	0.075***		−0.151***	−0.019	0.106***	−0.020	−0.017
	(0.043)		(0.040)	(0.027)	(0.033)	(0.014)	(0.028)
阿根廷	0.144***			−0.030	−0.023	−0.041***	0.070**
	(0.056)			(0.037)	(0.030)	(0.012)	(0.034)
加拿大	0.156***				−0.081	0.027*	−0.026
	(0.049)				(0.053)	(0.016)	(0.032)
东盟	0.024					−0.015	−0.001
	(0.020)					(0.014)	(0.014)
其他	0.267***						−0.103*
	(0.087)						(0.061)

注：括号内为标准误；***、**、* 分别表示 1%、5%、10%的显著性水平。

（三）摄入能量视角的食物进口需求弹性的结果分析

1. 支出弹性分析

表 3-25 为我国能量进口需求的支出弹性和马歇尔弹性。首先，从支出弹性来看，各国家和地区对应的能量支出弹性均为正，除东盟的支出弹性估计不显著外，其他来源地的显著性水平均小于或等于 10%。从具体数值来看，美国、阿根廷、加拿大、其他国家和地区的能量支出弹性大于 1，分别为 1.411、1.512、2.398、1.002，表明富有弹性；而巴西的能量支出弹性小于 1，为 0.479，表明缺乏弹性。能量进口支出弹性结果与食物进口支出弹性结果基本保持一致，即当我国食物进口需求量增加时，我国从加拿大进口的食物会增幅较大，从巴西进口的食物增幅相对较小。

2. 自价格弹性分析

从马歇尔弹性来看，不同来源地能量的自价格弹性均为负值，美国、巴西、加拿大、其他国家和地区的自价格弹性估计显著。从具体数值上看，美国、巴西、加拿大的自价格弹性绝对值大于 1，表明富有弹性，其中，加拿大的自价格弹性绝对值相对较大，为 1.402，巴西的自价格弹性较小，为 1.036。从美国、巴西、加拿大的自价格弹性结果表明，来源巴西的能量进口量受自身价格变化的影响相对较小，其次是美国、加拿大。

表 3-25　我国热量进口需求的支出弹性和马歇尔弹性

国家和地区	支出弹性	价格					
		美国	巴西	阿根廷	加拿大	东盟	其他
美国	1.411***	−1.212***	0.204	−0.207	−0.106	−0.040	−0.049
	(0.262)	(0.359)	(0.164)	(0.157)	(0.215)	(0.100)	(0.177)
巴西	0.479*	0.528*	−1.036***	−0.166	0.645***	−0.216	−0.235
	(0.272)	(0.282)	(0.247)	(0.174)	(0.207)	(0.104)	(0.190)
阿根廷	1.512***	−0.539	−0.435	−0.172	−0.337	−0.708***	0.335
	(0.592)	(0.443)	(0.288)	(0.392)	(0.314)	(0.167)	(0.380)
加拿大	2.398***	−0.618	1.251**	−0.576	−1.402*	−0.012	−1.041**
	(0.747)	(0.885)	(0.503)	(0.468)	(0.798)	(0.279)	(0.519)
东盟	0.135	0.250*	−0.134*	−0.243***	0.143*	−0.108	−0.043
	(0.112)	(0.129)	(0.077)	(0.068)	(0.087)	(0.077)	(0.078)
其他	1.002***	0.053	−0.220*	0.168	−0.163	−0.185**	−0.655***
	(0.328)	(0.185)	(0.116)	(0.131)	(0.121)	(0.080)	(0.240)

注：括号内为标准误；***、**、* 分别表示 1%、5%、10%的显著性水平。

3. 交叉价格弹性分析

表3-26为我国能量进口需求的希克斯弹性。当两个来源地的能量之间的交叉价格弹性大于0，说明它们存在替代关系，否则存在互补关系。表3-26中，在30个交叉价格弹性估计中，有12个交叉弹性估计显著性水平小于或等于10%。我国能量进口需求的希克斯交叉价格弹性总结为以下特点。

第一，在我国能量进口市场，美国能量与巴西能量之间存在竞争关系。进口美国能量的价格与来源巴西的能量进口量的交叉价格弹性为0.425，显著性水平为1%，表明当进口美国能量的价格上升1%时，来源巴西的能量进口量将增加0.425%。进口巴西能量的价格与来源美国的能量进口量的交叉价格弹性为0.641，且显著性水平为1%，表明当进口巴西能量的价格上升1%时，来源美国的能量进口量将增加0.641%。由此可见，在我国能量进口市场，来源美国的能量与来源巴西的能量之间存在竞争关系。从我国进口美国和巴西食物的种类分析来看，油籽和肉类的进口导致美国和巴西之间存在一定的竞争关系，进而导致两国在我国能量进口市场上存在一定的竞争关系。具体分析来看，油籽是能量含量较为丰富的食物之一，每100克豆类的能量含量为390千卡。美国和巴西是我国油籽进口的主要来源地。进口量远大与其他进口来源地。2016年，美国油籽占我国油籽进口总量的38.45%，巴西为42.63%。肉类能量含量为284.148千卡，是能量含量较为丰富的食物。2016年，美国肉类占我国肉类进口总量的14.99%，巴西为15.77%。可见，油籽和肉类的进口导致美国和巴西在我国能量进口市场上存在一定的竞争关系。

第二，在我国能量进口市场，加拿大能量与巴西能量之间存在竞争关系。进口加拿大能量的价格与来源巴西的能量进口量的交叉价格弹性为1.627，显著性水平为1%；而进口巴西能量的价格与来源加拿大的能量进口量的交叉价格弹性为0.676，且显著性水平为1%。可见，在我国能量进口市场，来源加拿大的能量与来源巴西的能量之间存在竞争关系。油籽、植物油和肉类能量含量丰富的食物进口是两者在我国能量进口市场存在竞争关系的主要原因。以2016年我国食物进口为例，巴西油籽占我国油籽进口总量的38.45%，植物油占比4.02%，肉类占比15.77%，加拿大油籽占我国油籽进口总量的5.94%，植物油占比7.69%，肉类占比7.18%。

第三，在我国能量进口市场，美国和加拿大能量与东盟能量之间存在竞争关系，这与我国食物进口市场上，美国和加拿大与东盟之间的竞争关系保持一致。从弹性结果来看，东盟能量价格与来源于美国、加拿大的能量进口量的交叉价格弹性分别为0.282、0.152，且显著性水平为10%及以下；而美国、加拿大的能量价格与来源东盟的能量进口量的交叉价格弹性分别为0.214、0.420，且显著性水平为10%及以下。上述结果表明，在我国能量进口市场，美国和加拿大能量与东盟能量之间存在竞争关系。

表 3-26 我国热量进口需求的希克斯价格弹性

国家和地区	价格					
	美国	巴西	阿根廷	加拿大	东盟	其他
美国	−0.879***	0.425***	−0.073	−0.014	0.214**	0.327*
	(0.326)	(0.167)	(0.157)	(0.220)	(0.088)	(0.176)
巴西	0.641***	−0.960***	−0.120	0.676***	−0.129	−0.107
	(0.252)	(0.252)	(0.171)	(0.209)	(0.090)	(0.181)
阿根廷	−0.181	−0.198	0.316	−0.238	−0.436***	0.738**
	(0.391)	(0.281)	(0.389)	(0.316)	(0.126)	(0.356)
加拿大	−0.051	1.627***	−0.348	−1.245	0.420*	−0.402
	(0.799)	(0.503)	(0.462)	(0.810)	(0.244)	(0.492)
东盟	0.282**	−0.113	−0.230***	0.152*	−0.084	−0.007
	(0.116)	(0.078)	(0.066)	(0.088)	(0.078)	(0.075)
其他	0.290*	−0.063	0.263**	−0.098	−0.005	−0.388*
	(0.156)	(0.106)	(0.127)	(0.120)	(0.051)	(0.230)

注：括号内为标准误；***、**、* 分别表示 1%、5%、10%的显著性水平。

从我国进口具体食物的种类可以分析进口东盟能量与进口美国、加拿大能量之间存在的竞争关系。一方面，谷物是能量含量丰富的食物之一，每 100 克谷物的能量含量大约为 346.93 千卡。美国、加拿大、东盟是我国谷物的主要进口来源地，2016 年，在我国谷物进口市场份额上，美国位居首位，加拿大位居第五，东盟排第三。可见，谷物进口是东盟能量与进口美国、加拿大能量之间存在的竞争关系的原因之一。另一方面，美国、加拿大、东盟是我国水产品、蔬菜的主要进口来源地，从进口量份额来看，2016 年美国占我国水产品进口总量的 14.22%，加拿大为 3.37%，东盟 21.52%；在我国蔬菜进口市场上，2016 年美国居首位，进口量份额为 54.55%，加拿大为 8.92%，东盟进口量份额为 4.6%。虽然这些食物的能量含量相对不丰富，但是这些产品对我国市场的出口还是对美国、加拿大能量之间存在的竞争关系起到了一定作用。另外，在我国植物油进口市场上，2016 年东盟占我国植物油进口总量的 65.95%，位居首位，加拿大在我国的份额为 7.69%，位居第三。植物油是能量含量极为丰富的食物，因此，植物油的进口也部分解释加拿大能量和东盟能量在我国进口市场上的竞争关系。

五、基于摄入营养素的食物进口需求的实证分析

不同食物所含有的可摄入的蛋白质、脂肪、碳水化合物含量存在差异，根据营养转化系数将不同食物的主要产能营养素进行加总，然后从营养素角度分析进口依赖特征主要进口来源地之间的相互关系，可以从营养学角度认识我国食物进口来源特征。

以我国可能摄入蛋白质的进口数量为基准，其来源地可以划分为美国、巴西、澳大利亚、阿根廷、加拿大、欧盟、新西兰、东盟、其他国家和地区。如表 3-16 所示，2016 年我国从美国、巴西、阿根廷、加拿大、其他国家和地区进口的蛋白质占蛋白质进口总量的比重均超过了 5%，分别为美国（36.19%）、巴西（38.42%）、阿根廷（8.06%）、加拿大（6.84%）、其他国家和地区（5.26%）。将我国脂肪进口来源地划分为美国、巴西、澳大利亚、阿根廷、加拿大、欧盟、新西兰、东盟、其他国家和地区。如表 3-17 所示，2016 年我国从美国、巴西、阿根廷、加拿大、东盟、其他国家和地区进口的脂肪占脂肪进口总量的比重均超过了 5%，分别为美国（19.86%）、巴西（22.58%）、阿根廷（5.11%）、加拿大（6.75%）、东盟（29.77%）、其他国家和地区（10.37%）。将我国碳水化合物进口来源地划分为美国、巴西、澳大利亚、阿根廷、加拿大、欧盟、新西兰、东盟、其他国家和地区。如表 3-18 所示，2016 年我国从美国、巴西、澳大利亚、阿根廷、加拿大、东盟、其他国家和地区进口的碳水化合物占碳水化合物进口总量的比重均超过了 5%，分别为美国（29.73%）、巴西（31.77%）、澳大利亚（5.91%）、阿根廷（5.35%）、加拿大（6.94%）、东盟（10.29%）、其他（8.70%）。营养素的变量统计、参数估计结果不再展示，接下来仅分析弹性估计结果。

（一）主要营养素的支出价格弹性结果分析

表 3-27 为我国产能营养素进口需求的支出弹性和马歇尔弹性。

在我国蛋白质进口需求的支出弹性结果中，各国家和地区对应的蛋白质支出弹性均为正，除巴西和阿根廷的支出弹性估计不显著外，其他来源地的显著性水平均小于或等于 1%。从具体数值来看，美国、加拿大的蛋白质支出弹性大于 1，分别为 1.382、1.073，表明富有弹性。

在我国脂肪进口需求的支出弹性结果中，各国家和地区对应的脂肪支出弹性均为正，除加拿大的支出弹性估计不显著外，其他来源地的显著性水平均小于或等于 5%。其中，美国、巴西、阿根廷的脂肪支出弹性大于 1，分别为 1.843、1.172、1.863，表明富有弹性。东盟的脂肪支出弹性小于 1，表明缺乏弹性。

在我国碳水化合物进口需求的支出弹性结果中，各国家和地区对应的碳水化合物支出弹性均为正，除阿根廷的支出弹性估计不显著外，其他来源地的显著性水平均小于或等于 1%。其中，美国、澳大利亚、加拿大的碳水化合物支出弹性大

于1,表明富有弹性。巴西、东盟的碳水化合物支出弹性小于1，表明缺乏弹性。

表 3-27 我国蛋白质、脂肪、碳水化合物进口需求的支出弹性和马歇尔弹性

蛋白质进口需求的支出和马歇尔弹性

国家和地区	支出弹性	价格				
		美国	巴西	阿根廷	加拿大	其他
美国	1.382***	−1.278***	−0.110**	0.051	0.171***	−0.216***
	(0.166)	(0.148)	(0.048)	(0.042)	(0.049)	(0.082)
巴西	0.245	0.103	−0.573***	0.016	−0.068*	0.276***
	(0.186)	(0.100)	(0.073)	(0.055)	(0.040)	(0.104)
阿根廷	0.418	0.355**	0.000	−0.884***	−0.115*	0.227
	(0.468)	(0.173)	(0.124)	(0.175)	(0.062)	(0.281)
加拿大	1.073***	0.695***	−0.292***	−0.231***	−0.308	−1.552***
	(0.258)	(0.214)	(0.084)	(0.071)	(0.198)	(0.164)
其他	1.176***	−0.066	−0.049	−0.024	−0.233***	−0.805***
	(0.137)	(0.076)	(0.043)	(0.046)	(0.031)	(0.085)

脂肪进口需求的支出和马歇尔弹性

国家和地区	支出弹性	价格					
		美国	巴西	阿根廷	加拿大	东盟	其他
美国	1.843***	−1.370***	−0.132*	−0.025	0.108	−0.279***	−0.145
	(0.257)	(0.162)	(0.080)	(0.064)	(0.066)	(0.063)	(0.108)
巴西	1.172***	−0.04	−0.909***	0.012	0.178**	−0.223***	−0.190***
	(0.263)	(0.137)	(0.118)	(0.074)	(0.071)	(0.067)	(0.116)
阿根廷	1.863***	−0.066	−0.089	−0.636***	−0.378***	−0.379***	−0.315
	(0.650)	(0.246)	(0.163)	(0.184)	(0.130)	(0.135)	(0.249)
加拿大	0.458	0.935**	0.683***	−0.331***	−1.231***	0.290	0.113
	(0.872)	(0.375)	(0.235)	(0.205)	(0.258)	(0.192)	(0.354)
东盟	0.210**	0.020	−0.043	−0.043	0.061**	−0.210***	0.005
	(0.094)	(0.057)	(0.038)	(0.027)	(0.028)	(0.051)	(0.041)
其他	0.732**	0.134	−0.043	−0.005	−0.050	−0.091	−0.678***
	(0.311)	(0.132)	(0.081)	(0.074)	(0.068)	(0.067)	(0.149)

碳水化合物进口需求的支出和马歇尔弹性

国家和地区	支出弹性	价格系数						
		美国	巴西	澳大利亚	阿根廷	加拿大	东盟	其他
美国	1.144***	−1.164***	−0.153*	−0.063	0.080	−0.079	−0.012	0.247***

（续）

碳水化合物进口需求的支出和马歇尔弹性								
国家和地区	支出弹性	价格系数						
		美国	巴西	澳大利亚	阿根廷	加拿大	东盟	其他
	(0.152)	(0.134)	(0.082)	(0.055)	(0.057)	(0.066)	(0.067)	(0.080)
巴西	0.451**	−0.067	−0.545***	0.226***	0.023	−0.041	0.031	−0.079
	(0.208)	(0.113)	(0.126)	(0.057)	(0.070)	(0.068)	(0.076)	(0.102)
澳大利亚	1.314***	−0.343	0.581***	−0.779***	−0.142	−0.045	−0.168	−0.417**
	(0.404)	(0.280)	(0.205)	(0.214)	(0.144)	(0.172)	(0.173)	(0.212)
阿根廷	0.616	0.323***	0.012	−0.039	−0.902***	0.059	0.060	−0.129
	(0.484)	(0.187)	(0.159)	(0.086)	(0.170)	(0.107)	(0.136)	(0.193)
加拿大	2.363***	−0.576**	−0.397**	−0.086	−0.080	−1.452***	0.017	0.211
	(0.404)	(0.259)	(0.187)	(0.131)	(0.139)	(0.208)	(0.150)	(0.211)
东盟	0.833***	0.058	−0.032	−0.022	0.011	0.106**	−1.029***	0.076
	(0.143)	(0.099)	(0.069)	(0.050)	(0.049)	(0.054)	(0.071)	(0.068)
其他	1.066***	0.288***	−0.153**	−0.083*	−0.099	0.148**	0.021	−1.188***
	(0.186)	(0.090)	(0.077)	(0.046)	(0.062)	(0.060)	(0.061)	(0.116)

注：括号内为标准误；***、**、* 分别表示 1%、5%、10%的显著性水平。

（二）主要营养素的自价格弹性结果分析

所有营养的自价格弹性均为负，表明其价格上涨会使各自出口下降，反之上升。不同来源蛋白质的自价格弹性均为负，除加拿大的自价格弹性估计不显著之外，其余来源地自价格弹性显著性水平都为 1%。从具体数值上看，美国的自价格弹性绝对值大于 1，表明富有弹性，我国从这些国家进口的蛋白质对自身价格变化较为敏感；巴西和阿根廷的自价格弹性绝对值小于 1，表明缺乏弹性，我国从这些国家进口的蛋白质对自身价格变化相对不敏感。不同来源脂肪的自价格弹性均为负，且显著性水平都为 1%。从具体数值上看，美国和加拿大的自价格弹性绝对值大于 1，表明富有弹性，我国从这些国家进口的脂肪对自身价格变化较为敏感；巴西、阿根廷、东盟的自价格弹性绝对值小于 1，表明缺乏弹性，我国从这些国家进口的脂肪对自身价格变化相对不敏感。不同来源碳水化合物的自价格弹性均为负，且显著性水平都为 1%；从具体数值上看，美国、加拿大、东盟的自价格弹性绝对值大于 1，表明富有弹性，我国从这些国家进口的碳水化合物对自身价格变化较为敏感；巴西、澳大利亚、阿根廷的自价格弹性绝对值小于 1，表明缺乏弹性，我国从这些国家进口的碳水化合物对自身价格变化相对不敏感。

（三）主要产能营养素的交叉价格弹性结果分析

首先对我国三种产能营养素的交叉价格弹性进行分析，以便分析进口市场上各个国家的相互关系；然后将对三种产能营养素、能量、整体食物进口需求弹性进行综合对比分析，以便分析各个进口来源地之间在我国食物与营养进口市场上的相互关系，并从进口食物种类和市场份额等方面，对产生这种关系的原因进行分析。

在我国蛋白质进口市场，美国与巴西、阿根廷、加拿大表现出显著的替代关系。从弹性数值来看，美国的蛋白质价格与巴西、阿根廷、加拿大的蛋白质进口量之间的交叉价格弹性分别为0.107、0.182、0.261，显著性水平均小于或等于5%；巴西、阿根廷、加拿大的蛋白质价格与美国蛋白质进口量之间的交叉价格弹性分别为0.161、0.454、0.948，显著性水平均小于或等于5%。由此可见，从蛋白质角度看，美国蛋白质食物在我国食物进口市场占据一定的地位，其他国家和地区与其有一定的竞争关系。

在我国脂肪进口市场，美国与巴西、阿根廷、加拿大、东盟表现出显著的替代关系。从弹性数值来看，美国的脂肪价格与巴西、阿根廷、加拿大、东盟的脂肪进口量之间的交叉价格弹性分别为0.157、0.151、0.228、0.053，显著性水平均小于或等于10%；巴西、阿根廷、加拿大、东盟的脂肪价格与美国脂肪进口量之间的交叉价格弹性分别为0.237、0.375、0.827、0.070，显著性水平均小于或等于10%。巴西与阿根廷、加拿大之间表现出显著的替代关系。加拿大与东盟之间表现出显著的替代关系。由此可见，在我国脂肪进口市场上，各个主要进口来源国之间存在一定的竞争关系。在碳水化合物进口市场，东盟与美国、巴西、阿根廷、加拿大之间存在显著竞争关系；巴西和澳大利亚之间有显著竞争关系；美国与阿根廷之间存在显著竞争关系（表3-28）。

表3-28 我国蛋白质、脂肪、碳水化合物进口需求的希克斯价格弹性

蛋白质进口需求的希克斯价格弹性					
国家和地区	价格				
	美国	巴西	阿根廷	加拿大	其他
美国	−0.951***	0.107**	0.182***	0.261***	0.401***
	(0.117)	(0.048)	(0.043)	(0.047)	(0.105)
巴西	0.161**	−0.535***	0.040	−0.052	0.386***
	(0.073)	(0.063)	(0.055)	(0.036)	(0.098)
阿根廷	0.454***	0.065	−0.844***	−0.088*	0.413**
	(0.106)	(0.090)	(0.177)	(0.050)	(0.208)
加拿大	0.948***	−0.124	−0.129*	−0.378*	−1.073***
	(0.169)	(0.087)	(0.073)	(0.194)	(0.196)

（续）

蛋白质进口需求的希克斯价格弹性					
国家和地区	价格				
	美国	巴西	阿根廷	加拿大	其他
其他	0.213***	0.135***	0.088**	−0.157***	−0.279***
	(0.056)	(0.035)	(0.044)	(0.029)	(0.087)

脂肪进口需求的希克斯价格弹性						
国家和地区	价格					
	美国	巴西	阿根廷	加拿大	东盟	其他
美国	−0.934***	0.157**	0.151**	0.228***	0.053*	0.346***
	(0.125)	(0.067)	(0.064)	(0.071)	(0.033)	(0.105)
巴西	0.237**	−0.725***	0.123*	0.254***	−0.012	0.123
	(0.101)	(0.107)	(0.074)	(0.075)	(0.039)	(0.105)
阿根廷	0.375**	0.203*	−0.458***	−0.256**	−0.044	0.181
	(0.160)	(0.121)	(0.176)	(0.131)	(0.053)	(0.194)
加拿大	0.827***	0.611***	−0.375**	−1.260***	0.207**	−0.010
	(0.257)	(0.181)	(0.192)	(0.270)	(0.083)	(0.281)
东盟	0.070*	−0.010	−0.023	0.075**	−0.172***	0.061
	(0.044)	(0.034)	(0.028)	(0.030)	(0.044)	(0.042)
其他	0.307***	0.072	0.065	−0.002	0.041	−0.483***
	(0.093)	(0.062)	(0.069)	(0.069)	(0.028)	(0.134)

碳水化合物进口需求的希克斯价格弹性							
国家和地区	价格						
	美国	巴西	澳大利亚	阿根廷	加拿大	东盟	其他
美国	−0.893***	0.026	−0.007	0.189***	−0.005	0.194***	0.496***
	(0.127)	(0.071)	(0.053)	(0.061)	(0.066)	(0.067)	(0.073)
巴西	0.040	−0.474***	0.248***	0.066	−0.011	0.113*	0.019
	(0.107)	(0.111)	(0.055)	(0.076)	(0.067)	(0.066)	(0.091)
澳大利亚	−0.033	0.787***	−0.714***	−0.017	0.041	0.068	−0.132
	(0.255)	(0.176)	(0.210)	(0.155)	(0.168)	(0.177)	(0.197)
阿根廷	0.469***	0.109	−0.009	−0.843***	0.099	0.171*	0.005
	(0.152)	(0.125)	(0.080)	(0.180)	(0.100)	(0.101)	(0.149)
加拿大	−0.017	−0.027	0.031	0.145	−1.298***	0.442***	0.724***
	(0.238)	(0.161)	(0.128)	(0.147)	(0.204)	(0.144)	(0.194)
东盟	0.255***	0.098*	0.019	0.090*	0.160***	−0.879***	0.257***
	(0.088)	(0.058)	(0.048)	(0.053)	(0.052)	(0.074)	(0.062)
其他	0.540***	0.014	−0.030	0.002	0.217***	0.213***	−0.956***
	(0.080)	(0.065)	(0.045)	(0.065)	(0.058)	(0.051)	(0.107)

注：括号内为标准误；***、**、* 分别表示 1%、5%、10%的显著性水平。

对美国和巴西在我国食物进口市场上的关系进行综合分析来看，美国和巴西在我国蛋白质、脂肪进口市场表现出显著的替代关系，而在碳水化合进口市场没有表现出替代关系；在我国能量进口市场，美国能量与巴西能量之间存在显著竞争关系。需要从两国出口我国食物种类以及在我国市场的份额方面，分析美国和巴西在我国营养进口市场上所表现出的关系。从进口食物种类和进口份额分析来看，我国主要从美国进口谷物、油籽、干豆类、蔬菜、水果、肉类、乳品、水产品，从巴西主要进口油籽、肉类、糖类。2016 年，美国食物在我国市场的份额为谷物（28.51%）、油籽（38.45%）、干豆类（8.92%）、蔬菜（54.55%）、水果（4.89%）、肉类（14.99%）、乳品（14.57%）、水产品（14.22%）；巴西食物在我国市场的份额为油籽（38.45%）、肉类（15.77%）、糖类（61.86%）。可以看到，美国和巴西出口我国的食物中，油籽和肉类出口不仅出现种类重叠而且所占市场份额相近且较大。油籽和肉类是高蛋白质、高脂肪的食物，其碳水化合物含量相对较低，那么正是我国从美国和巴西进口了大量的油籽和肉类导致美国和巴西在我国蛋白质、脂肪进口市场表现出显著的替代关系，进而导致在我国能量进口市场美国能量与巴西能量之间存在显著竞争关系。

对美国与东盟在我国食物进口市场上的关系进行综合分析来看，一方面，从产能营养素进口来看，美国和东盟在我国脂肪、碳水化合物进口市场表现出显著的替代关系，由于东盟不是我国蛋白质的主要进口来源地，两者之间的蛋白质进口未能比较；另一方面，从能量和食物整体来看，美国与东盟在我国能量进口市场存在显著竞争关系，两者在我国食物进口市场也表现出显著的竞争关系。

从进口的主要食物种类分析，我国主要从美国进口谷物、油籽、干豆类、蔬菜、水果、肉类、乳品、水产品，从东盟主要进口谷物、薯类、植物油、食糖、蔬菜、水果、水产品。2016 年，美国食物在我国市场的数量份额分别为谷物（28.51%）、油籽（38.45%）、干豆类（8.92%）、蔬菜（54.55%）、水果（4.89%）、肉类（14.99%）、乳品（14.57%）、水产品（14.22%）；东盟食物在我国市场的数量份额分别为谷物（21.52%）、薯类（99.29%）、植物油（65.95%）、食糖（7.19%）、蔬菜（4.6%）、水果（66.16%）、水产品（8.36%）。从以上进口食物种类和进口数量份额分析来看，美国和东盟是我国谷物、蔬菜、水果、水产品的主要进口来源地，这些出口我国食物产品的重叠导致美国和东盟在我国食物进口市场表现为竞争关系的原因。具体分析来看，第一，在我国谷物市场，美国是我国谷物第一大进口国，2016 年，美国谷物占我国谷物进口总量的 28.51%；东盟排在我国谷物进口来源地的第三位，2016 年，东盟谷物占我国谷物进口总量的 21.52%。我国主要从越南、泰国、柬埔寨、缅甸等东盟国家进口稻谷产品。第二，在我国蔬菜市场，美国是我国蔬菜第一大进口国，2016 年我国从美国进口蔬菜 1.7 亿美元；东盟是我国蔬菜重要的进口来源地，2016 年东盟排在我国蔬菜进口来源地的第二位，进口额达到 0.9 亿美元，其中从泰国、马来西亚进口的蔬菜金额均超过 2 000 万美元。第三，在我国水果市场，东盟出口我国的水果最多，2016 年东盟水果占我国水果进口总量的 66.16%；美国是我国水果的主要进口来源地，2016 年美国水果占我国水果进口总量的 4.89%。第四，在我国水产品进口市场，美国和东盟是我国水产品主要的进口来源地，2016 年美国和东盟水产品分别占我国水产品进口总量的 14.22%和 8.36%。

此外，美国出口我国食物中，肉类、乳品、水产品都是高脂肪的食物；东盟出口我国食物中，植物油和水产品是高脂肪食物，可能正是这些食物的进口导致二者在我国脂肪进口市场表现为竞争关系。美国出口我国食物中，谷物、油籽、干豆类、蔬菜、水果是高碳水化合物食物；东盟出口我国食物中，薯类、食糖、蔬菜、水果是高碳水化合物食物，可能正是这些食物的进口导致二者在我国碳水化合物进口市场表现为竞争关系。

第三节 小　结

本章通过测算自给率从营养角度评价了我国食物自给状况，分析了我国食物与营养进口来源结构以及通过实证估计进口需求弹性分析了我国食物进口需求依赖特征。主要结论如下。

从营养供给来看，加入世贸以来，我国热量、蛋白质、脂肪、碳水化合物的人均每天国内产量和净进口量均有不同程度的增长。供给的蛋白质和脂肪的供能比率均已接近或者超出了世界卫生组织建议的蛋白质和脂肪提供能量比率范围的上限，而碳水化合物的供能比例处于较低水平。

从自给率测算结果来看，我国绝大部分食物的自给程度处于较高水平，食物自给的短板主要在油籽。具体来看，自放开大豆贸易以来，豆类自给率呈现快速下降态势；薯类自给率在加入世贸组织以后也呈现下降趋势；谷物自给率有一定程度的下降。入世以来，我国热量、蛋白质、脂肪、碳水化合物的自给率均呈现不同程度的下降。对比各个国家的热量自给率发现，我国热量自给率处于相对较高水平，但总体呈现下降趋势。

从食物整体进口格局来看，我国食物进口相对比较集中，入世以来，美国、巴西、东盟食物均占据我国食物进口量的较大比重。从进口食物种类上看，我国油籽进口量远大于其他各类食物进口量，占食物进口总量的比重相对最大，而且进口来源地十分集中，主要从美国、巴西、阿根廷、加拿大进口；

谷物进口量占比位居次席，进口来源地也较为集中。

从食物进口需求弹性来看，我国不同来源食物的需求支出弹性从高到低分别为加拿大、澳大利亚、阿根廷、美国、东盟、巴西，表明当我国食物进口需求增加时，我国从加拿大进口的食物数量增幅会相对最大，巴西增幅相对最小。我国不同来源食物的需求自价格弹性绝对值由高到低分别是阿根廷、加拿大、东盟、美国、澳大利亚、巴西，表明来源巴西的食物进口量受自身价格变化的影响相对最小，其次是美国、澳大利亚，我国食物进口对这些国家的依赖性更强一些；来源阿根廷和加拿大的食物进口量则相对最易受到价格冲击，其次是其东盟，表明我国从这些国家和地区进口的食物数量受其价格影响较大，进口相对不稳定。希克斯弹性结果表明，进口美国食物与加拿大食物之间存在互补关系，进口澳大利亚食物与巴西食物之间存在竞争关系，进口东盟食物与进口美国、加拿大食物之间存在竞争关系。

从能量进口来源地结构来看，占我国能量进口比重超过10%的进口来源地为美国、巴西和东盟，这与食物进口量来源地结构保持一致。从主要供能营养素进口来源地结构来看，占我国蛋白质进口比重超过10%的来源地为美国、巴西；占我国脂肪和碳水化合物进口比重超过10%的进口来源地均为美国、巴西和东盟。

从能量支出弹性来看，美国、阿根廷、加拿大的能量支出弹性富有弹性，其中加拿大的支出弹性相对较大，巴西则相对缺乏弹性。能量进口支出弹性结果与食物进口支出弹性结果基本保持一致，即当我国食物进口需求量增加时，我国从加拿大进口的食物会增幅较大，从巴西进口的食物增幅相对较小。我国不同来源能量的需求自价格弹性绝对值由高到低分别是加拿大、美国、巴西，表明源于巴西的食物进口量受自身价格变化的影响相对最小，其次是美国、加拿大。主要营养素视角的进口需求实证分析表明食物进口来源地之间存在一定的竞争或互补关系。

对过去我国食物自给率和食物进口的变化进行分析，可以清晰地认识我国食物进口特征和自给状况，有助于分析未来我国食物进口和自给率的发展。未来一段时间，我国人口数量和结构将发生关键变化，表现为人口数量刚性增长、老龄化继续加剧，这将显著的影响未来食物需求，对食物进口和食物自给造成影响。在接下来的研究中，从需求角度研究人口结构导致的消费异质性对食物需求的影响，为分析人口结构变化对未来食物需求和净进口的影响打好基础。

第四章 人口结构变化对城镇居民食物支出的影响分析

关注于城镇居民是因为经济的发展和城镇化的加快使得城镇居民食物消费和营养摄入在全国食物与营养发展中的地位和作用更加凸显，城镇居民消费支出的群体大、层次多、变化快、导向强等特点进一步显现。本部分与其他研究相比，不同的地方是运用成人当量方法，构造表征家庭人口年龄结构的综合变量，以此来实现人口年龄结构量化的目的，并将此变量引入消费函数，分析收入、人口结构等因素对食物消费的影响，测算出不同人口的食物支出成人当量水平。

第一节 引 言

我国经济三十多年的持续高速增长极大提高了城镇居民的人均收入水平，食物消费支出水平也随之显著提升。国家统计局数据显示，城镇居民家庭人均食物消费支出从1990年的693.8元增加至2014年的4 493.9元，年增长率为8.1%。同时，城镇居民的数量也在不断增长。随着城镇化进程的加速推进，大量低消费水平的农村居民加入城镇消费者的行列。数据显示，2014年我国农民工总量达到2.74亿，这导致城镇居民异质性进一步增强，城镇居民消费支出的群体大、层次多、变化快和导向强等特点进一步显现，可以看出城镇居民食物消费支出在全国食物发展的地位和作用将更加凸显。因此，开展城镇居民食物消费支出影响因素研究，对于准确识别城镇居民食物消费模式，确保食物安全具有重要现实意义。

从已有我国城镇居民食物消费支出影响因素的研究来看，已有研究主要涉及收入、价格以及家庭人口结构等其他非经济因素。在揭示收入对食物消费支出影响相关研究中，不同收入群体间收入影响的异质性得到较大关注。Zheng和Henneberry（2011）基于江苏省城镇住户调查数据的研究显示，一方面，低收入群体禽肉的需求收入弹性高（0.474），谷物需求收入弹性低（0.139）；另一方面，中等收入群体和高收入群体水产品的需求收入弹性高，油脂收入弹性低。李辉尚等（2015）基于历年《中国统计年鉴》中城镇年度数据的研究发现，虽然不同收入组的粮食、油脂类、蛋类及菜类的需求支出弹性小于1，但低收入户的奶类需求支出弹性达到2.27。Han和Chen（2016）进一步基于城镇住户调查数据研究了作为城镇居民的特殊群体——进城农民工的食物消费影响因素，即进城农民工对畜产品的需求支出富有弹性（1.081），而油脂的需求支出弹性为0.787。可见，研究数据和模型的不同会导致不同收入群体间需求弹性结果之间的差异。

人口结构不断转变是城镇地区的特征。一方面，计划生育政策带来的后遗症——人口老龄化问题日益显现。2000年我国65岁以上老年人口占总人口的比重首次超过7%，我国开始进入老龄化社会。随着老龄化程度不断加深，2012年城镇65岁以上老年人口占城镇总人口的比重已达8.14%。另一方面，我国城镇地区自20世纪70年代开始实施的严格计划生育政策直接导致了具有中国特色的城镇居民家庭结构的变迁，独生子女家庭占城镇居民家庭的比例显著上升，少子化问题逐步显现。第六次人口普查数据显示：我国0～14岁少儿人口数占总人口数的比重为16.60%，已经步入“少子化”社会。由于不同性别年龄人口食物消费存在差异，随着家庭人口年龄结构的变化。家庭食物消费需求会发生一定变化。因此，假定收入水平一定，家庭年龄结构会部分决定家庭的食物消费需求。“少子化”和“老龄化”并存的人口结构新特征将对我国食物消费产生长期而又深远的影响。

在家庭结构对食物消费影响的相关研究中，很多学者从家庭成员性别、年龄结构的视角，使用不同年龄段的人口数量变量、比例变量或者利用简单的虚拟变量作为解释变量，开展了家庭人口年龄结构对城镇居民食物消费的影响。

也有研究利用成人当量思想来构建表征家庭人口年龄结构的变量，进而分析家庭人口年龄结构对我国居民食物消费支出的影响。国内有关成人当量的研究主要集中在人口年龄结构与消费关系研究方面，但存在如下两个方面的问题。一方面，在现有研究中，一般将人口划分为儿童、成年人和老年人三类，故基于生命发展角度的个人生命周期划分不够精确，难以全面反映实际不同年龄成员的消费差异。另一方面，现有研究中一般假定儿童和老年人相对于成年人的消费系数来对消费进行实证分析，存在一定程度的主观因素影响，比如王金营和付秀彬（2006）在实证研究中假设儿童的消费系数为0.6～0.7，老年人的消费系数为0.7～0.8，而于潇和孙猛（2012）将儿童和老人的消费系数分别设定为0.6～0.8。虽然可以将不同年龄群体的人的消费能力区分出来，但同时加入了一些主观因素，会影响到研究结论的客观性和可靠性。胡乃军等（2014）针对我国城乡收入和消费差异问题，初步确定城镇老年人口和劳动人口的消费比例，利用标准消费人概念分析了城镇人口年龄结构在消费中的作用，但研究中未详细介绍消费系数的获得过程。如果能够利用家庭层面的消费数据，结合我国人口发展的特殊性建立成人当量模型，估算出符合我国国情的成人当量，对改善人口年龄结构对消费影响的研究具有重要意义。

本部分正是基于当前我国居民人均收入不断提高，食物消费不断转型升级，人口结构不断转变的背景下，开展我国城镇居民食物消费支出影响因素研究，利用微观数据，分析家庭收入、人口结构等因素与居民食物消费之间的关系。

本部分的思路，首先，利用国家统计局食物消费数据，对我国城乡居民食物消费的变化进行分析；然后，对城镇居民人口结构变化进行统计描述分析；最后，基于消费异质性视角开展人口结构变化对城镇居民食物消费支出影响的实证分析。实证部分的具体思路为，首先以全部样本为研究对象，通过估计支出弹性，分析收入、家庭人口结构等因素对家庭食物支出的影响，并测算和分析个人生命周期中的食物需求成人当量，进一步分析其与人口数量的差异；其次，将全部样本划分为不同收入层，从不同收入群体的角度入手，分析收入、家庭人口结构等因素对家庭食物消费支出影响的收入异质性。本部分安排如下：第一部分为引言，第二部分为城乡居民食物消费现状分析，第三部分为城镇人口结构变化，第四部分为人口结构变化对城镇居民食物消费支出影响的实证分析，最后为小结。

第二节　城镇居民食物消费现状

本节利用国家统计局食物消费数据，对我国城镇居民食物消费的变化进行分析，为后面的实证分析做好数据分析基础。新时期我国食物消费总量不断增长、增速逐渐放缓、消费结构不断变化，消费进入转型升级时期。我国居民食物消费转型升级的原因是多方面的。一是经济增长提高了居民的收入水平，促进了食物消费升级。二是城镇化进程的加快，促进大量人口转移到城镇，不仅提高了居民的收入水平，还增加了食物获取的便利性，这都将促进食物的消费。三是人口结构的变化。此外，膳食营养意识的提高等都促进了居民的食物消费升级。在收入水平继续提高、消费结构继续转型升级以及人口数量和结构不断变化的背景下，未来我国食物消费增长有潜力有空间。

一、城镇居民食物消费水平明显提高，恩格尔系数显著下降

城镇居民食物消费支出水平明显提高。2000—2016 年，城镇居民人均食物消费支出从 1 958.31 元增加到 6 762.40 元，年均增长 300.30 元。同期，农村居民人均食物消费支出从 820.52 元增加到 3 266.10 元，年均增长 152.85 元。城乡居民食物消费支出差距总体呈不断扩大趋势，2000 年为 1 137.79 元，2010 年突破 3 000 元，2016 年差距增长到 3 496.30 元。

城镇居民恩格尔系数明显下降，居民生活水平进一步提高。2000—2016 年，城镇居民恩格尔系数从 39.18%下降到 29.30%，下降了 9.88 个百分点。同期，农民居民恩格尔系数从 49.13%下降到 32.24%，下降了 16.89 个百分点。从城乡居民恩格尔系数比较来看，农村居民恩格尔系数下降幅度相对较大，城镇居民恩格尔系数低于农村，但两者差距逐渐缩小。可以看出，2000 年以来城镇居民的食物消费支出呈现快速增长趋势，但食物消费支出占总消费支出的比重呈现先下降后趋于稳定，城镇居民的食物消费已经发生巨大变化，正在进一步的转型升级（表 4-1）。

表 4-1　2000—2016 年我国城乡居民食物消费支出水平及恩格尔系数

单位：元、%

年份	城镇		农村		城乡食物差距
	人均食物消费支出	恩格尔系数	人均食物消费支出	恩格尔系数	
2000	1 958.31	39.18	820.52	49.13	1 137.79
2005	2 914.39	36.69	1 162.16	45.48	1 752.23
2010	4 804.71	35.67	1 800.67	41.09	3 004.04
2011	5 506.33	36.32	2 107.34	40.36	3 398.99
2012	6 040.85	36.23	2 323.89	39.33	3 716.96
2013	5 570.70	30.13	2 495.50	37.67	3 075.20
2014	6 000.00	30.05	2 814.00	33.57	3 186.00
2015	6 359.70	29.73	3 048.00	33.05	3 311.70
2 016	6 762.40	29.30	3 266.10	32.24	3 496.30

资料来源：国家统计局。

二、城镇居民食物消费结构变化

如表 4-2 所示，近年，城镇居民人均食物消费总量保持相对稳定，动植物性食物消费结构发生一定变化。2016 年城镇居民人均食物消费总量为 343.8 千克，与 2000 年的 320.9 千克基本持平。如表 4-2 所示，2000—2016 年，城镇居民人均植物性食物消费量保持稳定，2000 年为 262.7 千克，2016 年为 266.9 千克。2000—2016 年，城镇居民动物性食物消费量从 58.2 千克增长到 76.9 千克。

农村居民食物消费总量呈下降趋势，动物性食物消费量上升趋势明显，植物性食物下降趋势明显，食物消费结构发生显著变化。农村居民食物消费总量从 2000 年的 407.7 千克下降到 2016 年的 332.9 千克。同期，农村居民人均动物性食物消费量从 27.0 千克增加到 51.2 千克，植物性食物消费量从 380.7 千克下降到 281.7 千克。

表 4-2　2000—2016 年我国城乡居民主要食物消费量及动植物性食物比重

单位：千克、%

年份	主要食物消费量		动物性食物占比		植物性食物占比	
	城镇	农村	城镇	农村	城镇	农村
2000	320.9	407.7	18.14	6.62	81.86	93.38
2005	335.4	366.4	22.00	9.06	78.00	90.94
2010	334.5	333.7	22.09	10.16	77.91	89.84
2011	330.2	324.8	22.29	11.33	77.71	88.67
2012	331.7	316.1	22.73	11.83	77.27	88.17
2013	341.1	342.9	21.20	13.44	78.80	86.56
2014	340.9	332.8	22.18	14.36	77.82	85.64
2015	338.7	329.5	22.53	15.20	77.47	84.80
2016	343.8	332.9	22.37	15.38	77.63	84.62

注：2013 年起国家统计局对居民消费支出统计开始实行新口径。根据国家统计局的统计口径可知，植物性食物包括粮食、蔬菜、食用植物油、鲜瓜果；动物性食物包括猪肉、牛羊肉、禽类、鲜蛋、水产品、奶制品。

城镇居民的食物消费正在发生变化。从动物性食物占比来看，城镇居民从 2000 年的 18.14%上升到 2016 年的 22.37%；同期，农村居民从 6.62%上升到 15.38%，增加幅度明显高于城镇居民。在植物性食物占比上，2000—2016 年城镇居民从 81.86%下降到 77.63%，农村居民从 93.38%下降到 84.62%，同样农村植物性食物消费量比重下降幅度较大。

三、城镇居民动、植物性食物消费变化

（一）动物性食物消费变化

从总体上看，城镇居民的年人均动物性食物消费量占食物消费总量的比重呈下降趋势。1981 年城镇居民的年人均动物性食物消费量为 37.1 千克，占食物消费总量的 10.28%，1993 年动物性食物消费量增加到 48.3 千克，占比增加到 15.45%。2013 年动物性食物消费量增加到 76.1 千克，占比增加到 22.32%，之后动物性食物消费趋于稳定，2016 年消费量为 76.9 千克，占比为 22.37%。

猪肉仍然是城镇居民最主要的肉类，禽肉位居次席，牛羊肉的消费量较少。城镇居民猪肉消费量呈递增趋势，但猪肉消费量占肉类总消费量的比重却呈递减趋势。1981 年城镇居民猪肉年人均消费量为 16.9 千克，1992 年增加到 17.7 千克，同期猪肉消费占肉类总消费量的比重却从 82.44%减少到 66.79%。到 2016 年城镇居民猪肉年人均消费量增加到 20.4 千克，占肉类总

消费量的比重却减少到 58.45%，但猪肉消费量仍然占肉类消费总量的一半，可见，猪肉仍然是城镇居民最主要的动物性食物。城镇居民禽肉消费量总体上呈递增趋势，禽肉消费占肉类总消费量的比重总体上也呈递增趋势。1981 年城镇居民年人均禽肉消费量仅为 1.9 千克，1992 年增加到 5.1 千克，2016 年增加到 10.2 千克，禽肉消费占肉类总消费量的比重也从 1981 年的 9.27%，上升到 2016 年的 29.23%。可见，禽肉及其制品在我国城镇居民肉类食物消费中居于第二位。城镇居民牛羊肉的消费量较少，且增长缓慢，其消费占整个肉类消费总量的比重也基本保持在 10%左右。2000 年城镇居民牛羊肉消费量为 3.3 千克，2016 年增加到 4.3 千克。可见，从肉类的消费类别上看，城镇居民的不同肉类消费量变化趋势存在差异（图 4-1）。

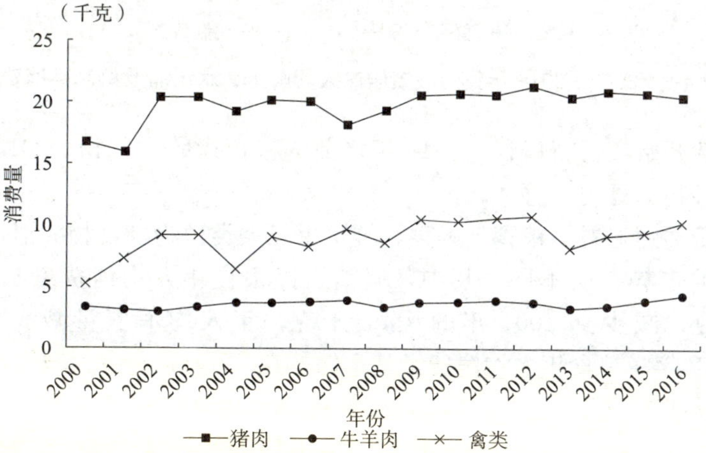

图 4-1 2000—2016 年我国城镇居民人均猪肉、牛羊肉及禽类消费量

城镇居民奶类消费量总体上呈递增趋势。1996—2003 年为快速增长阶段，1996 年城镇居民年人均奶类消费量为 4.8 千克，2003 年增长到 19.6 千克。2003—2007 年，奶类消费量稳定在 17～19 千克。2007 年之后，受三聚氰胺事件影响，城镇居民奶类消费量呈现递减趋势，从 2007 年的人均 17.8 千克，下降到 2011 年的 13.7 千克，但此后开始增加，2012 年达到 17.1 千克。城镇居民水产品消费呈现递增态势，2016 年水产品年人均消费量为 14.8 千克。鲜蛋从 1981 年的 5.1 千克，增加到 1997 年的 11.1 千克，此后基本保持稳定在年人均 10 千克左右（图 4-2）。

（二）植物性食物消费变化

从总体上看，1993—2016 年城镇居民年人均植物性食物消费量保持稳定，1993 年为 264.4 千克，2016 年为 266.9 千克，同期植物性食物消费量占食物总消费量的比重从 84.55%减少到 77.63%，可见，植物性食物在城镇居民食物消费中继续占据绝对位置。需要说明的是，2013 年起国家统计局对居民消

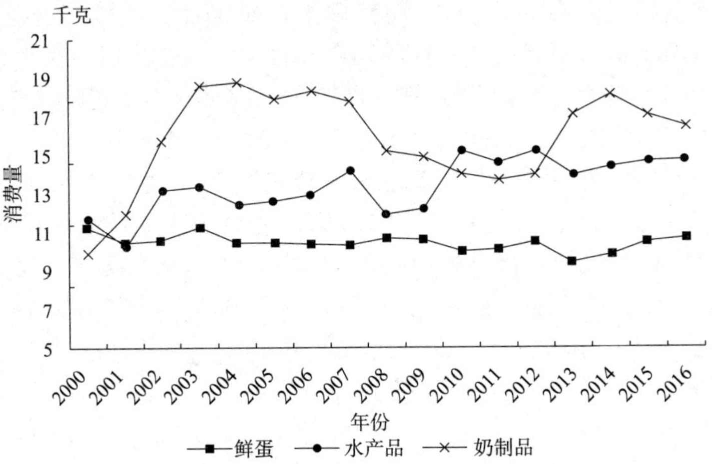

图 4-2　2000—2016 年我国城镇居民人均鲜蛋、水产品及奶制品消费量

费支出统计开始实行新口径，2012 年之前的粮食指的是谷物，2012 年之后粮食包含了谷物、豆类、薯类。

从消费类别上看，粮食、鲜菜、鲜瓜果三大类植物性食物的消费量在改革开放以来的走势有所不同。其中，城镇居民粮食年人均消费量从 1981 年的 145.4 千克，减少到 2001 年的 79.7 千克，年人均消费量减少了近一半。2002—2012 年，粮食年人均消费量基本保持在 80 千克左右。城镇居民蔬菜人均消费量从 1981 年的 152.3 千克，减少到 1995 年的 116.5 千克，此后蔬菜年人均消费量保持相对稳定。城镇居民瓜果人均消费量从 1981 年的 21.2 千克，增加到 2000 年的 57.5 千克，此后基本保持相对稳定。食用植物油人均消费量保持在相对较低的水平，2000 年为 8.2 千克，2016 年为 10.6 千克（图 4-3）。

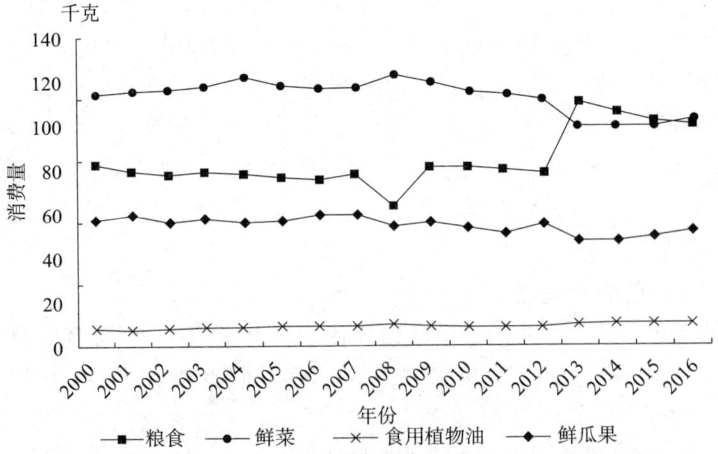

图 4-3　2000—2016 年我国城镇居民植物性食物消费结构变化

（三）城镇居民在外饮食支出显著增加

随着经济的快速发展，城镇居民人均可支配收入大幅度提高，从 2000 年的 6 279.98 元增加到 2012 年的 24 564.72 元。人均收入的提高和城镇化的发展导致城镇居民食物消费模式发生重大变化，在外就餐支出显著增加。2000 年城镇居民在外就餐人均支出仅为 287.8 元，2010 年超过 1 000 元，2012 年增加到 1 315.09 元，与 2000 年相比增长了 2.6 倍。

从图 4-4 可以看出，城镇居民在外就餐支出呈现快速增长态势。1992 年城镇居民在外就餐年人均支出仅为 70.27 元，2002 年增加到 413.52 元，增长了 4.88 倍；同期在外就餐支出占食物消费总支出的比重从 7.95% 增加到 18.20%，增长了 10.25 个百分点。2002 年之后，城镇居民在外就餐支出继续呈现增长趋势，2010 年城镇居民家庭年人均在外就餐支出超过 1 000 元，为 1 019.3 元，占食物消费总支出的比重也增至 21.21%，此后，居民在外饮食支出继续保持快速增长，但在食物消费总支出的比重基本稳定在这一水平。2012 年全国城镇居民在外饮食支出为 1 315.1 元，占食物消费总支出的比重为 21.77%。

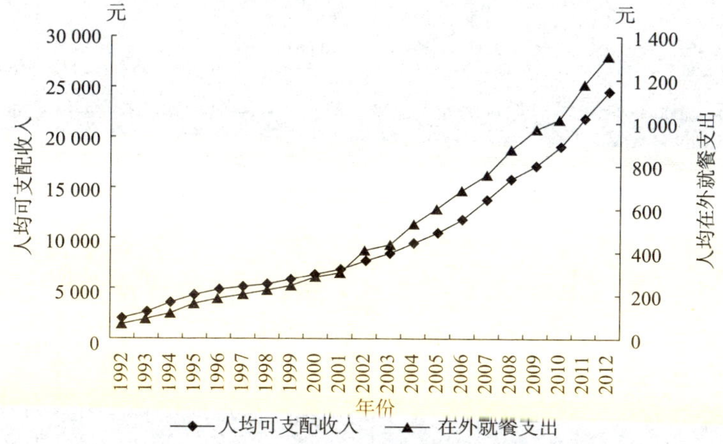

图 4-4　1992—2012 年我国城镇居民在外用餐消费支出变化

根据以上城镇居民食物消费现状分析可知，城镇居民食物消费支出水平明显提高，恩格尔系数明显下降，居民生活水平进一步提高。总结来看，在食物消费支出方面，我国城镇居民的食物消费支出呈稳定增长态势，但是恩格尔系数呈现不断下降趋势，2016 年恩格尔系数下降至 29.3%，表明城镇居民生活水平进一步提高。在植物性和动物性消费支出方面，我国城镇居民的植物性和动物性食物支出均呈现快速增长态势，但动物性食物消费支出占比明显高于植物性食物消费支出。从食物消费量看，城镇居民食物消费总量趋于稳定，动物性食物消费量增加，植物性食物消费量逐渐减少，动物性食物消费量占比增加较多，但植物性食物在城镇居民食物消费中继续占据绝对位置。

第三节　城镇人口结构变化

图 4-5 描绘了 2000—2016 年主要年份的我国城镇居民每个年龄上人口的比重，可以看到，随着时间的推移，我国城镇居民人口结构会发生一定程度的变化。

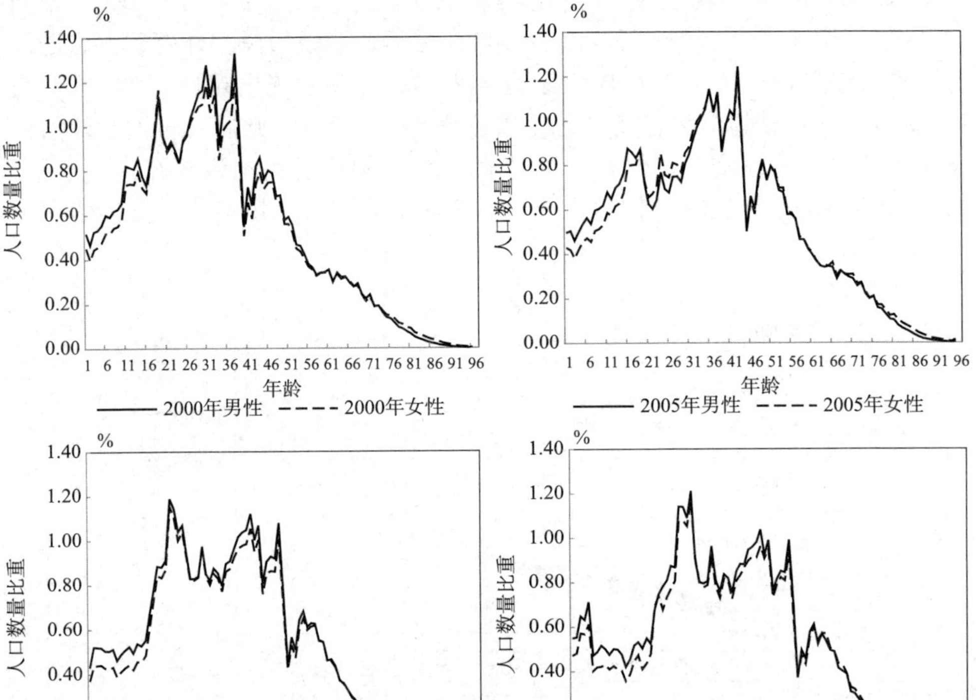

图 4-5　主要年份的城镇人口性别年龄结构

资料来源：《中国人口和就业统计年鉴》和《中国人口年鉴》。

如表 4-3 所示，2000 年以来，我国城镇人口结构变化呈现出少子化和老龄化的特点。一方面，城镇 0～14 岁人口比重呈现下降趋势，从 2000 年的 18.42% 下降到 2016 年的 14.68%。另一方面，城镇 65 岁以上人口比重 2000 年为 6.42%，2005 年上升到 8.49%，超过了定义老龄化社会的 7%的标准，2016 年更是增长到9.6%，城镇老龄化现象进一步凸显。此外，城镇劳动人口的比重2000年为75.16%，之后比重有所起伏，2016年比重又重回75.72%，农村大量年轻劳动力向城市迁移在一定程度上影响了城镇劳动人口比重的变化。由此可见，城镇居民人口结构正在发生变化。

表4-3　2000—2016年我国城镇人口结构和抚养比变化

单位：万人、%

年份	总人口数	0～14岁		15～64岁		65岁以上		老少比	少儿抚养比	老年抚养比
		人口数	比重	人口数	比重	人口数	比重			
2000	45 906	8 456	18.42	34 501	75.16	2 948	6.42	34.87	24.51	8.55
2005	56 212	9 333	16.60	42 107	74.91	4 772	8.49	51.13	22.16	11.33
2010	66 978	9 428	14.08	52 327	78.12	5 224	7.80	55.41	18.02	9.98
2016	79 298	11 640	14.68	60 047	75.72	7 611	9.60	65.39	19.38	12.68

资料来源：《中国人口和就业统计年鉴》。

城镇女性比例随着年龄增加而增加。如表4-4所示，2000—2016年城镇0～14岁人口性别比均大于100，表明城镇0～14岁男性数量高于女性。但随着年龄的增长，男性的非正常死亡较多，女性的预期寿命也普遍高于男性，使得性别比随年龄增长而下降。2000—2016年城镇15～64岁人口的性别比基本保持在104左右，而65岁以上人口的性别比低于100，2000年为91.61，2016年为90.44。

表4-4　2000—2016年我国城镇不同年龄阶段男性和女性人口数及性别比

单位：万人、%

年份	0～14岁			15～64岁			65岁以上		
	男性	女性	性别比	男性	女性	性别比	男性	女性	性别比
2000	4 481.24	3 975.08	112.73	17 650.39	16 850.91	104.74	1 409.66	1 538.72	91.61
2005	5 020.34	4 312.52	116.41	20 916.66	21 190.71	98.71	2 272.62	2 499.10	90.94
2010	5 097.83	4 329.96	117.73	26 683.98	25 642.56	104.06	2 510.72	2 712.94	92.55
2016	6 267.55	5 372.37	116.66	30 718.97	29 327.67	104.74	3 614.61	3 996.83	90.44

资料来源：《中国人口和就业统计年鉴》。

我国人口预期寿命的延长和人口生育水平的下降是导致我国城镇人口结构变化的原因。首先，我国人口预期寿命稳定上升，这主要受到生活水平和医疗水平的提高。根据国家统计局数据显示，2000年我国人口平均预期寿命为71.4岁，2015年增长到76.34岁。其中，在该时间段内男性平均预期寿命从69.63岁增长到73.64岁，女性更是从73.33岁增长到79.43岁。其次，我国人口增长表现为低出生率、低死亡率、低自然增长率。2001年以后，我国人口出生率始终在13‰以下，死亡率保持在7‰左右，人口生育水平和死亡水平长时间维持低位（表 4-5）。

表 4-5　2000—2016 年我国人口出生率、死亡率和自然增长率

单位：‰

年　份	出生率	人口死亡率	人口自然增长率
2000	14.03	6.45	7.58
2003	12.41	6.40	6.01
2006	12.09	6.81	5.28
2009	11.95	7.08	4.87
2012	12.10	7.15	4.95
2015	12.07	7.11	4.96
2016	12.95	7.09	5.86

资料来源：国家统计局。

根据以上分析可知，随着计划生育政策后续效应的逐步显现和全面开放生育政策的实施，未来城镇人口结构会发生变化，将对食物消费产生显著的影响，这直接关系到未来食物安全。

第四节　人口结构变化对城镇居民食物消费支出影响的实证分析

一、概念框架与模型设定

（一）概念框架

本部分设定如下的食物支出函数模型形式

$$E=f\ (Y,\ P,\ D,\ Z)\ +u \tag{4-1}$$

其中，E 为家庭食物支出；Y 为家庭收入；P 为价格变量，D 为表征家庭人口结构的综合变量；Z 为影响家庭食物消费的其他因素；u 为随机误差项。

（二）模型设定

本部分将表示家庭人口结构变量引入食物支出函数模型，得到如下具体的食物支出模型

$$\ln E=\beta_0+\beta_1\ln I+\beta_2\ (\ln I)^2+\beta_3\ln P+\beta_4 FAES+\beta_5 Z+\mu \tag{4-2}$$

其中，E 为家庭食物消费支出额；I 为家庭收入；P 为各类食物的价格，$FAES$ 为家庭人口年龄结构指数变量，Z 为其他影响因素，包括户主户口状况、家庭成员受教育水平、家庭中国营部门工作人口数量、家庭所处城镇规模、区域变量。在区域变量中，选取河北、河南、广东、四川、吉林和新疆为代表，其中新疆为参照组。β_0，…，β_5 为未知参数；μ 为随机误差。公式 4-2

运用最小二乘法进行估计。

表征家庭人口年龄结构的 $FAES$ 变量公式表示如下

$$FAES = c_1 \times VA + c_2 \times VB + c_3 \times VC + c_4 \times VD + c_5 \times VE + c_6 \times VF + c_7 \times VG + c_8 \times VH + c_9 \times VI + e_{11} \times VJ + e_{21} \times VK + e_{31} \times VL + e_{41} \times VM + e_{12} \times VN + e_{22} \times VO + e_{32} \times VP + e_{42} \times VQ \tag{4-3}$$

其中，由 VA，VB，…，VQ 是根据家庭人口的数量和年龄汇总计算出的人口结构变量，第二章详细介绍了这些变量获得的过程，各变量的公式整理在表 2-4 中。正如前文所述，如果把每个家庭成员的成人当量进行加总，则可获得表征家庭人口结构的家庭人口结构指数。在这里，设定 35～40 岁男性为参照标准消费人，其成人当量数值为 1，即变量 VC 的系数 $c_3=1$，那么 $FAES$ 表示为以 35～40 岁男性为参照标准消费人折算的家庭的当量数量，在一定程度上表征了家庭人口年龄结构。

二、数据说明

使用的数据来源于 2009 年国家统计局城镇住户调查数据。选取了代表华北、华南、华中、东北、西南和西北地区的河北（1 935 个）、广东（2 371 个）、河南（1 602 个）、吉林（1 222 个）、四川（2 246 个）和新疆（1 086 个）6 省份的 10 462 个城镇居民样本。国家统计局收集的城镇住户调查数据已在以往研究中广泛使用。

根据调查方案，城镇住户指城市市区和县城关镇区居民委员会行政管理区域内的住户，包括户口在本地区的常住非农业户，户口在本地区的常住农业户，户口在外地、居住在本地区半年以上的非农业户，户口在外地、居住在本地区半年以上的农业户。调查的样本家庭以每天记账的方式将其一整年的收入和支出情况进行记录。本书所用样本为其中随机抽选的 10 462 个城镇住户。

城镇家庭消费的食物包括十种主要的食物及其制品，以及其他食物。十种主要的食物及其制品包括谷物（大米、面粉、其他及制品）、油脂（动物油、植物油）、肉类（猪肉、牛肉、羊肉、其他肉及制品）、禽肉（鸡肉、鸭肉、其他禽类及制品）、蛋类（鲜蛋、蛋制品）、水产品（鱼、虾、其他水产品及制品）、奶制品（鲜乳品、奶粉、酸奶、其他奶制品）、蔬菜（鲜菜、干菜、菜制品）、水果（鲜果、鲜瓜、其他干鲜瓜果类及制品）、淀粉及薯类等（淀粉、薯类、干豆类及制品、糕点）。

（一）城镇样本家庭的食物消费支出分析

表 4-6 为 2009 年我国不同省份城镇居民样本家庭各类食物的平均消费支出情况。从食物消费总支出来看，广东省城镇家庭平均消费支出最多，为 9 755.370 元，河南省最少，为 4 589.695 元。

各类食物平均消费支出表现出一定的区域差异。具体来看，在粮食消费支出上，广东省粮食消费支出最多，为 1 248.980 元，河北省最少为 790.532 元。四川省城镇居民家庭食用油平均消费支出最多，为 487.546 元，吉林省最少，为 304.697 元。河北省蛋类平均消费支出最多，为 302.085 元。从样本数据来看，广东省城镇家庭肉类、禽类和水产品的平均消费支出远大于其他省份。在肉类消费支出上，广东省为 3 142.079 元，比排名次之的四川省高 920.926 元。在禽类消费支出上，广东省为 1 486.778 元，比排名次之的四川省高 739.724 元。在水产品消费支出上，广东省为 1 680.956 元，比排名次之的吉林省高 1 192.759 元。蔬菜、水果和奶类依然是广东省城镇样本家庭的平均消费支出最多。

表 4-6　2009 我国不同省份城镇居民家庭主要食物消费支出

单位：元、个

食物	总样本	河北	吉林	河南	广东	四川	新疆
粮食	965.744	790.532	911.019	949.049	1 248.980	861.731	960.875
大米	444.463	279.294	483.471	211.068	727.708	511.136	282.870
面粉	129.844	230.339	193.238	166.213	14.762	28.766	286.098
淀粉及薯类	85.363	64.467	56.511	105.970	94.551	91.082	92.773
干豆类	136.995	110.674	159.920	158.600	168.197	115.182	103.217
食用油	400.952	400.948	304.697	321.440	437.107	487.546	368.532
食用植物油	389.955	398.266	297.369	320.913	427.133	454.021	367.501
食用动物油	10.997	2.681	7.328	0.528	9.974	33.525	1.031
肉类	1 966.918	1 242.282	1 523.311	1 285.450	3 142.079	2 221.153	1 671.017
猪肉	1 260.362	686.104	822.706	724.959	2 331.551	1 663.143	394.141
牛肉	236.047	200.754	369.270	122.936	273.176	200.304	308.733
羊肉	165.758	162.009	123.215	128.651	63.658	31.697	775.212
禽类	675.523	274.422	296.113	355.708	1 486.778	747.054	369.780
鸡肉	391.787	126.522	181.697	168.952	940.260	382.241	251.837
鸭肉	92.308	21.140	27.538	20.121	184.972	177.828	19.310
蛋类	258.623	302.085	278.884	286.820	235.365	252.821	179.564
鲜蛋	239.076	282.395	253.317	267.420	217.311	233.084	163.970
水产品	658.075	392.136	488.197	237.328	1 680.956	390.565	263.780
鱼	429.314	199.455	294.860	149.124	1 114.966	294.680	184.979
虾	90.845	128.005	93.397	45.876	174.516	25.534	40.497
蔬菜	1 294.435	1 092.351	1 250.046	1 104.161	1 591.295	1 488.296	936.079
鲜菜	1 188.656	982.883	1 167.412	1 030.651	1 419.729	1 395.452	880.109
水果	876.735	678.799	1 016.609	719.672	1 132.067	783.843	938.371

（续）

食物	总样本	河北	吉林	河南	广东	四川	新疆
鲜果	572.204	423.437	714.824	397.723	808.792	545.249	473.396
鲜瓜	101.706	116.474	187.169	107.603	81.701	59.221	102.064
糕点	230.660	205.994	182.435	219.691	325.238	186.507	229.883
奶类	518.579	470.497	421.309	456.456	625.313	582.044	441.057
鲜乳品	264.451	260.788	180.515	257.793	230.806	344.782	282.565
奶粉	119.153	57.062	80.760	65.445	253.937	128.544	38.524
酸奶	79.397	117.709	100.372	78.060	60.628	60.157	70.271
食物总支出	6 522.346	4 945.779	5 817.404	4 589.695	9 755.370	6 846.953	5 245.763
样本量	10 462	1 935	1 222	1 602	2 371	2 246	1 086

资料来源：2009 年国家统计局城调队的城镇住户调查数据。

（二）城镇样本家庭的食物消费量特征分析

表 4-7 为 2009 年我国不同省份城镇样本家庭的主要食物消费量情况。食物消费表现出如下的特征。

首先，在主要食物消费总量上，总体样本家庭的食物平均消费量为 969.431 千克。其中，吉林省样本家庭食物平均消费量最多，为 1 000.321 千克，新疆维吾尔自治区最少，为 929.967 千克。

其次，从不同种类食物的消费量对比来看，总体样本家庭的蔬菜平均消费量最多，为 365.869 千克，粮食消费量次之，为 159.613 千克，剩下的食物消费量排序依次为肉类（73.793 千克）、奶类（58.102 千克）、油脂类（30.915 千克）、鲜蛋（30.890 千克）、水产品（30.536 千克）、淀粉及薯类（28.239 千克）、禽肉（26.003 千克）。从不同省份的食物消费量来看，样本家庭的各类食物平均消费量之间存在一定的差异，但是，蔬菜、粮食及水果平均消费量占据各省份食物平均消费量的前三。

最后，从各省份样本家庭的各类食物平均消费量特征来看，基本符合我国食物消费的地区特征和消费习惯。从粮食消费量来看，总样本家庭的大米平均消费量为 115.104 千克，面粉平均消费量为 44.509 千克。其中，广东省样本家庭的大米平均消费量最高，为 170.493 千克，河南省最少，为 57.150 千克；在面粉消费上，新疆维吾尔自治区样本家庭的面粉平均消费量最高，为 96.764 千克，广东省的最少，为 3.392 千克。从食用植物油消费量来看，总样本家庭的平均消费量为 30.069 千克，其中四川省的最高为 35.818 千克，河南省最少，为 24.105 千克。

表 4-7 2009 年我国不同省份城镇样本家庭的主要食物消费量情况

单位：千克、个

变量	总样本	河北	吉林	河南	广东	四川	新疆
粮食	159.613	160.240	193.026	121.503	173.885	146.727	172.607
大米	115.104	76.693	135.937	57.150	170.493	138.709	75.843
面粉	44.509	83.547	57.089	64.353	3.392	8.018	96.764
淀粉及薯类	28.239	24.370	23.016	36.617	21.936	31.592	35.473
油脂类	30.915	29.740	30.429	24.167	28.769	38.092	33.361
食用植物油	30.069	29.483	29.664	24.105	27.874	35.818	33.274
食用动物油	0.846	0.257	0.765	0.062	0.895	2.274	0.087
肉类	73.793	49.419	59.791	45.551	105.513	95.895	59.673
猪肉	60.426	36.146	43.229	36.854	96.023	88.075	22.908
牛肉	7.849	7.494	12.365	4.379	7.640	6.799	11.150
羊肉	5.518	5.779	4.197	4.318	1.850	1.021	25.615
禽肉	26.003	10.140	14.578	14.279	52.751	29.573	18.636
鸡肉	20.545	8.881	12.700	12.532	42.865	18.670	17.121
鸭肉	5.458	1.259	1.878	1.747	9.886	10.903	1.515
鲜蛋	30.890	42.133	38.586	40.100	21.673	24.380	22.197
水产品	30.536	21.485	28.175	14.544	65.441	21.264	15.888
鱼	27.698	17.156	25.323	12.878	60.321	20.564	14.549
虾	2.838	4.329	2.852	1.666	5.120	0.700	1.339
蔬菜	365.869	359.204	363.864	406.279	344.589	400.021	296.214
水果	151.540	153.593	185.259	173.847	130.341	122.712	182.938
鲜果	107.325	102.457	133.432	106.645	107.136	104.220	94.462
鲜瓜	44.215	51.136	51.827	67.202	23.205	18.492	88.476
糕点	13.930	15.547	14.775	16.288	13.112	12.234	11.913
奶类	58.102	77.095	48.820	57.639	33.843	61.626	81.068
鲜乳品	44.522	53.768	33.022	43.559	25.211	51.923	69.265
奶粉	1.397	1.231	1.239	0.921	2.132	1.524	0.703
酸奶	12.183	22.096	14.559	13.159	6.500	8.179	11.100
总消费量	969.431	942.966	1 000.321	950.815	991.852	984.116	929.967
样本量	10 462	1 935	1 222	1 602	2 371	2 246	1 086

资料来源：2009 年国家统计局城调队的城镇住户调查数据。

从肉类消费量来看，广东省样本家庭的平均消费量最大，为 105.513 千克，四川省样本家庭次之，为95.895千克，其余四省份平均消费量均低于60千克。从具体的肉类消费来看，广东省和四川省猪肉消费量相对较多，分别为96.023千克和88.075千克，新疆维吾尔自治区最少，为22.908千克。在牛肉消费量上，吉林省和新疆维吾尔自治区最多，分别为12.365千克和11.150千克。在羊肉消费量上，新疆维吾尔自治区为25.615千克，远大于其他各省份。在禽肉平均消费量上，广东省和四川省相对较多，分别为52.751千克和29.573千克，其余四省份平均消费量均低于20千克。从具体禽肉消费量上看，广东省鸡肉消费量最大，为42.865千克，四川省鸭肉消费量最大，为10.903千克。

在蛋类消费上，河北省和河南省样本家庭平均消费量相对较多，分别为42.133千克和40.100千克。在水产品平均消费量上，广东省最多，为65.441千克，远大于其他五省份。其中，鱼类平均消费量也是最多，为60.321千克。从蔬菜消费量来看，河南省样本家庭平均消费量最多，为406.279千克，广东省次之，为400.021千克，新疆维吾尔自治区最少，为296.214千克。从水果消费量来看，吉林省样本家庭平均消费量最多，为185.259千克，新疆维吾尔自治区次之，为182.938千克，四川省最少，为122.712千克。在奶类消费上，新疆维吾尔自治区最多，为81.068千克。

（三）不同类型家庭的食物消费支出分析

根据家庭生命周期理论，一个家庭的完整的生命周期包括形成、扩展、稳定、收缩、空巢与解体，处在不同阶段的家庭的食物消费因人口构成因素的不同而存在较大差异。表4-8为2009年我国不同类型城镇样本家庭的人均食物消费支出，其表现出如下特点：一是不同人口构成的家庭的食物消费支出之间存在差异；二是年龄为30～34岁的夫妇家庭的人均食物支出最大；年龄在40～64岁的夫妇家庭的人均食物支出随年龄的增加而表现出增长趋势；年龄在11岁及以下的男孩的食物支出小于同龄段的女孩，而12～21岁的男孩的食物支出水平高于同龄段的女孩。根据以上分析可知，在假设其他因素不变的情况下，人口结构变化是决定家庭食物消费的一个重要因素。那么，对于一个家庭或群体而言，其人口结构变化会带来该群体食物消费支出多大程度的变化呢？为了研究人口结构变化对食物消费的影响，有必要引入成人当量概念，将不同家庭的人口结构特征放入实证分析中。

表4-8　2009年我国不同类型城镇样本家庭的人均食物消费支出

单位：个、元

家庭类型	样本数	人均食物支出	家庭类型	样本数	人均食物支出
夫妇，24～29岁	50	2 988.71	夫妇，40～44岁	55	3 041.93

（续）

家庭类型	样本数	人均食物支出	家庭类型	样本数	人均食物支出
十男孩，6岁及以下	40	2 427.64	十男孩，17～21岁	158	2 579.63
十女孩，6岁及以下	36	2 735.24	十女孩，17～21岁	108	2 534.38
夫妇，30～34岁	54	3 864.11	夫妇，45～49岁	200	3 177.06
十男孩，7～11岁	63	2 338.27	夫妇，50～54岁	252	3 376.20
十女孩，7～11岁	55	2 355.54	夫妇，55～59岁	272	3 632.92
夫妇，35～39岁	34	3 818.55	夫妇，60～64岁	163	3 684.00
十男孩，12～16岁	143	2 533.23	夫妇，65～69岁	80	3 186.30
十女孩，12～16岁	112	2 318.35	夫妇，70岁以上	114	2 520.60

资料来源：2009年国家统计局城调队的城镇住户调查数据。

三、变量统计描述

从全部样本来看，城镇家庭平均可支配收入为44 435.270元（表4-9）。控制其他经济社会因素在估计食物支出弹性时至关重要。控制变量包括家庭特征和食物价格等。文化程度也许与人们选择消费何种食物具有密切关系，进而影响到食物支出，每个成员的受教育水平是分类计数变量，设定为八个类别，包括文盲、小学、初中、高中、职业技校、专科、本科、研究生。家庭成员的平均受教育水平的均值为4.708。在我国城镇，国营部门工作的人口收入相对稳定，因此，利用家庭中国营部门工作的人口比例反映家庭收入稳定性对家庭食物消费的影响。具有本地户口的居民在工作机会、社保等方面享有优惠，可能对家庭食物产生一定影响，因此加入户主是不是本地户口的虚拟变量，96.6%的户主户口是本地的家庭。

城镇化水平影响家庭食物购买的便利性，因此控制变量加入家庭是否在小城市的虚拟变量，有18.3%的样本家庭居住在小城市。食物价格影响家庭食物消费的购买，基于每个家庭消费的上述十种食物组的支出和数量，计算了主要食物的单位价值作为价格的替代变量，从统计上来看，肉类平均价格最高，为每千克22.941元，蔬菜平均价格最低，为每千克3.496元。从总样本的区域变量的描述来看，来自河南、河北、吉林、广东、四川和新疆的家庭数量占总样本的比重分别为15.3%、18.5%、11.7%、22.7%、21.5%和10.4%，各省份的样本数量比重均超过了10%，可见样本选取代表性较强。

表4-9　总样本的变量统计描述

单位：元、%、元/千克、个

变量	总样本	
	均值	标准差
家庭可支配收入	44 435.270	26 063.390

（续）

变量	总样本	
	均值	标准差
家庭成员教育水平	4.708	1.981
国营部门工作人口数量	0.771	0.850
户口（1＝本地户口，0＝其他）	0.966	0.182
小城市（1＝小城市，0＝其他）	0.183	0.386
价格变量		
谷物	4.195	1.110
肉类	22.941	3.675
禽类	19.195	4.523
蛋类	8.366	1.987
水产品	15.616	4.523
奶类	9.981	7.994
蔬菜	3.496	0.997
水果	6.244	2.639
区域变量		
河南（1＝是，0＝其他）	0.153	0.360
河北（1＝是，0＝其他）	0.185	0.388
广东（1＝是，0＝其他）	0.227	0.419
四川（1＝是，0＝其他）	0.215	0.411
吉林（1＝是，0＝其他）	0.117	0.321
新疆（1＝是，0＝其他，参照组）	0.104	0.420
样本量	10 462	

资料来源：2009年国家统计局城调队的城镇住户调查数据。

如表4-10所示，低收入组、中收入组、高收入组家庭呈现出如下一些特征。

首先，城镇样本家庭的可支配收入差距明显，高收入组的家庭可支配收入为68 417.63元，是中收入组的1.7倍，是低收入组家庭的2.8倍。

其次，从其他控制变量来看，相对于低收入组，高收入组家庭户主呈现出受教育较高的特点。具体来看，高收入组样本家庭中，有59.4%的家庭的户主教育水平为专科及以上，而低收入组家庭仅有23.2%的家庭户主受教育水平为专科及以上水平。在外就餐支出与家庭可支配收入之间呈正向关系，高收入组家庭在外就餐支出占食物总支出的比例为21.9%，是低收入组家庭的2倍。在高收入组家庭中，有22.1%家庭居住在小城市，而低收入组中居住在小城市的家庭反而相对较少，为15.7%。本地户口的家庭数量占比在高、中、低三个收入组中均保持较高的比例。在区域方面，广东省城镇样本中高收入家庭的比例较高，四川省城镇样本低收入家庭的比例相对较高。从统计数据来看，在广东省城镇样本中，有33.4%的家庭为高收入组，而新疆维吾尔自治区城镇样本中，仅有6.9%的家庭为高收入组。在四川省城镇样本中，有26.1%的家庭为低收入组，而吉林省有12.0%的家庭为低收入组。

表4-10　不同收入组的变量统计描述

单位：元、%、元/千克、个

变量	低收入组		中收入组		高收入组	
	均值	标准差	均值	标准差	均值	标准差
家庭可支配收入	24 311.020	9 605.842	40 582.920	12 261.88	68 417.630	28 292.250
家庭成员教育水平	4.782	2.057	4.807	1.980	4.534	1.894
国营部门工作人口数	0.492	0.707	0.875	0.866	0.947	0.895
户口（1=本地户口，0=其他）	0.978	0.146	0.970	0.172	0.950	0.218
小城市（1=小城市，0=其他）	0.157	0.363	0.171	0.376	0.221	0.415
价格变量						
谷物	3.888	0.779	4.053	0.953	4.644	1.365
肉类	22.219	3.700	22.790	3.503	23.815	3.640
禽类	18.522	4.482	18.820	4.372	20.244	4.527
蛋类	8.273	1.962	8.150	1.911	8.674	2.049
水产品	14.476	4.085	15.398	4.360	16.975	4.744
奶类	9.540	7.904	9.291	7.631	11.112	8.314
蔬菜	3.278	0.883	3.408	0.934	3.801	1.088
水果	5.739	2.465	5.959	2.457	7.035	2.796
区域变量						
河南（河南=1，其他=0）	0.146	0.353	0.168	0.374	0.145	0.353
河北（河北=1，其他=0）	0.169	0.375	0.219	0.414	0.167	0.373
广东（广东=1，其他=0）	0.171	0.377	0.175	0.380	0.334	0.472
四川（四川=1，其他=0）	0.261	0.439	0.202	0.401	0.182	0.386
吉林（吉林=1，其他=0）	0.120	0.325	0.127	0.333	0.104	0.305
新疆（新疆=1，其他=0）	0.134	0.411	0.109	0.396	0.069	0.424
样本量	3 488		3 487		3 487	

资料来源：2009年国家统计局城调队的城镇住户调查数据。

在工具变量方面，样本家庭中工作人口比例、家庭耐用品支出和其他房产数量在三个收入组样本之间也表现出较为明显的差异。总体样本中由人口数量和年龄汇总计算获得的人口结构变量 *VA*，*VB*，…，*VQ* 的统计描述整理在表 4-11 中，每个综合变量的公式详见第二章中的表 2-4。从统计描述来看，这些变量的均值范围为 0.101～0.607，其中 *VQ* 的均值为 0.101，*VG* 的均值为 0.607。

表 4-11 公式 4-3 表示的 *FAES* 中由人口数量和年龄汇总组成的变量的统计描述

变量	均值	标准差	最小值	最大值	变量	均值	标准差	最小值	最大值
VA	0.219	0.341	0	2.006	*VJ*	0.378	0.786	0	5.024
VB	0.341	0.441	0	3.000	*VK*	0.224	0.540	0	3.811
VC	0.557	0.412	0	2.987	*VL*	0.581	0.836	0	3.004
VD	0.388	0.409	0	2.000	*VM*	0.102	0.335	0	1.470
VE	0.104	0.285	0	2.352	*VN*	0.331	0.745	0	5.003
VF	0.335	0.439	0	3.453	*VO*	0.279	0.592	0	5.089
VG	0.607	0.396	0	3.000	*VP*	0.588	0.834	0	4.320
VH	0.396	0.412	0	2.000	*VQ*	0.101	0.332	0	1.470
VI	0.104	0.286	0	2.000					

资料来源：2009 年国家统计局城调队的城镇住户调查数据。

四、总体样本估计结果分析

（一）参数估计结果分析

表 4-12 为总体样本的食物支出模型估计结果。模型 2 和模型 4 加入了家庭可支配收入对数的平方项，模型 3 和模型 4 加入了家庭人口结构变量。从模型 4 的收入对数平方项的参数结果来看，该变量估计显著，显著性水平为 1%，表明应该在模型中加入收入对数平方项。对模型 4 进行了多重共线性检验，结果表明除了收入对数与收入对数平方项之外，其余变量的 VIF 值均小于 5，模型不存在严重的多重共线性问题。

从模型 3 和模型 4 的参数估计结果对比来看，除了家庭收入及其平方项之外，其他变量的系数估计值和显著性相差不大，这也表明模型估计比较稳健。从模型 4 的估计结果来看，在 17 个年龄结构变量参数估计中，有 14 个参数显著性水平在 10%以下，模型中其他变量的参数全部在 10%以下水平，表明模型估计较好。以下主要基于模型 4 的结果进行分析。

从模型 4 的估计结果可以看出，家庭中在国营部门工作的成员数量对家庭内食物支出有显著负向影响。户籍变量的参数估计显著，且为正，表明与无户籍的家庭相比，有户籍的家庭在家庭内食物支出上相对较多。城市规模变量参数估计显著，且为正，表明与大城市的家庭相比，居住在小城市的家庭食物支出相对较多。家庭成员的教育水平变量参数估计不显著。模型中放入了由单位价值表示的主要食物的价格以控制价格因素，估计结果显示主要食物价格的参数估计均在1%水平以下显著，表明食物价格对家庭食物支出均有显著影响。从区域变量估计结果来看，河南省和河北省变量参数估计显著为负，而广东省和四川省变量参数估计显著为正，表明在家庭食物支出上，这些省份与新疆维吾尔自治区相比存在显著差异。

表 4-12　总体样本的食物支出模型估计结果

变　量	模型1	模型2	模型3	模型4
家庭可支配收入对数	0.343***	2.547***	0.294***	2.666***
	(0.007)	(0.147)	(0.007)	(0.141)
家庭可支配收入对数平方		−0.106***		−0.114***
		(0.007)		(0.007)
家庭成员教育水平	0.010***	0.009***	0.000	−0.001
	(0.002)	(0.002)	(0.002)	(0.002)
国营部门工作人口数	−0.025***	−0.025***	−0.015***	−0.014***
	(0.005)	(0.004)	(0.005)	(0.004)
户口	0.095***	0.094***	0.066***	0.064***
	(0.020)	(0.020)	(0.019)	(0.019)
小城市	0.040***	0.045***	0.042***	0.047***
	(0.010)	(0.010)	(0.009)	(0.009)
各类食物价格	有	有	有	有
区域变量	有	有	有	有
人口结构变量				
VA			0.166***	0.170***
			(0.024)	(0.024)
VB			0.106***	0.104***
			(0.010)	(0.010)
VC			0.121***	0.123***
			(0.014)	(0.014)
VD			0.152***	0.145***
			(0.015)	(0.015)
VE			0.092***	0.096***
			(0.016)	(0.016)

（续）

变　量	模型 1	模型 2	模型 3	模型 4
VF			0.082***	0.083***
			(0.010)	(0.009)
VG			0.111***	0.119***
			(0.015)	(0.015)
VH			0.170***	0.183***
			(0.016)	(0.015)
VI			0.095***	0.105***
			(0.014)	(0.014)
VJ			−0.026***	−0.027***
			(0.009)	(0.009)
VK			−0.012	−0.009
			(0.008)	(0.008)
VL			0.007	0.005
			(0.006)	(0.006)
VM			0.032***	0.031**
			(0.012)	(0.012)
VN			−0.026***	−0.026***
			(0.009)	(0.009)
VO			−0.028***	−0.025***
			(0.007)	(0.007)
VP			−0.018***	−0.015**
			(0.006)	(0.006)
VQ			0.017	0.015
			(0.013)	(0.012)
常数项	4.134***	−7.365***	4.279***	−8.099***
	(0.116)	(0.772)	(0.113)	(0.746)
样本量	10 462	10 462	10 462	10 462
调整后的判定系数	0.456	0.468	0.496	0.509

注：***、**、*分别表示1%、5%、10%的显著性水平。

（二）弹性结果分析

最重要的结果是，根据表 4-12 的模型 4 中人口结构变量的参数估计结果，结合公式 4-3 计算了家庭人口当量对家庭食物支出的弹性为 0.066，且显著性水平为1%，表明家庭人口当量对家庭食物支出有正向影响，家庭人口当量变动10%，家庭食物支出变化0.66%。这也表明对一个家庭而言，其年龄和性别结构会影响该家庭的食物消费支出水平，食物消费分析需要考虑人口结构这一重要因素。

基于模型4的参数估计结果，计算了家庭食物消费支出对家庭可支配收入的弹性，为0.269，显著性水平为1%，表明家庭可支配收入每增加1%，其家庭食物消费支出增加0.269%。没有考虑家庭人口结构因素的模型2的收入弹性为0.321，显著性水平为1%。对比模型2和模型4的收入弹性结果，可以看出，如果考虑人口结构因素，食物消费的收入弹性会从0.321下降到0.269，这表明未考虑人口结构因素作用下的食物消费分析往往夸大收入对食物消费的影响。

（三）不同年龄段人口食物支出成人当量差异结果分析

根据表4-12的模型4中人口结构变量的参数估计结果，对人口结构变量进行一系列的F检验，结果报告在表4-13。第一，人口结构变量参数联合显著。第二，男性和女性的人口结构变量参数分别联合显著。第三，根据当量表2-3和公式4-3我们知道变量*VB*、*VC*、*VD*、*VE*分别对应的参数估计值是17～22岁、35～40岁、55～60岁、大于70岁男性的食物支出成人当量水平，变量*VF*、*VG*、*VH*、*VI*分别对应的参数估计值是17～22岁、35～40岁、55～60岁、大于70岁女性的食物支出成人当量水平，因此，我们做了表4-13的假设检验，检验相同年龄段上的食物支出是否存在性别差异，从结果来看，四个年龄段的男性与女性的食物支出成人当量水平存在差异。

表4-13 关于不同年龄段人口食物支出成人当量差异的假设检验

原假设	F-Value
人口结构变量参数是否联合显著：$VA=VC=\cdots=VP=VQ$	52.24***
男性的人口结构变量是否联合显著：$VB=VC=VD=VE=VJ=VK=VL=VM$	39.21***
女性的人口结构变量是否联合显著：$VF=VG=VH=VI=VN=VO=VP=VQ$	35.50***
17～22岁，男性与女性之间的是否存在差异：$VB=VF$	75.34***
35～40岁，男性与女性之间的是否存在差异：$VC=VG$	113.31***
55～60岁，男性与女性之间的是否存在差异：$VD=VH$	266.95***
大于70岁，男性与女性之间的是否存在差异：$VE=VI$	81.95***

注：***、**、*分别表示1%、5%、10%的显著性水平。

（四）个人生命周期上的食物支出成人当量测算结果

将表4-12中模型4的人口结构变量的参数估计结果代入表2-3的成人当量公式，测算出城镇居民个人生命周期上的食物支出成人当量变化趋势，结果展示在图4-6中。

男性与女性之间的食物支出当量存在差异。从图 4-6 中可以看出，在 50 岁之前男性家庭食物支出当量高于女性，50～62 岁，女性家庭食物支出当量高于男性。从整体上看，随着年龄的增加，家庭内食物支出当量呈上升趋势。

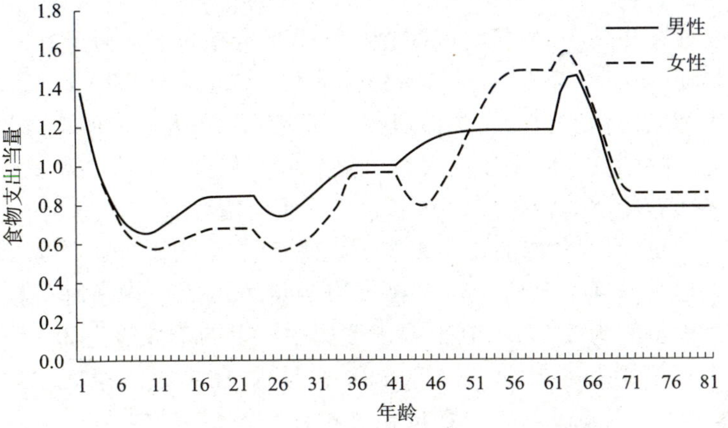

注：设定家庭 35～40 岁男性的尺度值为 1，并作为参照标准人。

图 4-6 不同年龄人口的家庭食物支出成人当量变化

值得关注的是，随着年龄的增长，60 岁以上老年人的食物支出当量先增后减，特别是 65 岁以后下降趋势明显，这与 Could（2002）测算的不同人口的食物支出当量演变图类似。可能的原因是随着年龄的增大，60 岁以上的老人可能偏好质量较高、较安全的食物，所以增加了食物支出。然而，随着年龄的进一步增加，65 岁以上老年人的食物支出将迅速下降到很低的水平，这暗示着我国城镇居民家庭在进入老龄社会后，食物消费结构会出现较大转变，老龄化会推动社会食物消费的减少。测算的儿童食物支出成人当量水平相对较高，可能的原因是家庭对孩子的营养和健康比较重视，倾向于购买价值较高的食品，进而增加了该年龄段人群的食物支出，这符合我国家庭发展的现状。

本书研究测算的个人食物支出成人当量结果是根据家庭实际发生的食物消费数据测算获得，这与依据营养标准而获得的当量结果可能存在差异，例如利用不同年龄人口日人均热量消耗量测算获得的不同人口当量水平。为了增加本书研究测算的当量结果的可信性，对过去的一些研究结果进行对比分析。Sabates 等（2001）实证估计了墨西哥、巴西、阿根廷三个国家居民的食物消费支出当量水平，研究结果表明表征家庭人口结构的家庭人口当量规模对食物消费的影响在不同国家间存在差异，但影响都是正向的。从测算的个人生命周期上的食物成人当量结果来看，第一，随着年龄的增长，三个国家中个人的食物消费支出当量总体上呈现递增趋势，这与本书研究的测算结果基本保持一致。第二，从一些特定年龄区间的变化来看，巴西、阿根廷的男性和女性食物支出当量均在22～30岁的年龄段出现先下降后上升的趋势，这与本书研究测算的当量变动趋势保持一致。第三，在46～56岁年龄区间上，巴西、墨西哥男性和女性的食物支出当量出现先下降后上升的变动趋势，而本书研究测算的结果显示女性在41～50岁年龄区间食物支出当量有先下降后上升的变动过程。此外，Demoussis等（2001）对希腊奶酪消费、Gould和Villarreal（2002）对墨西哥牛肉和猪肉消费也做了类似研究，研究结果一方面表明成人当量表示的家庭结构与食物消费之间呈正向关系，另一方面测算的个人在生命周期上的成人当量水平随着年龄的变化出现一定的上下波动趋势。

如表4-14所示，食物消费支出当量与人口数量表示的平均家庭规模之间存在差异。在全部样本家庭中，食物支出当量表示的平均家庭规模为2.944，而人口数量表示的为3.052；在低收入家庭中以上两个数值为3.154和3.343，在中等收入家庭中两个数值为2.950和3.054，在高收入家庭中两个数值为2.729和2.760。可见，与人口数量相比，食物消费支出当量表示的家庭规模相对偏低，同时随着家庭收入的增加，两者之间的差距逐渐减小。两个标准表示的家庭规模出现差异的原因是以食物支出当量表示的家庭规模考虑到了家庭成员性别年龄结构的差异，而家庭人口总数背后的假设是每个家庭成员是无差别的。鉴于这种优势，人口成人当量具有重要的现实意义，可以应用到家庭间福利比较、个人所得税制定、贫困线制定、消费需求预测等领域。

表4-14　不同标准表示的平均家庭规模

	全部家庭	低收入家庭	中等收入家庭	高收入家庭
食物当量表示的平均家庭规模	2.944	3.154	2.950	2.729
人口数量表示的平均家庭规模	3.052	3.343	3.054	2.760

五、不同收入组样本结果分析

为了清楚直观地观察家庭食物消费支出与家庭收入之间的关系，运用局部加权散点平滑估计（lowess）方法估计了家庭内食物支出与家庭可支配收入之间的关系（图4-7）。横轴为家庭可支配收入，纵轴为家庭内食物消费支出。从非线性估计曲线的结果来看，开始时家庭内食物支出随家庭收入增长而上升的速度较快，超过一定收入水平后上升的趋势变得缓慢。可见，家庭内食物支出与家庭可支配收入之间的关系并不是简单的线性关系。

尽管非参数估计能够识别家庭内食物支出与家庭收入之间的关系，但是非参数估计未能考虑控制变量的影响，而且不能量化收入变化对食物支出的影响。因此，有必要将样本按收入水平进行分组，分别估计各收入组的食物支出

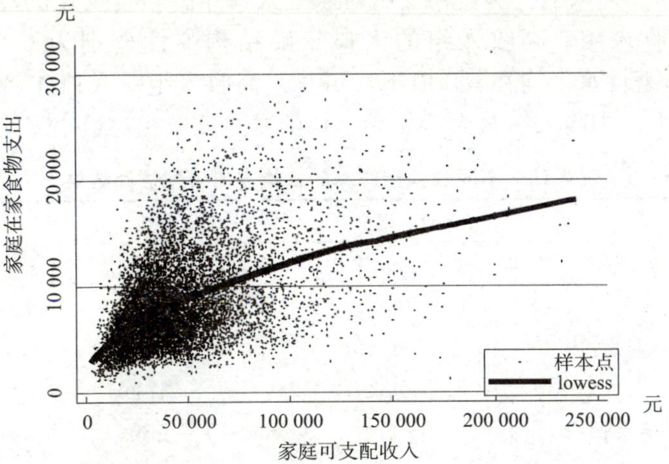

图 4-7　食物消费支出与可支配收入关系

的收入弹性，进一步研究家庭内食物支出与家庭收入之间的关系。

表 4-15 为不同收入组样本的食物支出模型估计结果。从低收入组、中收入组、高收入组分别对应的加入收入对数平方项的模型估计结果来看，收入对数平方项均估计显著，显著性水平为 1%，表明三个收入组对应的食物支出模型中应该加入收入对数平方项。对加入收入平方项的模型行多重共线性检验，结果表明除了收入对数与收入对数平方项之外，其余变量的 VIF 值均小于 5，模型不存在严重的多重共线性问题。

从三个收入组中加入与不加入收入平方项的模型参数估计结果对比来看，除了家庭收入及其平方项之外，其他变量的系数估计值和显著性相差不大，这也表明模型估计比较稳健。以下主要基于三个收入组的加入收入对数平方项的模型结果进行分析。

家庭中在国营部门工作的成员数量对高收入组家庭内食物支出有显著负向影响。户口变量在中收入组和高收入组中估计显著为正，表明与无户籍的中收入和高收入家庭相比，有户籍的中收入和高收入家庭在家庭内食物支出上相对较多。城市规模变量在中收入组和高收入组中估计显著为正，表明与大城市的中收入和高收入家庭相比，居住在小城市的中收入和高收入家庭的在家食物支出相对较多。在低收入组、中收入组、高收入组分别对应的加入收入对数平方项的模型估计结果中，绝大部分食物价格变量、区域变量、年龄结构变量估计显著，表明这些因素对家庭食物支出有显著影响。

从食物支出的收入弹性结果来看，收入弹性随收入水平的增加而减少，低收入组、中收入组、高收入组的收入弹性分别为 0.411、0.307、0.098，且显著性水平均在5%以下。从食物支出对家庭人口年龄结构变化的反应来看，低收入组、中收入组、高收入组的人口年龄结构弹性分别为0.046、0.025、0.113，且显著性水平均在5%以下，可见，高收入组对人口年龄结构的变化反应相对最大，中收入组对人口年龄结构的变化反应相对最小（表4-16）。

表4-15 不同收入组样本的食物支出模型估计结果

变量	低收入组		中收入组		高收入组	
家庭可支配收入对数	0.527***	2.142***	0.362***	3.396***	0.048**	2.078***
	(0.017)	(0.411)	(0.038)	(0.842)	(0.022)	(0.617)
家庭可支配收入对数平方		−0.083***		−0.146***		−0.091***
		(0.021)		(0.040)		(0.028)
家庭成员教育水平	−0.004	−0.004	−0.002	−0.002	0.002	0.001
	(0.003)	(0.003)	(0.003)	(0.003)	(0.004)	(0.004)
国营部门工作人口数量	−0.016*	−0.014	−0.012	−0.011	−0.011	−0.013*
	(0.009)	(0.009)	(0.007)	(0.007)	(0.008)	(0.008)
户口	0.048	0.050	0.089***	0.086***	0.071**	0.069**
	(0.040)	(0.040)	(0.033)	(0.033)	(0.028)	(0.028)
小城市	0.014	0.017	0.061***	0.061***	0.058***	0.057***
	(0.018)	(0.018)	(0.016)	(0.016)	(0.015)	(0.015)
各类食物价格	有	有	有	有	有	有
区域变量	有	有	有	有	有	有
人口结构变量						
VA	0.106***	0.119***	0.176***	0.200***	0.210***	0.211***
	(0.039)	(0.039)	(0.042)	(0.042)	(0.047)	(0.047)
VB	0.063***	0.070***	0.051**	0.065***	0.173***	0.167***
	(0.016)	(0.016)	(0.020)	(0.020)	(0.021)	(0.021)
VC	0.069***	0.077***	0.045*	0.055**	0.242***	0.230***
	(0.023)	(0.023)	(0.027)	(0.027)	(0.027)	(0.028)
VD	0.094***	0.100***	0.125***	0.131***	0.248***	0.233***
	(0.025)	(0.025)	(0.029)	(0.029)	(0.030)	(0.030)
VE	0.008	0.024	0.111***	0.131***	0.159***	0.155***
	(0.025)	(0.026)	(0.029)	(0.030)	(0.031)	(0.031)
VF	0.028*	0.037**	0.043**	0.056***	0.161***	0.157***
	(0.015)	(0.015)	(0.020)	(0.020)	(0.021)	(0.021)
VG	0.018	0.033	0.142***	0.163***	0.144***	0.152***

（续）

变　量	低收入组		中收入组		高收入组	
	(0.024)	(0.024)	(0.027)	(0.028)	(0.029)	(0.029)
VH	0.098***	0.118***	0.153***	0.186***	0.221***	0.233***
	(0.025)	(0.026)	(0.027)	(0.029)	(0.030)	(0.030)
VI	0.050**	0.064***	0.103***	0.127***	0.109***	0.114***
	(0.022)	(0.022)	(0.026)	(0.027)	(0.031)	(0.031)
VJ	−0.021	−0.021	−0.030**	−0.031**	−0.035**	−0.036**
	(0.014)	(0.014)	(0.015)	(0.015)	(0.018)	(0.018)
VK	−0.026**	−0.026**	0.002	0.001	−0.013	−0.010
	(0.013)	(0.013)	(0.013)	(0.013)	(0.015)	(0.015)
VL	0.001	0.001	0.011	0.011	0.002	0.001
	(0.010)	(0.010)	(0.010)	(0.010)	(0.011)	(0.011)
VM	−0.006	−0.004	0.051***	0.053***	0.036*	0.038*
	(0.022)	(0.022)	(0.019)	(0.019)	(0.021)	(0.021)
VN	−0.014	−0.015	−0.038**	−0.039***	−0.037**	−0.038**
	(0.014)	(0.014)	(0.015)	(0.015)	(0.018)	(0.018)
VO	−0.022*	−0.021*	−0.049***	−0.047***	−0.018	−0.017
	(0.012)	(0.012)	(0.012)	(0.012)	(0.013)	(0.013)
VP	−0.007	−0.007	−0.013	−0.012	−0.025**	−0.023**
	(0.010)	(0.010)	(0.010)	(0.010)	(0.011)	(0.011)
VQ	0.036*	0.038*	0.001	0.000	0.014	0.012
	(0.021)	(0.021)	(0.021)	(0.021)	(0.022)	(0.022)
常数项	2.509***	−5.397***	3.401***	−12.402***	6.367***	−4.899
	(0.222)	(2.022)	(0.397)	(4.402)	(0.274)	(3.432)
样本量	3 488	3 488	3 487	3 487	3 487	3 487
调整后的判定系数	0.482	0.484	0.472	0.474	0.495	0.497

注：***、**、* 分别表示1%、5%、10%的显著性水平。

表 4-16　总体样本及不同收入组样本的食物支出弹性结果

变　量	总样本	低收入组	中收入组	高收入组
家庭收入	0.256***	0.411***	0.307***	0.098**
家庭人口结构指数	0.066***	0.046***	0.025	0.113***

注：***、**、* 分别表示1%、5%、10%的显著性水平。

第五节 小　结

随着经济的发展和城镇化的加快，城镇居民食物消费和营养摄入在全国食物与营养发展中的地位和作用更加凸显，城镇居民消费支出的群体大、层次多、变化快、导向强等特点进一步显现。本部分以城镇居民食物支出为研究对象，估计了收入、家庭人口结构等因素对食物支出的影响，测算了个人的食物支出成人当量，进一步将样本均等划分，分析了收入、家庭人口结构等因素对家庭食物消费支出影响的收入差异。主要结论如下。

家庭人口结构对食物支出有显著影响。表征人口年龄结构的家庭人口结构指数对食物支出的弹性为0.066，显著性水平为1%，意味着对一个家庭而言，其性别年龄结构会影响该家庭食物消费支出水平，食物消费分析需要考虑人口结构这一重要因素。

未考虑人口结构因素作用下的食物消费分析往往夸大收入对食物消费的影响。从收入弹性来看，未考虑人口结构因素模型的收入弹性为0.321，考虑了人口结构因素估计的收入弹性为0.269，表明如果忽略了人口结构因素，收入弹性估计将出现偏差。

从不同收入组样本的结果来看，食物支出的收入弹性随收入水平的增加而减少，低收入组、中收入组、高收入组的收入弹性分别为0.411、0.307、0.098，且显著性水平均在5%以下。从食物支出对家庭人口年龄结构变化的反应来看，高收入组对人口年龄结构的变化反应相对较大，中收入组对人口年龄结构的变化反应相对较小。

以上研究结果可以得到如下启示：一是收入是影响家庭食物需求的重要因素。二是人口结构差异导致的消费异质性显著影响家庭食物消费水平，食物需求分析和预测应该考虑人口结构这一重要因素。三是通过引入成人当量概念和变量，可以容易而方便地将人口年龄结构引入消费函数，从而建立一个可以反映人口年龄结构影响的消费函数，这有助于丰富和改善人口结构对消费影响的研究。

第五章 人口结构变化对城镇居民营养摄入量的影响分析

上一章以食物支出为研究对象，对人口结构变化对城镇居民食物支出的影响进行了实证研究，并测算了不同人口的食物支出成人当量水平。个体食物消费支出的差异反映了不同个体之间在食物成本上的差异，能够反映出经济因素对不同个体食物消费的影响，对个体食物消费的现实性和异质性反映较强。营养摄入量是根据食物消费数量计算获得的，不同个体营养摄入量的差异更多的是反映了个体之间生理上对食物需求的差异。接下来，本书将以营养摄入量为研究对象开展城镇居民营养摄入量的实证研究，一方面度量人口结构变化对居民营养摄入量的影响，另一方面测算出以能量需求为基准的不同人口的能量需求成人当量水平，便于应用到未来人口当量规模的变动模拟中，与利用食物支出成人当量进行的模拟进行对比分析。

进入21世纪，我国居民面临着营养不足与营养过剩的双重挑战。一方面，伴随经济增长和人均收入的提高，我国居民营养过剩问题日益显现。《中国居民营养与慢性病状况报告（2015年）》显示，2014年我国成人和儿童青少年的肥胖率分别为11.9%和6.4%，与2002年相比分别上升了4.8%和4.3%。另一方面，城镇化与工业化导致农民工大量流入城市，由于他们面临着低收入和无社会保障的社会问题，极易成为城市贫困人口，其营养状况越来越容易受到营养不足问题的冲击。2014年国务院发布《中国食物与营养发展纲要（2014—2020年）》，其核心在于保障食物有效供给，强化居民营养改善，这也表明经济新常态下关注营养摄入已成为一个关系到子孙后代的重要战略性问题。

营养需求的收入弹性问题是学界关注的焦点问题。营养弹性的大小可以用来解释以消除贫困和营养不足为目标的收入政策的有效性。如果营养需求具有收入弹性，表明实施收入补贴政策有助于改善营养状况，反之收入的提高对营养需求的改善作用有限。然而，营养需求是否具有收入弹性仍然不能达成一致。

一种观点认为，营养需求的收入弹性远大于零，营养需求与收入之间呈显著正向关系。另外一种观点认为，营养需求与收入之间具有很小的关系，营养需求的收入弹性接近于零。也有研究表明，营养需求与收入之间可能是一种非线性关系，收入对营养需求的影响可能因收入水平的不同而存在差异，低收入水平家庭的营养需求可能具有收入弹性，高收入家庭的营养需求可能对收入的变化不再敏感。

从文献总结来看，营养需求的收入弹性问题仍然不能达成一致，营养需求与收入之间的关系仍然存在不确定性。研究结果出现差异的原因有估计方法的不同、研究对象的差异以及使用数据的差异等。从研究结果的差异性和政策含义的重要性来看，未来营养需求与收入之间的关系仍是一个重要议题。

营养摄入来自食物消费，收入和食物价格是影响能量摄入的两大因素，人口结构也是影响能量摄入的重要因素。对于不同年龄和性别的人口，其每天用于维持生命代谢和从事体力活动的热量消耗存在显著差异。因此，如果在收入、价格等经济因素一定的情况下，家庭人口年龄结构的变化将导致膳食能量摄入的变化，进而对食物消费产生影响。我国目前处于人口年龄结构的转型期，“少子化”和“老龄化”的问题逐步显现。第六次人口普查数据显示，我国 0～14 岁少儿人口数占总人口数的比重为 16.60%，已经步入“少子化”社会；而 60 岁及以上人口总数所占比重为 13.26%，“老龄化”进一步加深。“少子化”和“老龄化”并存的人口结构新特征将对我国食物消费产生长期而又深远的影响。

在此背景下，本书首先分析城镇居民营养摄入现状，然后以六省份城镇居民家庭为样本数据，开展收入、人口结构等因素对城镇居民营养摄入的影响研究。实证部分的具体思路为：首先，以样本家庭能量总摄入量为研究对象，通过能量需求方程估计收入、人口结构等因素对城镇居民能量摄入的影响；其次，测算不同标准下的个人和家庭能量成人当量，并借助营养方程估计收入弹性，进一步对弹性结果对比分析；再次，估计不同收入组样本的能量需求弹性；最后，估计总体及不同收入组样本的蛋白质、脂肪、碳水化合物需求弹性。

第一节　城镇居民营养摄入量现状

本节通过营养转化系数将食物消费数据转化为营养数据，从营养角度评价城镇居民食物消费，主要分析能量、主要营养素的摄入变化、主要营养素的供能比例变化以及营养摄入的动植物来源结构。

一、营养数据说明

本部分利用国家统计局的全国城镇居民主要食物的消费量和支出，以及在外食物支出数据，计算了 1992—2012 年城镇居民人均日营养摄入量。在这里将食物消费数据转化为营养需求数据，需要用到食物消费支出数据以及在外就餐支出数据，国家统计局公布的城镇居民在外就餐支出和各具体食物种类消费支出数据截至 2012 年，因此本部分计算了 1992—2012 年的城镇居民营养摄入数据。表 5-1、表 5-2、图 5-1、图 5-2、图 5-3 的数据都是源于国家统计局城镇居民主要食物消费数据。

营养数据获得过程如下：首先，确定在家消费的十种主要食物组，分别为谷物（大米、面粉）、油脂（动物油、植物油）、肉类（猪肉、牛肉、羊肉）、禽肉（鸡肉、鸭肉）、蛋类（鸡蛋、鸭蛋）、水产品（鱼、虾）、奶制品（鲜乳品、奶粉、酸奶）、蔬菜（鲜菜）、水果（鲜果、鲜瓜）、薯类（淀粉、薯类）。进一步设定来自在家十种食物消费的第 k 类营养成分需求量 $IN_k = \sum_{i=1}^{10} a_{ki} \times Q_i$ 。其中，Q_i 表示第 i 种食物的消费量，$i=1$，…，10；a_{ki} 表示第 i 种食物中包含的第 k 类营养成分含量，该数据来自中国疾病预防控制中心营养与食品安全所提供的中国食物营养成分表，以及李哲敏（2007）的研究结果。

其次，计算来自在家十种食物消费的第 k 类营养成分需求量占十种食物组总支出的比例 R_k。该比例用于计算来自其他食物消费的营养成分需求量，即在外食物支出和未包含在十种食物组中的其他在家食物支出中的第 k 类营养成分需求量 ON_k。由于在外就餐支出包括消费的食物数量费用和食品加工服务费用，为此将借鉴 Zheng 和 Hennerberry（2012）的处理方式，假设在外食物支出的 50%花费在食物消费数量上。那么，家庭第 k 类营养成分需求量表示为 $TN_k = IN_k + ON_k$。

二、城镇居民营养摄入量变化

如表 5-1 所示，本书计算的 2012 年城镇居民的日人均能量、蛋白质、脂肪和碳水化合物摄入量分别为 2 168.752 千卡/天，71.442 克/天，79.561 克/天，314.084 克/天，这与《中国居民营养与慢性病状况报告（2015 年）》公布的 2012 年居民每人每天平均能量摄入量为 2 172 千卡，蛋白质摄入量为 65 克，脂肪摄入量为 80 克，碳水化合物摄入量为 301 克基本相同。因此，本书计算的 1992—2012 城镇居民人均日营养摄入量合理，具有较高的准确性，与全国居民的人均日营养摄入量基本相同。

从能量摄入来看，1992—1997 年城镇居民能量人均日摄入量呈递减态势，1992 年为 2 173.78 千卡/天，1997 年下降到 1 912.69 千卡/天，此后开始增加，2003 年增加到 2 146.26 千卡/天。近年，能量人均日摄入基本保持相对稳定。

表 5-1　1992—2012 年我国城镇居民营养年人均日摄入量

单位：千卡/天、克/天

年份	能量	蛋白质	脂肪	碳水化合物
1992	2 173.784	65.638	59.082	371.295
1995	1 955.960	58.628	57.338	324.504
2000	2 012.046	62.497	65.932	314.598
2005	2 145.591	68.555	78.520	313.606
2006	2 175.183	69.251	79.895	317.457
2007	2 160.952	69.673	77.463	319.032
2008	1 969.054	62.049	78.342	273.821
2009	2 234.877	71.218	81.309	328.006
2010	2 184.915	71.739	77.674	322.742
2011	2 175.769	71.084	79.126	317.475
2012	2 168.752	71.442	79.561	314.084
2020 年营养目标①	2 200～2 300	78	80	
RNI：18～50 岁男性②	2 250～3 000	65		
RNI：18～50 岁女性②	1 800～2 100	55		

注：①2014 年发布的《中国食物与营养发展纲要（2014—2020 年）》营养素摄入量目标。

②《中国居民膳食营养素参考摄入量（2013 版）》提供的 18～50 岁男性和女性从轻度到重度活动水平的推荐摄入范围（RNI）。

三大主要供能营养素人均日摄入量呈现不同的趋势。从总体上看，蛋白质和脂肪摄入量呈现递增态势，且脂肪摄入量显著增加。如图 5-1 所示，1992 年蛋白质人均日摄入量为 65.64 克，2012 年增加到 71.44 克，增加了 4.8 克。1992 年脂肪人均日摄入量为 59.08 克，2012 年增加到 79.56 克，增加了 20.48 克。碳水化合物 1992 年为 371.3 克，1997 年下降到 311.09 克，此后碳水化合物人均日摄入量基本保持相对稳定。

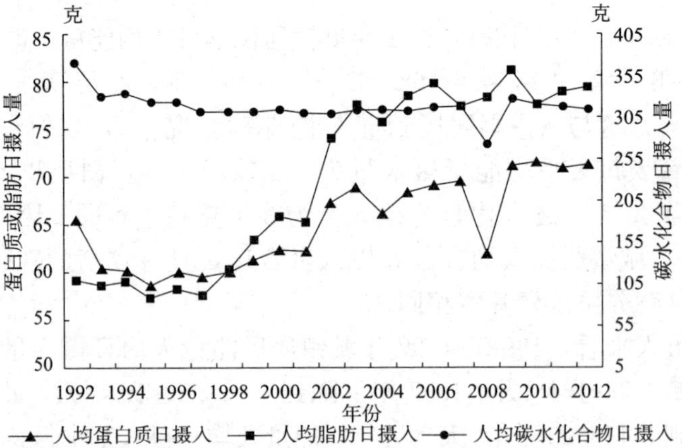

图 5-1　1992—2012 年我国城镇居民主要供能营养素人均日摄入量变化

2014年国务院发布《中国食物与营养发展纲要（2014—2020年）》（以下简称《纲要》），提出了2020年我国居民营养摄入量目标。由于党的十六大提出了到2020年我国要基本全面建成小康社会的宏伟目标，因此把《纲要》提出的营养目标作为我国居民达到全面建成小康社会时所应有的营养摄取标准。对比这个标准，2012年城镇居民家庭的能量摄入为2 168.752千卡/天，未达到能量摄入标准；蛋白质摄入量为71.442克/天，未达到蛋白质摄入标准；脂肪摄入已达标且存在摄入过量风险。

对比推荐摄入量，城镇居民家庭能量摄入低于男性能量推荐摄入范围，而高于女性能量推荐摄入范围，而蛋白质摄入高于男女推荐摄入量。可见，城镇居民家庭的营养摄入水平尚需进一步改善，有必要保障充足的能量摄入和提高优质蛋白质摄入，同时控制脂肪的过多摄入。

三、城镇居民蛋白质、脂肪和碳水化合物供能比变化

蛋白质、脂肪和碳水化合物是提供能量的主要营养素。如图5-2所示，1992—2012年城镇居民蛋白质提供能量占能量总摄入量的比重保持相对稳定，2012年蛋白质供能比为13.18%，比1992年仅增长了1.1个百分点，处在世界卫生组织建议的蛋白质提供能量比例的范围内。同期城镇居民脂肪供能比呈现缓慢递增态势，2012年脂肪供能比为33.02%，与1992年脂肪供能比24.46%相比增加了8.56个百分点，大于《纲要》提出的2020年我国居民脂肪供能比不高于30%的发展目标，也大于世界卫生组织建议的比例范围。1992—2012年城镇居民碳水化合物供能比呈递减态势，2012年供能比为57.93%，比1992年减少了10.39个百分点，处在世界卫生组织建议的碳水化合物提供能量比例的范围内。

对比分析三大主要营养素供能比可以看出，碳水化合物仍然是提供能量最多的营养素，脂肪次之。2012年，碳水化合物供能比为57.93%，比脂肪供能比多24.91个百分点，比蛋白质供能比多44.75个百分点。

四、城镇居民营养动植物来源结构分析

接下来利用家庭内食物消费量数据，分别计算了家庭内植物性和动物性食物提供的营养数量。由于家庭外食物消费，即在外就餐消费，国家统计局只公布在外食物消费支出，没有在外食物消费量，因此，这里的计算不包含家庭外食物消费。在这里，植物性食物包括谷物、蔬菜、瓜果、植物油。动物性食物包括猪肉、牛羊肉、禽肉、蛋类、奶类、水产品。

从能量来源结构上看，植物性食物提供的能量总体呈递减态势，动物性食

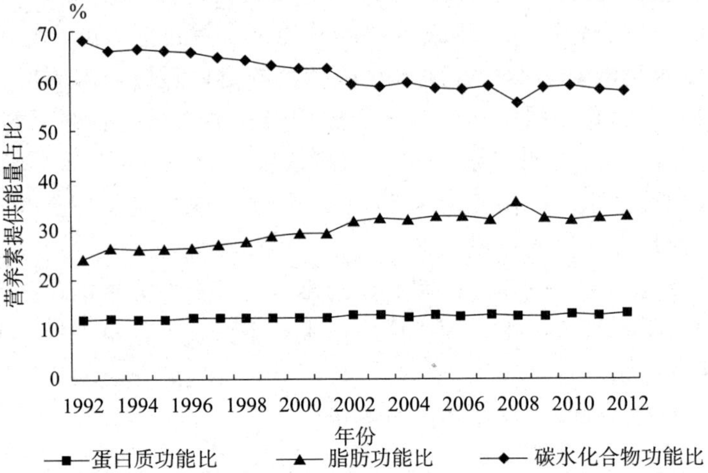

图 5-2 1992—2012 年我国城镇居民主要营养素提供能量的比重变化

注：世界卫生组织建议的蛋白质、脂肪、碳水化合物提供能量比率范围分别为 10%～15%、16%～30%、55%～75%，其中，下限值是预防营养缺乏的最低摄入量，上限值是预防慢性疾病的摄入量上限。

物提供的能量总体呈递增态势，但是植物性食物提供的能量要远大于动物性食物提供的能量。如表 5-2 所示，1992 年由植物性食物提供的能量为 1 494.61 千卡/天，2012 年减少到 1 242.06 千卡/天，而由动物性食物提供的能量从 1992 年的 301.16 千卡/天，增加到 2012 年的 400.91 千卡/天。

从蛋白质来源结构上看，植物性食物提供的蛋白质总体呈递减态势，动物性食物提供的蛋白质总体呈递增态势，但是植物性食物提供的蛋白质和动物性食物提供的蛋白质越来越接近。1992 年由植物性食物提供的蛋白质和动物性食物提供的蛋白质分别为 35.65 克/天和 18.57 克/天，2012 年分别变为 27.11 克/天和 27.01 克/天，分别减少了 8.54 克/天和增加了 8.44 克/天。

从脂肪来源结构上看，植物性食物提供的脂肪和动物性食物提供的脂肪总体上呈增长态势。如表 5-2 所示，1992 年由植物性食物提供的脂肪和动物性食物提供的脂肪为 24.99 克/天和 23.82 克/天，2012 年分别变为 29.87 克/天和 30.41 克/天，分别增加了 4.88 克/天和 6.59 克/天。

从碳水化合物来源结构上看，植物性食物提供的碳水化合物减少幅度较大，动物性食物提供的碳水化合物增加幅度较小。1992 年由植物性食物提供的碳水化合物为 303.57 克/天，2012 年减少到 233.06 克，减少了 70.51 克/天;而 1992 年由动物性食物提供的碳水化合物为 3.16 克/天，2012 年仅增加到 4.87 克/天。

表 5-2　1992—2012 年我国城镇居民营养动植物来源结构分析

单位：千卡/天、克/天

年份	能量		蛋白质		脂肪		碳水化合物	
	植物性食物	动物性食物	植物性食物	动物性食物	植物性食物	动物性食物	植物性食物	动物性食物
1992	1 494.61	301.16	35.65	18.57	24.99	23.82	303.57	3.16
1995	1 351.77	287.07	31.56	17.56	25.28	22.76	268.86	3.04
2000	1 258.67	312.98	28.14	20.68	27.60	23.90	241.90	3.84
2005	1 243.09	380.18	27.06	24.81	30.36	29.04	232.29	4.97
2006	1 238.72	376.94	26.81	24.63	30.59	28.75	230.80	5.00
2007	1 268.76	366.42	27.49	25.23	31.28	27.34	236.47	4.94
2008	1 149.74	362.12	24.00	23.64	32.44	27.71	205.63	4.61
2009	1 295.91	385.56	28.22	25.37	31.69	29.49	242.04	4.75
2010	1 263.82	391.14	27.95	26.39	29.20	29.64	239.68	4.78
2011	1 262.72	391.12	27.62	26.41	30.50	29.64	236.57	4.74
2012	1 242.06	400.91	27.11	27.01	29.87	30.41	233.06	4.87

注：根据家庭内植物性和动物性食物消费量数据计算，不包括在外就餐支出。

需要特别关注的是动物性食物提供的蛋白质和植物性食物提供的脂肪。根据营养学知识，与植物性食物提供的蛋白质相比，动物性食物提供的蛋白质富含人体必需的各种氨基酸，是更适合人体需求的优质蛋白。1992 年由动物性食物提供的蛋白质占蛋白质总摄入量的 34.25%，2012 年增加到 49.9%，增加了 15.65 个百分点，增幅较大。在脂肪方面，动物性食物提供的脂肪主要成分是饱和脂肪酸，摄入过多的饱和脂肪酸导致人体血浆胆固醇含量增高，容易诱发各种心血管疾病，而来自植物性食物的不饱和脂肪则更有益于人体健康。如图 5-3 所示，1992—2012 年由植物性食物提供的脂肪占脂肪总摄入量的比重基本保持相对稳定，2012 年由植物性食物提供的脂肪比重为 49.55%，与 1992 年相比减少了 1.64 个百分点，降幅较小。可见，虽然我国城镇居民动物性食物的消费量增长较快，但是来自植物性食物的不饱和脂肪所占比例并没有下降太多。

通过以上分析可以看出，来自动物性食物的蛋白质比例在增长，来自植物的脂肪基本保持相对稳定，显示城镇居民食物消费结构趋向合理，并正在向动植物并重的方向发展。

根据以上我国城镇居民营养摄入变化分析可知；第一，近年，能量和碳水化合物人均日摄入基本保持相对稳定，蛋白质和脂肪摄入量呈现递增态势，且脂肪摄入量显著增长，存在摄入过量风险。第二，从三大主要营养素提供能量

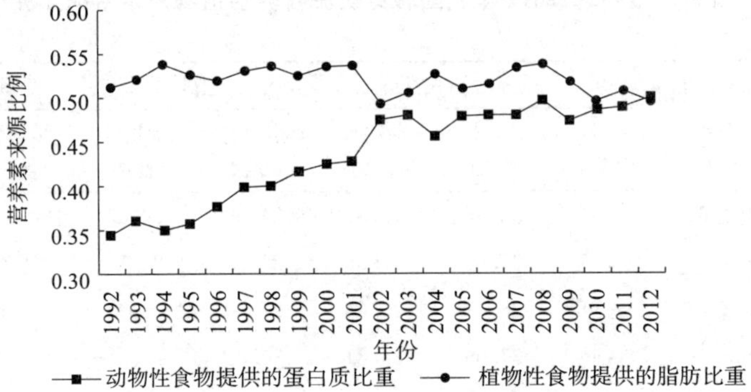

图 5-3　1992—2012 年我国城镇居民营养素来源变化

的比例来看，1992—2012 年城镇居民蛋白质提供能量占能量总摄入量的比重保持相对稳定；同期脂肪供能比呈现缓慢递增态势，2012 年脂肪供能比大于《纲要》提出不高于 30%的发展目标；同期碳水化合物供能比呈递减态势。对比来看，碳水化合物仍然是提供能量最多的营养素，脂肪次之。第三，从城镇居民营养动植物来源结构来看，植物性食物提供的能量总体呈递减态势，动物性食物提供的能量总体呈递增态势，但是植物性食物提供的能量要远大于动物性食物提供的能量；植物性食物提供的蛋白质总体呈递减态势，动物性食物提供的蛋白质总体呈递增态势，但是植物性食物提供的蛋白质和动物性食物提供的蛋白质越来越接近；植物性食物提供的脂肪和动物性食物提供的脂肪总体上呈增长态势；植物性食物提供的碳水化合物减少幅度较大，动物性食物提供的碳水化合物增长幅度较小。

第二节　人口结构变化对城镇居民营养摄入量影响的实证分析

本部分的安排如下：首先为概念界定和数据说明；其次为城镇样本家庭营养摄入量分析；再次为模型设定和变量的统计描述；最后为结果分析部分，包括总体样本的能量需求弹性估计、依据不同标准测算的能量成人当量以及能量收入弹性对比分析、不同收入组样本的能量需求弹性估计、总样本和不同收入组样本的主要营养素的需求弹性估计。

一、概念界定与数据说明

（一）概念界定

根据 Thomas（1994）健康生产函数的定义，营养摄入量是在家庭预算约束下满足最大效用时的一系列投入要素的函数，主要依赖于食物消费和其他影响消费行为的经济社会因素。本书将沿袭这一思路，提出营养摄入量是由收入水平、食物价格、家庭人口年龄结构以及其他家庭社会特征决定的

$$N=f(I, P, D, Z) \tag{5-1}$$

在这里，N 为营养成分摄入量，I 为收入，P 为食物价格，D 为家庭人口年龄统计特征，Z 为其他家庭社会特征。

（二）数据说明

在营养弹性测算方法上，鉴于间接法的误差难以避免，而直接法可以通过增加食物的分类避免转化数据带来的误差，故本书选择直接法测算营养弹性。鉴于以往研究很多采用国家统计局城镇住户调查数据，故本书研究所用数据也以 2009 年六省份 10 462 个城镇居民样本数据作为基础数据，在此基础上，根据食物营养成分表测算营养摄入水平。样本分布在河北（1 935 个）、广东（2 371 个）、河南（1 602 个）、吉林（1 222 个）、四川（2 246 个）和新疆（1 086 个）六省份。将沿用上一节城镇居民营养现状分析中的营养数据转化过程，即利用中国疾病预防控制中心营养与食品安全所 2009 年提供的我国食物营养成分表将食物消费数据转化为营养摄入量数据，主要考察摄入的能量和主要营养素。如无特殊说明，本书研究中的能量、蛋白质、脂肪、碳水化合物均是指摄入的能量、蛋白质、脂肪、碳水化合物。

利用样本数据对城镇家庭能量、蛋白质、脂肪、碳水化合物摄入量与营养目标、推荐摄入量进行对比分析。2014 年国务院发布《中国食物与营养发展纲要（2014—2020 年）》（以下简称《纲要》），提出了 2020 年我国居民营养摄入量目标。由于党的十六大提出了到 2020 年，我国要基本全面建成小康社会的宏伟目标，因此把《纲要》提出的营养目标作为我国居民达到全面建成小康社会时所应有的营养摄取标准。

表 5-3 为不同省份的城镇样本家庭营养人均每天摄入量情况。从能量摄入量来看，总样本的人均每天摄入量为 2 659.144 千卡，吉林省、广东省和四川省城镇居民的人均每天摄入量高于总样本的摄入水平，而河北省、河南省和新疆维吾尔自治区的每天摄入量低于总样本的摄入水平。对比《纲要》标准，总样本及各省份城镇样本的能量摄入量均高于营养目标，且处在男性能量推荐摄入范围内。

从蛋白质摄入量来看，总样本的人均每天摄入量为 84.419 克。其中，广东省的城镇样本家庭人均每天蛋白质摄入相对最高，为 94.097 克，新疆维吾尔自治区的相对最少，为 79.724 克。对比《纲要》标准，总样本及各省份城镇样本的蛋白质摄入量均稍高于营养目标的 78 克，且高于男性能量推荐摄入量的 65 克。从脂肪摄入量来看，总样本的人均每天摄入量为 113.118 克。其

中四川省的城镇样本家庭人均每天脂肪摄入量相对最高，为 137.640 克，广东省次之，达到了 121.789 克，而新疆维吾尔自治区相对最少，为 97.722 克。对比《纲要》标准，总样本及各省份城镇样本的脂肪摄入量远高于营养目标的 80 克。从碳水化合物摄入量来看，总样本的人均每天摄入量为 336.047 克。其中，河北省、吉林省、河南省和新疆维吾尔自治区城镇居民的人均每天摄入量高于总样本的摄入水平，而广东省和四川省则低于总样本的摄入水平。

总结来看，第一，各省份城镇居民之间的营养摄入量存在一定差异，其中广东省城镇样本的蛋白质摄入量相对最多，四川省城镇样本的脂肪摄入量最多，吉林省城镇样本的碳水化合物摄入量最多。第二，各省份城镇样本的能量摄入量虽高于《纲要》的营养目标，但均处在能量推荐摄入范围内，各省份蛋白质摄入量均已达到营养目标，各省份脂肪摄入量均大大超过营养目标的 80 克，存在摄入过量风险。

表 5-3　2009 年我国不同省份的城镇样本家庭营养人均每天摄入量情况

单位：千卡、克、个

变量	总样本	河北	吉林	河南	广东	四川	新疆
能量	2 659.144	2 572.235	2 735.466	2 595.582	2 683.167	2 773.618	2 532.679
蛋白质	84.419	81.346	84.478	82.622	94.097	80.370	79.724
脂肪	113.118	100.946	101.325	100.041	121.789	137.640	97.722
碳水化合物	336.047	345.174	381.663	354.569	310.559	313.004	344.438
样本量	10 462	1 935	1 222	1 602	2 371	2 246	1 086

资料来源：2009 年国家统计局城调队的城镇住户调查数据。

表 5-4 为不同收入组的城镇样本家庭营养人均每天摄入量情况。从人均每天摄入量来看，能量摄入量平均值随收入层次提升而提升，高收入组能量人均每天摄入量为 3 068.547 千卡，比中收入组和低收入组分别高 384.957 千卡和 843.128 千卡。对比《纲要》标准，低收入组的能量摄入量处在营养目标内，中收入组和高收入组要大于营养目标。对比推荐摄入量，中、低收入组的能量摄入量处在男性能量推荐摄入范围内，高收入组能量摄入稍高于男性能量推荐摄入范围。

从蛋白质人均每天摄入量来看，蛋白质摄入量平均值随收入层增加而增加，高收入组蛋白质人均每天摄入量为 101.012 克，比中收入组和低收入组分别高 16.407 克和 33.367 克。对比《纲要》标准，低收入组的蛋白质摄入量低于营养标准的 78 克，而中收入组和高收入组均高于营养目标。对比推荐摄入量，高、中、低三个收入组的蛋白质摄入量均高于男性蛋白质推荐摄入量。从脂肪人均每天摄入量来看，脂肪摄入量平均值随收入层次提升而提升，高收入脂肪人均每天摄入量为 131.835 克，比中收入组和低收入组分别高 18.686 克和 37.459 克。对比《纲要》标准，高、中、低三个收入组的脂肪摄入量均高于营养目标的 80 克。从碳水化合物人均每天摄入量来看，碳水化合物摄入量平均值随收入层次提高而提高，高收入碳水化合物人均每天摄入量为 381.362 克，比中收入组和低收入组分别高 39.26 克和 96.67 克。

总的来看，第一，城镇样本家庭的能量、蛋白质、脂肪和碳水化合物摄入量均随收入层次提高而提高；第二，对比《纲要》标准可以发现，三个收入组样本家庭的能量人均摄入量均已达标，低收入组的蛋白质摄入量没有达到标准，中收入组和高收入组的蛋白质摄入量均已超过营养标准，三个收入组样本家庭的脂肪摄入量已达标且存在摄入过量风险。需要说明的是，利用城镇住户样本数据测算的营养摄入量与利用国家统计局全国城镇数据转化获得的营养摄入量相比相对偏高，可能的原因是选择的样本家庭的食物消费水平相对偏高，导致营养摄入量相对较高。

表 5-4　2009 年不同收入组的城镇样本家庭营养人均每天摄入量情况

单位：千卡、克、个

变量	低收入组	中收入组	高收入组	2020 年营养目标①	RNI：18～50 男性②	RNI：18～50 女性②
能量	2 225.419	2 683.590	3 068.547	2 200～2 300	2 250～3 000	1 800～2 100
蛋白质	67.645	84.605	101.012	78	65	55
脂肪	94.376	113.149	131.835	80		
碳水化合物	284.692	342.102	381.362			
样本量	3 488	3 487	3 487			

注：①2014 年发布的《中国食物与营养发展纲要（2014—2020 年）》营养素摄入量目标。

②《中国居民膳食营养素参考摄入量（2013 版）》提供的 18～50 岁男性和女性从轻度到重度活动水平的推荐摄入范围（RNI）。

资料来源：2009 年国家统计局城调队的城镇住户调查数据。

表 5-5 为不同类型城镇样本家庭的人均每天营养摄入量。不同人口构成的家庭的人均每天营养摄入量之间存在差异。具体来看，男孩的营养摄入水平要高于女孩；年龄在 45～64 岁的夫妇家庭的人均每天营养摄入量随年龄的增加而表现出增长趋势，这与食物支出表现出的特点保持一致。

表 5-5　2009 年我国不同类型家庭的人均每天营养摄入量

单位：个、千卡、克

家庭类型	样本数	能量	蛋白质	脂肪	碳水化合物
夫妇，24～29 岁	50	2 952.68	91.86	127.59	370.01
十男孩，6 岁及以下	40	2 196.50	68.46	89.54	289.28
十女孩，6 岁及以下	36	2 127.82	66.49	88.84	271.71
夫妇，30～34 岁	54	3 151.70	99.66	135.89	294.91

（续）

家庭类型	样本数	能量	蛋白质	脂肪	碳水化合物
＋男孩，7～11 岁	63	2 258.36	70.11	94.02	294.91
＋女孩，7～11 岁	55	2 223.52	68.98	92.70	283.91
夫妇，35～39 岁	34	3 306.61	101.75	139.45	422.12
＋男孩，12～16 岁	143	2 210.23	69.79	92.61	282.89
＋女孩，12～16 岁	112	2 180.49	67.09	90.47	282.58
夫妇，40～44 岁	55	2 942.88	92.29	122.48	380.13
＋男孩，17～21 岁	158	2 356.65	72.16	104.16	292.74
＋女孩，17～21 岁	108	2 320.54	70.82	101.76	287.73
夫妇，45～49 岁	200	2 941.18	93.12	121.93	379.80
夫妇，50～54 岁	252	3 015.10	95.89	127.42	383.80
夫妇，55～59 岁	272	3 285.25	103.02	136.12	425.35
夫妇，60～64 岁	163	3 405.78	107.53	139.29	444.47
夫妇，65～69 岁	80	2 837.04	89.88	113.37	376.47
夫妇，70 岁以上	114	2 094.63	69.08	86.83	268.45

资料来源：2009 年国家统计局城调队的城镇住户调查数据。

二、模型设定与变量统计

（一）模型设定

根据以上分析，营养需求方程的具体模型形式设定如下

$$\ln N = \alpha_0 + \alpha_1 \ln I + \alpha_2 \ln P + \alpha_3 Z + \alpha_4 FAES + \mu \tag{5-2}$$

其中，N 为家庭能量、蛋白质、脂肪和碳水化合物每日摄入量；I 为家庭可支配收入；P 为食物价格指数，$FAES$ 为家庭人口结构指数，Z 为影响营养摄入的其他家庭社会特征变量，包括户主教育水平、在外食物支出比例、城市规模、户口状况以及区域变量，包括河北省、河南省、吉林省、四川省、广东省、新疆维吾尔自治区，其中新疆维吾尔自治区为参照组；α_0，…，α_4 为未知项；μ 为随机误差。

表征家庭人口年龄结构的 $FAES$ 变量公式表示如下

$$\begin{aligned} FAES = {} & c_1 \times VA + c_2 \times VB + c_3 \times VC + c_4 \times VD + c_5 \times VE + c_6 \times VF + c_7 \times VG + \\ & c_8 \times VH + c_9 \times VI + e_{11} \times VJ + e_{21} \times VK + e_{31} \times VL + e_{41} \times VM + \\ & e_{12} \times VN + e_{22} \times VO + e_{32} \times VP + e_{42} \times VQ \end{aligned} \tag{5-3}$$

其中，由 VA，VB，…，VQ 是根据家庭人口的数量和年龄汇总计算出的人口结构变量，第二章详细介绍了这些变量获得的过程，具体公式整理在

表 2-4 中。正如前面所述，如果把每个家庭成员的成人当量进行加总，则可获得表征家庭人口结构的家庭人口结构消费指数。在这里，设定 35～40 岁男性为参照标准消费人，其成人当量权数为 1，即变量 *VC* 的系数 $c_3=1$，那么 *FAES* 在表示为以 35～40 岁男性为参照标准消费人折算的家庭的标准人的数量，在一定程度上表征了家庭人口年龄结构。

营养摄入和收入之间的双向关系可能会导致模型存在内生性问题。利用工具变量法可以有效解决收入内生性。为此，本书总结以往研究中使用到的工具变量。例如，一是家庭中有工作人口的特征，包括有工作人口比例、有工作人口数量、有第二职业的人口数量、户主的受教育年限，可以作为收入的工具变量。Tian 和 Yu（2013）认为，对于一个家庭来说，家庭中有工作的成员为家庭挣得收入，利用有工作人口的特征可以反映家庭的收入情况。二是主要食物的价格，家庭用于非食物方面如衣服、住房、耐用消费品、医疗和健康、文教和娱乐等的支出，家庭住房的价值等可以作为收入的工具变量。三是家庭耐用资产包括电视、冰箱、空调、相机、洗浴设备、缝纫机、电风扇等的数量可以作为收入的工具变量。Peng 和 Alfonso（2016）认为，因为财富状况是家庭收入水平潜在有效的工具变量，同时家庭耐用商品的存量能够有效代表家庭财富。另外，农场资产和妇女在家庭农场资产中的份额也是常用的收入工具变量。总结来看，解决收入内生性的可能工具变量可以归纳为家庭中有工作人口特征、户主的受教育年限、非食物支出（衣服、耐用消费品、医疗和健康、文教和娱乐等的支出）、家庭住房情况等。

鉴于以往的研究和所用数据的可获得性，选择家庭中工作人口的比例、耐用品（家庭设备、交通工具、文娱产品）支出和其他房产数量作为收入可能的工具变量组合。一般来说，家庭有工作人口数越多、房产越多以及耐用品支出越高，表明家庭收入水平往往越高，而这些变量和居民营养水平并没有特别明显的相关性。具体原因如下：第一，工资收入是家庭收入的主要来源，有工作人口的数量对家庭收入有决定作用。第二，财富是家庭收入有效的工具变量，而房产情况和耐用品支出情况能够较好地反映家庭的财富，因此房产和耐用品支出情况可以作为收入的工具变量。但是，不区分所在地、面积和其他影响价值因素的房产数量可能代表家庭收入水平的有效性不足。

解决可能存在收入内生性问题的过程如下，首先，利用 Durbin-Wu-Hausman（DWH）检验能量需求方程检验是否存在收入内生性，如果存在内生性问题，将选取可能的工具变量组合解决。其次，为了确保工具变量的合理性，做两方面的检验：一是弱工具变量检验，即检验工具变量与内生解释变量是否存在较强的相关性，利用 F 检验对弱工具变量问题进行检验；二是过渡识别检验，即检验工具变量与扰动项无关，利用 Sargan 检验对工具变量的外生性进行检验。值得注意的是，如果工具变量选择不恰当，可能会导致工具变量回归估计时存在较大的效率损失，但是很多时候工具变量的寻找并不容易。

（二）变量统计描述

表 5-6 为总体及各收入组样本的变量统计描述。在实证过程中，变量选取和控制对模型的估计至关重要。本书在变量选取过程中，一方面借助理论知识寻找影响营养成分摄入量的因素，另一方面通过文献寻找可能的因素，同时也兼顾数据的可获得性。

首先，从总体样本家庭的变量统计来分析，家庭能量和三种主要供能营养素（蛋白质、脂肪和碳水化合物）每天摄入量作为被解释变量。从表 5-6 统计描述可以看出，总样本的家庭能量每天平均摄入量为 6 948.516 千卡，家庭蛋白质、脂肪和碳水化合物每天平均摄入量分别为 220.353 克、295.859 克和 877.360 克。

收入是影响营养需求的重要因素，为核心解释变量，总样本的家庭可支配收入的均值为 44 435.270 元。控制其他经济社会因素在估计营养需求收入弹性时至关重要。控制变量包括家庭特征和食物价格等。文化程度也许与人们选择消费何种食物具有密切关系，进而影响到能量需求，因此加入户主受教育水平变量，41.8%的总样本家庭的户主受教育水平为专科及以上水平。具有本地户口的居民在工作机会、社保等方面享有优惠，可能对家庭食物产生一定影响，因此加入了户主是不是本地户口的虚拟变量，总样本中有 96.6%的户主户口是本地的家庭。城镇化水平影响家庭食物购买的便利性，因此控制变量加入家庭是否在小城市的虚拟变量，将县级行政区域设为小城市，有 18.3%的样本家庭居住在小城市。

城镇居民在外就餐频繁，可能对居民营养摄取具有重要影响，利用家庭在外食物支出比例反映其对营养摄入的影响。按照国家统计局城市司的界定，在外饮食是指在家庭以外地点的自费用餐支出，包括在单位食堂、餐饮店、亲友家的用餐支出。对于从单位食堂、餐饮店购买并带回家直接食用的食品，若能单列具体品种，则分别计入相应的食品项中，若不能单列的，则作为在外用餐支出。公费在外饮食不含在内。从统计描述来看，总样本家庭的在外就餐支出比例的均值为 16.0%。

食物价格影响家庭食物消费的购买，基于每个家庭消费的上述十种食物组的支出和数量，计算每种食物组的价格，再根据斯通价格指数公式计算获得每个家庭对应的食物价格指数，总样本家庭的斯通价格指数均值为 9.476 元/千克。从总样本的区域变量的描述来看，来自河南、河北、吉林、广东、四川和新疆的家庭数量占总样本的比重分别为 15.3%、18.5%、11.7%、22.7%、21.5%和 10.4%，各省份的样本数量比重均超过了 10%，可见样本选取代表性较强。从工具变量的统计来看，总样本家庭中有工作人口比例的均值为60.8%；家庭耐用品（家庭设备、交通工具、文娱产品）支出的均值为9 730.950元，其他房产数量的均值为0.118套。

表 5-6 总体及各收入组样本的变量统计描述

变　量	总样本	低收入组	中收入组	高收入组
家庭能量每天摄入量（千卡）	6 948.516	6 363.830	7 093.685	7 388.201
家庭蛋白质每天摄入量（克）	220.353	193.532	223.754	243.782
家庭脂肪每天摄入量（克）	295.859	269.491	299.692	318.401
家庭碳水化合物每天摄入量（克）	877.360	814.615	902.523	914.959
家庭可支配收入（元）	44 435.270	24 311.020	40 582.920	68 417.630
户主教育水平（1=专科及以上水平，0=其他）	0.418	0.232	0.427	0.594
在外就餐支出比例	0.160	0.109	0.154	0.219
城市规模（1=小城市，0=其他）	0.183	0.157	0.171	0.221
户口状况（1=本地户口，0=其他）	0.966	0.978	0.970	0.950
食物价格（元/千克）	9.476	8.893	9.167	10.369
河南（1=是，0=其他）	0.153	0.146	0.168	0.145
河北（1=是，0=其他）	0.185	0.169	0.219	0.167
吉林（1=是，0=其他）	0.117	0.120	0.127	0.104
广东（1=是，0=其他）	0.227	0.171	0.175	0.334
四川（1=是，0=其他）	0.215	0.261	0.202	0.182
新疆（1=是，0=其他，参照组）	0.104	0.134	0.109	0.069
工具变量				
耐用商品支出（元）	9 730.950	4 787.814	8 528.273	15 878.180
家庭工作人口比例	0.608	0.550	0.617	0.658
其他房产数量（套）	0.118	0.063	0.098	0.194
样本量	10 462	3 488	3 487	3 487

资料来源：2009年国家统计局城调队的城镇住户调查数据。

其次，低收入组、中收入组、高收入组家庭呈现出如下一些特征。

第一，家庭能量、蛋白质、脂肪和碳水化合物每天摄入量与家庭可支配收入水平呈正相关关系，高收入组家庭的营养摄入量均高于低收入组家庭。从统计数据来看，高收入组家庭的能量每天摄入量为7 388.201千卡，比中收入组和低收入组分别高294.516千卡和1 024.371千卡；高收入组家庭蛋白质每天摄入量为243.782克，比中收入组和低收入组分别高20.028克和50.25克；高收入组家庭脂肪每天摄入量为318.401克，比中收入组和低收入组分别高

18.709 克和 48.91 克；高收入组家庭碳水化合物每天摄入量为 914.959 克，比中收入组和低收入组分别高 12.436 克和 100.344 克。

第二，城镇样本家庭的可支配收入差距明显，高收入组的家庭可支配收入为 68 417.63 元，是中收入组的 1.7 倍，是低收入组家庭的 2.8 倍。

第三，与低收入组家庭相比，高收入组家庭有较高的食物价格。从统计数据来看，高收入组家庭的食物价格相对较高，为 10.369 元/千克，比低收入组家庭的高 1.476 元。

第四，从其他控制变量来看，相对于低收入组，高收入组家庭户主呈现出受教育较高的特点。具体来看，高收入组样本家庭中，有 59.4%的家庭的户主教育水平为专科及以上，而低收入组家庭仅有 23.2%的家庭户主受教育水平为专科及以上水平。在外就餐支出与家庭可支配收入之间呈正向关系，高收入组家庭在外就餐支出占食物总支出的比例为 21.9%，是低收入组家庭的 2 倍。在高收入组家庭中，有 22.1%家庭居住在小城市，而低收入组中居住在小城市的家庭反而相对较少，为 15.7%。本地户口的家庭数量占比在高、中、低三个收入组中均保持较高的比例。在区域方面，广东省城镇样本中高收入家庭的比例较高，四川省城镇样本低收入家庭的比例相对较高。从统计数据来看，在广东省城镇样本中，有 33.4%的家庭为高收入组，而新疆维吾尔自治区城镇样本中，仅有 6.9%的家庭为高收入组。在四川省城镇样本中，有 26.1%的家庭为低收入组，而吉林省有 12.0%的家庭为低收入组。在工具变量方面，样本家庭中工作人口比例、家庭耐用品支出和其他房产数量在三个收入组样本之间也表现出较为明显的差异。

总体样本中由人口数量和年龄汇总计算获得的人口结构变量的统计描述整理在表 5-7 中，每个变量的公式详见表 2-4 中。从统计描述来看，可以看出，这些变量的均值范围为 0.101～0.607，其中 *VI* 的均值为 0.101，*VG* 的均值为 0.607。

表 5-7　总体样本中由人口数量和年龄汇总计算获得的人口结构变量的统计描述

变量	均值	标准差	最小值	最大值	变量	均值	标准差	最小值	最大值
VA	0.219	0.341	0.000	2.006	*VH*	0.396	0.412	0.000	2.000
VB	0.341	0.441	0.000	3.000	*VI*	0.104	0.286	0.000	2.000
VC	0.557	0.412	0.000	2.987	*VJ*	0.378	0.786	0.000	5.024
VD	0.388	0.409	0.000	2.000	*VK*	0.224	0.540	0.000	3.811
VE	0.104	0.285	0.000	2.352	*VL*	0.581	0.836	0.000	3.004
VF	0.335	0.439	0.000	3.453	*VM*	0.102	0.335	0.000	1.470
VG	0.607	0.396	0.000	3.000	*VN*	0.331	0.745	0.000	5.003

（续）

变量	均值	标准差	最小值	最大值	变量	均值	标准差	最小值	最大值
VO	0.279	0.592	0.000	5.089	*VQ*	0.101	0.332	0.000	1.470
VP	0.588	0.834	0.000	4.320					

资料来源：2009 年国家统计局城调队的城镇住户调查数据。

三、总体样本的能量需求估计结果分析

表 5-8 为总体样本的考虑人口结构因素的能量需求公式 5-2 的 *OLS* 和 *IV* 估计结果和未考虑人口结构因素的需求方程的 *OLS* 估计。从 *IV* 估计的 DWH 检验内生性的结果来看，*F* 值的显著性水平均为 1%，表明能量需求方程存在收入内生性。为了解决收入内生性，选取家庭中有工作人口特征、家庭耐用品支出、房产价值及数量作为可能的工具变量。尝试不同工具变量组合并运用 *F* 检验和 Sargant 检验对工具变量的有效性进行检验，最终选取家庭中有工作人口的比例和家庭其他住房数量作为能量需求方程中收入的工具变量。从工具变量的检验结果来看，营养需求方程的 *F* 统计量都大于 10，Sargan 统计量不显著，可见选取的工具变量是有效的。为了避免可能存在的异方差问题，所有模型均估计稳健性标准误。

从经济社会因素的估计结果来看，在两个 *OLS* 估计中，除吉林省和广东省变量之外，剩下的经济社会变量的统计显著性水平均为 1%；在 *IV* 估计中，除户主教育水平和吉林省变量之外，其余的经济社会变量的统计显著性水平均在 5%以下。在考虑人口结构因素的 *OLS* 和 *IV* 估计的结果中，17 个年龄结构变量中有 15 个变量参数估计显著性水平在 5%以下。可见，各模型估计较好。

首先，从 *OLS* 和 *IV* 估计结果来看，家庭可支配收入对能量摄入量影响的估计系数均显著为正，食物价格估计系数均显著为负，可见模型结论较为稳健，表明家庭收入与能量摄入量之间存在正向关系，食物价格与能量摄入量之间存在负向关系。

其次，从 *IV* 的控制变量估计结果来看，户主教育水平变量虽然参数估计为负，但是估计不显著。在外就餐支出比例变量估计显著为负，表明虽然城镇人口在外就餐频繁且在外支出较高，但这不一定保证能量摄入量的提高。家庭是否在小城市变量估计显著为负，表明与大城市家庭相比，小城市家庭的能量摄入量相对较少。是不是本地户籍变量在能量方程中估计显著为正，表明与非本地户籍的家庭相比，本地户籍的家庭能量摄入量较高。从区域变量估计结果来看，河南省和河北省变量参数估计显著为负，而广东省和四川省变量参数估计显著为正，表明在家庭能量摄入量上这些省份与参照省份新疆维吾尔自治区

相比存在显著差异。绝大部分的年龄结构变量参数估计显著，表明家庭年龄结构对家庭能量摄入量有显著影响。

最重要的结果是，在 *IV* 估计结果中，总体样本家庭摄入的能量的收入弹性为 0.217，且显著性水平均为 1%，表明当城镇居民家庭收入每增加 1%，家庭能量摄入量增加 0.217%。考虑了人口结构因素的 *OLS* 估计结果显示能量的收入弹性为 0.325，显著性水平为 1%，未考虑人口结构因素的 *OLS* 估计结果显示能量的收入弹性为 0.389，显著性水平为 1%。对比可以看出，如果不考虑人口结构因素，能量摄入量的收入弹性会从 0.217 上升到 0.389，这表明未考虑人口结构因素作用下的能量摄入分析可能由于忽略人口结构这一重要因素而导致估计参数有偏。

表 5-8　总体样本的能量需求估计结果

变　量	未考虑人口结构的模型	考虑人口结构的模型	
	OLS	*OLS*	*IV*
家庭可支配收入对数	0.389***	0.325***	0.217***
	(0.007)	(0.008)	(0.033)
户主教育水平	−0.082***	−0.049***	−0.017
	(0.008)	(0.008)	(0.012)
在外就餐支出比例	−0.381***	−0.280***	−0.166***
	(0.027)	(0.026)	(0.043)
城市规模	−0.092***	−0.077***	−0.067***
	(0.010)	(0.009)	(0.010)
户口状况	0.107***	0.070***	0.054***
	(0.020)	(0.019)	(0.020)
食物价格对数	−0.196***	−0.172***	−0.126***
	(0.021)	(0.020)	(0.024)
区域变量	有	有	有
VA		0.125***	0.128***
		(0.025)	(0.025)
VB		0.146***	0.149***
		(0.010)	(0.010)
VC		0.155***	0.191***
		(0.014)	(0.018)
VD		0.175***	0.212***
		(0.016)	(0.019)

（续）

变　量	未考虑人口结构的模型	考虑人口结构的模型	
	OLS	OLS	IV
VE		0.081***	0.114***
		(0.016)	(0.019)
VF		0.105***	0.109***
		(0.010)	(0.010)
VG		0.113***	0.130***
		(0.015)	(0.016)
VH		0.136***	0.159***
		(0.016)	(0.018)
VI		0.067***	0.084***
		(0.015)	(0.016)
VJ		−0.020**	−0.021**
		(0.009)	(0.009)
VK		0.001	0.006
		(0.008)	(0.008)
VL		−0.001	0.002
		(0.006)	(0.006)
VM		0.029**	0.028**
		(0.012)	(0.012)
VN		−0.019**	−0.021**
		(0.009)	(0.009)
VO		−0.019**	−0.013*
		(0.007)	(0.008)
VP		−0.015**	−0.017***
		(0.006)	(0.006)
VQ		0.033**	0.032**
		(0.013)	(0.013)
常数项	5.134***	5.371***	6.310***
	(0.083)	(0.081)	(0.294)
内生性检验：DWH 检验			11.319***
弱工具变量检验：F 检验			287.778***
Sargan 检验			1.533
观察值	10 462	10 462	10 462
调整后的判定系数	0.231	0.296	0.282

注：***、**、* 分别表示 1%、5%、10%的显著性水平。

接下来重要的发现是，根据年龄结构变量参数估计结果和家庭人口年龄结构指数计算公式5-3，计算了家庭人口年龄结构变化对家庭能量摄入量的弹性，在*IV*估计中为0.446，显著性水平为1%，表明家庭人口年龄指数变化1%，家庭能量摄入量变化0.446%；在*OLS*估计结果中弹性为0.363，显著性水平为1%。可见，家庭人口结构对能量摄入量有显著影响，能量需求分析需要考虑人口结构因素（表5-9）。

表5-9 总体样本的能量弹性结果

变 量	*OLS*	*IV*
家庭可支配收入	0.325***	0.217***
	(0.008)	(0.033)
家庭人口年龄结构	0.363***	0.446***
	(0.038)	(0.042)
在外食物支出占比	−0.045***	−0.027***
	(0.004)	(0.007)
食物价格	−0.172***	−0.126***
	(0.020)	(0.024)

注：***、**、*分别表示1%、5%、10%的显著性水平。

值得关注的是，在外食物支出比例对总体样本家庭的能量摄入量的弹性在*OLS*和*IV*估计中都为负值，分别为−0.045和−0.027，显著性水平均为1%，表明在外就餐与家庭能量摄入量之间具有负向关系。一种可能的解释为人们在家饮食可能更注重营养，而在外就餐可能更注重口感，而口感好未必营养价值高。食物价格负向影响能量、蛋白质、脂肪摄入量，符合理论预期。在*IV*估计结果中，总体样本家庭摄入的能量的食物价格弹性为−0.126，且显著性水平均为1%，表明当食物价格每增加1%，家庭能量摄入量减少0.126%。而*OLS*估计结果显示能量的食物价格弹性为−0.172，显著性水平为1%。

四、依据不同标准测算的能量成人当量及收入弹性对比分析

（一）依据不同标准测算的个人及家庭能量成人当量

上一节以家庭能量总摄入量为研究对象进行了能量弹性估计，其中利用估计出的众多年龄结构变量参数，计算了家庭人口结构指数变动对家庭能量摄入量的弹性。这涉及利用成人当量概念，计算获得了表征家庭人口结构的量化变量。现有研究也有利用成人当量概念构建一个综合指标来表征人口结构，进而引入消费函数研究人口结构变动对消费的影响。例如，Zhong等（2012）以FAO提供的分年龄性别人口的日热量消耗量为基础，测算出不同年龄人群的

成人当量，进而构建家庭人口结构指标研究了人口结构变动对城乡居民能量摄入量的影响。

根据以往研究，本节将利用成人当量概念，计算以 FAO 提供的分年龄性别人口的日能量消耗数据为标准的表征人口结构的家庭人口结构指数，计算以中国营养学会提供的不同人口能量参考摄入量为标准的家庭人口结构指数，并利用这些家庭人口指数将家庭能量总摄入量折算为等价人均水平上的能量摄入量，继而以等价人均能量摄入量为研究对象进行能量弹性估计。同时，以本书研究测算的家庭人口结构指数为标准折算获得等价人均能量摄入量，进一步实证研究。本节的目的是基于成人当量概念，利用三种不同的方式测算获得表征人口结构的家庭人口结构指数，进一步从等价人均能量摄入量层面进行能量收入弹性估计，并进行对比分析。

本书基于总体样本的工具变量估计结果结合第二章的不同人口成人当量表 2-3，测算得到的不同人口的能量成人当量提供在表 5-10。以 FAO 提供的分年龄段人群的日能量消耗量为标准，利用成人当量概念，设定其 30～39 岁男性的日热量需求为 1，其他年龄或年龄段人群的日能量进行相应折算，得到了基于 FAO 能量数据计算的不同人口的能量成人当量（表 5-12）。同样，中国营养学会公布了中国居民膳食能量参考摄入量，以此为标准，设定其 18～39 岁男性的日热量需求为 1，进而折算得到基于营养学会能量数据计算的不同人口的能量成人当量（表 5-13）。此外，将本书第四章中利用食物消费支出数据测算的不同人口的食物支出成人当量整理在表 5-11 中，以便清晰比较分别利用食物支出数据和能量摄入量数据测算出的成人当量。

表 5-10　根据能量消费数据测算的不同人口的能量成人当量

年龄或年龄组（岁）	男	女	年龄或年龄组（岁）	男	女	年龄或年龄组（岁）	男	女
1	0.575	0.575	11	0.598	0.452	26	0.895	0.464
2	0.505	0.500	12	0.643	0.480	27	0.917	0.477
3	0.457	0.444	13	0.685	0.507	28	0.936	0.500
4	0.430	0.405	14	0.723	0.532	29	0.953	0.530
5	0.421	0.382	15	0.753	0.552	30	0.968	0.563
6	0.427	0.372	16	0.772	0.566	31	0.979	0.597
7	0.446	0.373	17～22	0.780	0.571	32	0.988	0.629
8	0.475	0.384	23	0.812	0.514	33	0.995	0.655
9	0.512	0.402	24	0.842	0.480	34	0.999	0.673
10	0.554	0.425	25	0.870	0.464	35～40	1.000（标准人）	0.680

（续）

年龄或年龄组（岁）	男	女	年龄或年龄组（岁）	男	女	年龄或年龄组（岁）	男	女
41	1.009	0.605	50	1.091	0.697	64	1.141	0.941
42	1.018	0.555	51	1.097	0.739	65	1.037	0.851
43	1.028	0.527	52	1.102	0.777	66	0.919	0.743
44	1.038	0.518	53	1.106	0.808	67	0.801	0.634
45	1.048	0.524	54	1.108	0.828	68	0.698	0.538
46	1.057	0.544	55～60	1.109	0.836	69	0.625	0.469
47	1.067	0.575	61	1.214	0.962	70 以上	0.598	0.443
48	1.075	0.612	62	1.244	1.011			
49	1.083	0.654	63	1.215	0.999			

表 5-11　根据食物消费支出数据测算的不同人口的食物支出成人当量

年龄或年龄组（岁）	男	女	年龄或年龄组（岁）	男	女	年龄或年龄组（岁）	男	女
1	1.186	1.187	25	0.741	0.564	49	1.178	1.131
2	1.026	1.024	26	0.745	0.564	50	1.181	1.218
3	0.899	0.891	27	0.762	0.577	51	1.181	1.302
4	0.802	0.786	28	0.791	0.628	52	1.181	1.375
5	0.732	0.705	29	0.826	0.635	53	1.180	1.434
6	0.686	0.646	30	0.865	0.663	54	1.180	1.473
7	0.661	0.606	31	0.905	0.723	55～60	1.179	1.487
8	0.653	0.583	32	0.941	0.815	61	1.369	1.571
9	0.659	0.574	33	0.972	0.892	62	1.455	1.582
10	0.677	0.576	34	0.992	0.945	63	1.457	1.534
11	0.703	0.586	35～40	1.000（标准人）	0.964	64	1.396	1.444
12	0.733	0.602	41	1.040	0.867	65	1.290	1.327
13	0.765	0.621	42	1.073	0.810	66	1.159	1.197
14	0.795	0.641	43	1.101	0.789	67	1.023	1.069
15	0.821	0.659	44	1.124	0.799	68	0.901	0.959
16	0.839	0.671	45	1.142	0.834	69	0.814	0.882
17～22	0.845	0.676	46	1.156	0.890	70 以上	0.780	0.853
23	0.787	0.614	47	1.166	0.961			
24	0.754	0.582	48	1.174	1.043			

表 5-12　根据 FAO 日人均能量消耗量测算的不同人口的能量成人当量

年龄或年龄组（岁）	男	女	年龄或年龄组（岁）	男	女
0～1	0.174 8	0.156 6	13	0.934 5	0.802 7
1	0.319 8	0.291 9	14	1.008 7	0.826 3
2	0.380 9	0.353 2	15	1.072 3	0.840 4
3	0.422 5	0.390 0	16	1.120 8	0.844 5
4	0.458 8	0.418 7	17～18	1.150 5	0.844 5
5	0.494 9	0.448 7	19～29	1.028 0	0.819 1
6	0.530 7	0.481 8	30～39	1.000 0（标准人）	0.813 7
7	0.570 9	0.524 3	40～49	1.028 3	0.823 5
8	0.617 5	0.572 8	50～59	0.847 9	0.736 2
9	0.667 4	0.625 5	60～69	0.808 7	0.688 9
10	0.725 4	0.676 8	70～79	0.812 1	0.637 0
11	0.789 8	0.725 0	80～89	0.573 5	0.466 3
12	0.859 6	0.767 8	90	0.652 8	0.458 1

资料来源：FAO/WHO/UNU，2001. Human energy requirements Report of a Joint FAO/WHO/UNU Expert Consultation，Rome；Zhong et al.

表 5-13　根据中国居民膳食能量参考摄入量测算的不同人口的能量成人当量

年龄或年龄组	男	女	年龄或年龄组	男	女
1	0.400 0	0.355 6	9	0.777 8	0.688 9
2	0.488 9	0.444 4	10	0.800 0	0.733 3
3	0.555 6	0.533 3	11	0.911 1	0.800 0
4	0.577 8	0.555 6	14～17	1.111 1	0.888 9
5	0.622 2	0.577 8	18～49	1.000 0（标准人）	0.800 0
6	0.622 2	0.555 6	50～64	0.933 3	0.777 8
7	0.666 7	0.600 0	65～79	0.911 1	0.755 6
8	0.733 3	0.644 4	80	0.844 4	0.666 7

资料来源：中国营养学会著《中国居民膳食营养素参考摄入量（2013 版）》，科学出版社，2014 年。

从整体上看，本书测算出的能量成人当量随年龄的变化与基于中国营养学会和 FAO 数据计算的能量成人当量的变化存在差异。出现差异的原因可以归结为：第一，测量人群的不同。FAO 和营养学会衡量能量需求的目标是膳食能量的摄入是否足以维持长期健康水平的量，FAO 和营养学会提供的能量摄入量是基于健康而又具有良好营养的个体求得的。本书的测算结果是基于调查住户实际发生的食物消费数据，被调查的住户是否处于健康状态不能确定。第二，能量摄入量的测算方法存在差异。FAO 是根据要因估算法计算能量需求的，即通过记录一天的活动，再参照不同活动的能量消耗值，计算出能量代谢。中国营养学会根据国内学者的用气体代谢法实测的结果，同时考虑到当前的生活模式诸多方面制定中国居民膳食能量推荐摄入量。本书研究的能量测算方法是膳食能量调查，即通过膳食调查结合各类食物营养成分含量间接得到能量摄入量资料。第三，本书是根据可观测的消费者行为，结合能量需求方程估计得到各年龄人口能量成人当量，其控制了经济社会因素的影响，这不同于其他两种方式获得的能量成人当量。

依据以上三种不同标准测算出的不同人口能量成人当量，进一步测算了三种表征人口年龄结构的家庭人口结构指数（表 5-14）。从统计描述来看，本书研究测算的家庭人口结构指数的均值为 2.341 3，比以 FAO 能量数据为基础计算的家庭人口结构指数低 0.210 4，比以中国营养学会能量数据为基础计算的家庭人口结构指数低 0.293 6，也明显低于家庭人口数量 3.052 5。不同人口的成人当量是根据个人年龄、性别、需求信息折算得到，那么将家庭成员的成人当量进行加总，得到的家庭人口结构指数要比家庭人口数量包含的人口结构信息更多。

表 5-14　依据不同标准测算出的家庭人口结构指标

家庭人口年龄结构指标	均值	标准差	最小值	最大值
本书研究测算的家庭人口结构指数	2.341 3	0.671 6	0.442 8	5.903 5
依据 FAO 能量数据折算的家庭人口结构指数	2.551 7	0.759 2	0.466 3	6.249 9
依据营养学会能量数据折算的家庭人口结构指数	2.634 9	0.772 3	0.666 7	6.467 0
家庭人口数量	3.052 5	0.901 7	1	8

进一步根据三种家庭人口结构指数折算得到等价人均能量摄入量（表 5-15）。从统计描述来看，利用本书研究结果折算得到的家庭平均每标准人每日能量摄入量的均值为 3 079.413 千卡，比利用 FAO 人口结构指数折算的高 215.379 千卡，比利用中国营养学会人口结构指数折算的高 324.319 千卡，比家庭人口数量平均每人每日能量摄入量均值高 704.809 千卡。

表 5-15　依据不同标准折算的家庭等价人均能量摄入量

单位：千卡

能量摄入	均值	标准差	最小值	最大值
利用本书研究人口结构指数折算	3 079.413	1 189.734	546.697	11 221.650
利用 FAO 人口结构指数折算	2 864.034	1 171.595	489.148	8 020.782

（续）

能量摄入	均值	标准差	最小值	最大值
利用营养学会人口结构指数折算	2 755.094	1 096.915	438.582	7 591.796
利用家庭人口数量折算	2 374.604	938.914	365.492	6 062.043

（二）不同因变量形式的能量需求估计结果分析

不同等价人均能量摄入水平下的 *OLS* 和 *IV* 估计结果整理在表 5-16。具体包括分别依据本书人口结构指数、*FAO* 人口结构指数、中国营养学会人口结构指数、家庭人口数量为基础折算等价人均能量摄入水平下的 *OLS* 和 *IV* 估计结果。

人均收入可能存在内生性，为此，首先对全部模型进行检验内生性的 DWH 检验，结果显示本书人口年龄结构指数下的 *IV* 模型具有收入内生性，使用的工具变量通过了有效性检验。其他三个 *IV* 模型的 DWH 结果显示不存在收入内生性。为了避免可能存在的异方差问题，所有模型均估计稳健性标准误。

表 5-16 不同等价人均能量需求水平下的能量需求估计结果

因变量折算形式	能量需求		能量需求		能量需求		能量需求	
	本书人口结构指数①		FAO 人口结构指数②		营养学会人口结构指数③		家庭人口数量④	
	OLS	*IV*	*OLS*	*IV*	*OLS*	*IV*	*OLS*	*IV*
家庭人均可支配收入对数	0.333***	0.181***	0.402***	0.375***	0.392***	0.398***	0.394***	0.411***
	(0.01)	(0.05)	(0.01)	(0.02)	(0.01)	(0.02)	(0.01)	(0.02)
户主教育水平	−0.035***	0.008	−0.069***	−0.061***	−0.064***	−0.066***	−0.076***	−0.080***
	(0.01)	(0.02)	(0.01)	(0.01)	(0.01)	(0.01)	(0.01)	(0.01)
在外就餐支出比例	−0.250***	−0.097	−0.449***	−0.421***	−0.386***	−0.393***	−0.359***	−0.376***
	(0.03)	(0.06)	(0.03)	(0.03)	(0.03)	(0.03)	(0.03)	(0.03)
城市规模	−0.076***	−0.057***	−0.085***	−0.082***	−0.084***	−0.084***	−0.078***	−0.080***
	(0.01)	(0.01)	(0.01)	(0.01)	(0.01)	(0.01)	(0.01)	(0.01)
户口状况	0.017	−0.004	0.060***	0.057***	0.055***	0.056***	0.075***	0.077***
	(0.02)	(0.02)	(0.02)	(0.02)	(0.02)	(0.02)	(0.02)	(0.02)
食物价格对数	−0.168***	−0.108***	−0.206***	−0.195***	−0.198***	−0.201***	−0.213***	−0.219***
	(0.02)	(0.03)	(0.02)	(0.02)	(0.02)	(0.02)	(0.02)	(0.02)
河南	−0.115***	−0.070***	−0.105***	−0.097***	−0.111***	−0.113***	−0.112***	−0.117***
	(0.02)	(0.02)	(0.02)	(0.02)	(0.02)	(0.02)	(0.01)	(0.02)

（续）

因变量折算形式	能量需求 本书人口结构指数①		能量需求 FAO人口结构指数②		能量需求 营养学会人口结构指数③		能量需求 家庭人口数量④	
	OLS	*IV*	*OLS*	*IV*	*OLS*	*IV*	*OLS*	*IV*
河北	−0.137***	−0.088***	−0.125***	−0.116***	−0.130***	−0.132***	−0.127***	−0.132***
	(0.01)	(0.02)	(0.01)	(0.02)	(0.01)	(0.02)	(0.01)	(0.02)
广东	−0.014	0.018	−0.015	−0.009	−0.020	−0.022	−0.011	−0.014
	(0.02)	(0.02)	(0.02)	(0.02)	(0.02)	(0.02)	(0.02)	(0.02)
四川	0.055***	0.067***	0.083***	0.086***	0.078***	0.078***	0.089***	0.087***
	(0.01)	(0.02)	(0.01)	(0.01)	(0.01)	(0.01)	(0.01)	(0.01)
吉林	−0.037**	−0.004	−0.007	−0.001	−0.015	−0.016	−0.009	−0.012
	(0.02)	(0.02)	(0.02)	(0.02)	(0.02)	(0.02)	(0.02)	(0.02)
常数项	5.266***	6.511***	4.599***	4.823***	4.644***	4.592***	4.479***	4.345***
	(0.08)	(0.44)	(0.08)	(0.17)	(0.08)	(0.16)	(0.08)	(0.16)
DWH检验		8.803***		2.361		0.134		0.896
F检验		103.561***						
收入项		103.561***						
Sargan检验		0.785						
观察值	10 462	10 462	10 462	10 462	10 462	10 462	10 462	10 462
调整后的判定系数	0.185	0.150	0.233	0.232	0.231	0.231	0.236	0.236

注：***、**、* 分别表示1%、5%、10%的显著性水平。①能量需求方程中的因变量为利用本书计算的家庭人口结构指数折算获得的等价人均能量摄入量。②能量需求方程中的因变量为利用依据FAO能量数据计算的家庭人口结构指数折算获得的等价人均能量摄入量。③能量需求方程中的因变量为利用依据中国营养学会能量数据计算的家庭人口结构指数折算获得的等价人均能量摄入量。④能量需求方程中的因变量为利用家庭人口数量计算的人均能量摄入量。

从本书的*OLS*估计结果来看，除了户主户口状况和广东省区域变量之外，剩下的变量的估计显著性水平均在5%以下；而在本书的*IV*估计中，户主教育水平、户主户口状况、广东省和吉林省变量参数估计不显著，其余变量的估计显著性水平均在5%以下，可见从变量显著性数量上看，*OLS*估计相对较好。在FAO年龄结构指数、营养学会年龄结构指数和家庭人口数量的*OLS*估计中，除了广东省和吉林省区域变量之外，剩下的变量的估计显著性水平均在1%以下，可见模型估计较好。

从不同等价人均能量摄入水平下的*OLS*估计结果来看，户主受教育水平变量估计为负，表明与其他家庭相比，户主受教育水平为专科及以上家庭的能量摄入量相对较少。在外就餐支出比例变量估计显著为负。城市规模变量估计为负，表明与大城市的家庭相比，小城市的家庭的能量摄入量相对较少。河南省、河北省和四川省区域变量估计显著，表明家庭能量摄入量存在区域特征。

根据回归结果，计算了等价人均能量摄入水平关于连续变量的弹性（表 5-17）。

从本书人口结构指数下的 *OLS* 估计弹性结果来看，人均收入的弹性为 0.333，且显著性水平为 1%，表明家庭人均收入每变动 1%，家庭平均每标准人能量摄入量增加或者降低 0.333%。食物价格和在外食支出比例的弹性分别为−0.168 和−0.040，且显著性水平均为 1%，表明食物价格和在外就餐比例对家庭能量摄入量有显著负向影响。从 *IV* 估计结果来看，人均收入的弹性为 0.181。

本书对比了基于其他三种人口结构指标测算的能量人均收入弹性，结果表明，基于本书研究人口结构指数测算的人均收入弹性低于基于其他三类人口结构指标测算的人均收入弹性（0.402、0.392、0.395）。食物价格弹性和在外食物支出比例弹性也表现出相同的情况。

表 5-17　根据不同模型估计结果测算的能量需求弹性

因变量折算形式	能量需求		能量需求	能量需求	能量需求
	本书人口结构指数①		FAO 人口结构指数②	营养学会人口结构指数③	家庭人口数量④
	OLS	*IV*	*OLS*	*OLS*	*OLS*
人均收入	0.333***	0.181***	0.402***	0.392***	0.395***
	(0.007)	(0.053)	(0.007)	(0.007)	(0.007)
食物价格	−0.168***	−0.108***	−0.206***	−0.198***	−0.213***
	(0.020)	(0.029)	(0.021)	(0.020)	(0.020)
在外食物支出比例	−0.040***	−0.016***	−0.072***	−0.062***	−0.058**
	(0.004)	(0.010)	(0.004)	(0.004)	(0.004)

注：***、**、* 分别表示 1%、5%、10%的显著性水平。①能量需求方程中的因变量为利用本书计算的家庭人口结构指数折算获得的等价人均能量摄入量。②能量需求方程中的因变量为利用依据 FAO 能量数据计算的家庭人口结构指数折算获得的等价人均能量摄入量。③能量需求方程中的因变量为利用依据中国营养学会能量数据计算的家庭人口结构指数折算获得的等价人均能量摄入量。④能量需求方程中的因变量为利用家庭人口数量计算的人均能量摄入量。

（三）营养需求收入弹性结果对比分析

根据以往研究结果，能量需求的收入弹性整理在表 5-18 中。

首先，从家庭总能量摄入量层面的研究来看，本书利用 NBSC 数据，在控制人口结构因素后，估算的能量的总收入弹性为 0.217～0.325，大于刘华和胡雪枝利用 CHNS 数据估计的总收入弹性 0.039。

其次，从平均每标准人能量摄入量层面的研究来看，以本书的家庭人口结构指数为基础估算的能量人均收入弹性为0.181～0.333，低于利用FAO数据和中国营养学会数据为基础估算的人均收入弹性0.402和0.392，处在Meng等（2009）以主观尺度折算成人当量权数为基础估算的人均收入弹性范围内(0.215～0.794)，大于You等（2015）以OECD尺度折算的成人当量权数为基础估算的收入弹性0.097。收入弹性结果出现差异的原因包括：第一，使用的成人当量不用。第二，使用数据的不同，本书和Meng等（2009）使用的是NBSC数据，而You等（2015）使用是CHNS数据，两数据在调查方式上存在差异，国家统计局城镇住户调查数据获得方式为调查的样本家庭以每天记账的方式将其一整年的收入和支出情况进行记录，而中国健康营养调查的数据获得方式为在一周中随机抽取连续三天进行记录。

表5-18　能量需求收入弹性结果对比

作者	年份	能量摄入量	收入变量	数据区间	数据来源	区域	收入弹性	备注
本书		家庭①	家庭	2009	NBSC④	六省份城镇	0.217～0.325	
		标准人②	人均	2009	NBSC	六省份城镇	0.181～0.333	本书结果折算
		标准人	人均	2009	NBSC	六省份城镇	0.402	FAO数据折算
		标准人	人均	2009	NBSC	六省份城镇	0.392	营养学会数据折算
		人均③	人均	2009	NBSC	六省份城镇	0.395	
已有研究								
刘华等	2013	家庭	家庭	2006	CHNS⑤	九省份城镇⑥	0.039	
Meng等	2009	标准人	人均	1986—2000	NBSC	全国城镇	0.215～0.794	主观尺度折算
You等	2015	标准人	标准人	2004—2009	CHNS	九省份城镇	0.097	OECD尺度折算
Huang等	2010	人均	人均	2002—2005	NBSC	全国城镇	−0.01～0.210	
Tian等	2013	人均	人均	2004	CHNS	九省份城乡	0.064～0.322	
Zhong等	2012	人均	人均	1991—2009	CHNS	九省份城乡	0.045	
		人均	人均	1991—2009	CHNS	九省份城乡	0.042	加人口结构调整
张车伟等	2002	人均	消费支出	1997	NBSC	六贫困县	0.145	
Zheng等	2012	人均	食物支出	2004	NBSC	江苏省城镇	0.903	

注：①表示能量需求方程的因变量为家庭总能量摄入量；②表示能量需求方程的因变量为家庭平均每标准人摄入量；③表示能量需求方程的因变量为家庭平均每人摄入量；④NBSC表示国家统计局；⑤CHNS表示中国健康营养调查；⑥九省份包括辽宁、黑龙江、江苏、山东、河南、河北、湖南、广西、贵州。

最后，从人均能量摄入量层面的研究来看，本书估算的城镇居民的能量收入弹性为0.395，大于Huang等（2010）、Zhong等（2012）、Tian等（2013）

和张车伟等（2002）估算的收入弹性，小于 Zheng 等（2012）利用 NBSC 数据估算的江苏省城镇居民能量关于食物支出的弹性 0.903。

五、不同收入组的能量需求估计结果分析

（一）非参数估计结果分析

为了清楚直观地观察能量摄入量与家庭收入之间的关系，运用局部加权散点平滑估计（lowess）方法估计了家庭能量摄入量与家庭可支配收入水平之间的关系（图 5-4）。横轴为家庭可支配收入，纵轴为家庭能量摄入量。从非参数估计曲线的结果来看，开始时能量摄入量随人均收入增长而上升的速度较快，超过一定门槛值后上升的趋势变得缓慢。可见，家庭能量摄入量与家庭收入之间的关系并不是简单的线性关系。

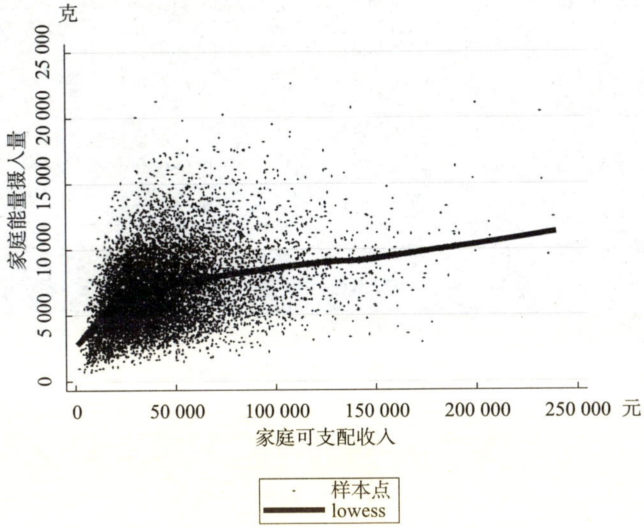

图 5-4　能量摄入水平随家庭收入变化情况

（二）不同收入组样本的能量需求估计结果分析

将家庭人均可支配收入进行排序并将样本等分为高、中、低三个收入组，进一步研究不同收入组下的收入、家庭人口特征等因素对家庭能量摄入量的影响。表 5-19 为总体及不同收入组的能量需求方程的最小二乘法估计结果。利用工具变量法进行的能量需求方程估计结果不再展示。虽然利用工具变量对收入内生性进行解决，且对工具变量的有效性进行了检验，但是参数估计结果不太理想。从最小二乘法和工具变量法的估计结果对比来看，除了收入变量的估计结果存在较大差异之外，其余变量的估计结果基本相同。因此，这里仅对最小二乘法的估计结果进行分析。

从不同收入组的估计结果对比来看，户主教育水平变量在各收入组的估计结果中均估计显著为负，且数值基本相同。城市规模变量在各收入组的估计结果中均估计显著为负，且低收入组估计结果中估计系数绝对值相对较大，表明城市规模对低收入组家庭摄入的能量的影响相对较大。是不是本地户籍变量在中收入组、高收入组的估计结果均估计显著为正。

表 5-19　不同收入组的能量需求的最小二乘法估计结果

变　量	低收入组	中收入组	高收入组
家庭可支配收入对数	0.512***	0.401***	0.140***
	(0.018)	(0.041)	(0.022)
户主教育水平	−0.048***	−0.044***	−0.033***
	(0.015)	(0.013)	(0.012)
在外就餐支出比例	−0.359***	−0.217***	−0.230***
	(0.053)	(0.048)	(0.039)
城市规模	−0.108***	−0.070***	−0.049***
	(0.018)	(0.016)	(0.014)
户口状况	0.035	0.080**	0.093***
	(0.042)	(0.035)	(0.027)
食物价格对数	−0.223***	−0.141***	−0.054
	(0.033)	(0.035)	(0.035)
河南	−0.172***	−0.102***	0.027
	(0.025)	(0.024)	(0.027)
河北	−0.189***	−0.121***	0.020
	(0.024)	(0.023)	(0.027)
吉林	−0.158***	0.013	0.161***
	(0.025)	(0.025)	(0.028)
广东	−0.129***	0.069**	0.161***
	(0.030)	(0.029)	(0.030)
四川	−0.011	0.073***	0.214***
	(0.023)	(0.023)	(0.026)
人口结构变量	有	有	有
常数项	3.891***	4.576***	6.798***
	(0.177)	(0.401)	(0.231)
观察值	3 488	3 487	3 487
调整后的判定系数	0.371	0.253	0.263

注：***、**、* 分别表示 1%、5%、10%的显著性水平。

根据能量需求方程的估计结果，就连续变量对能量需求的影响进行了弹性估计，结果整理在表5-20。最重要的发现是，能量需求的收入弹性随着收入层的增加而减少。低收入组、中收入组、高收入组的能量收入弹性分别为0.512、0.401、0.140，且显著性水平均为1%。接下来重要的发现是，在低收入组、中收入组、高收入组的估计结果中，家庭人口年龄结构对能量摄入量的弹性分别为0.253、0.289、0.484，且显著性水平均为1%，表明随着收入层的增加，家庭人口年龄结构变化对能量摄入量的影响会变大。值得关注的是，从不同收入组的结果看，低收入组、中收入组、高收入组的在外食物支出比例弹性分别为−0.039、−0.033、0.053，且显著性水平均为1%，表明在外就餐对家庭摄入的能量有负向影响，且在外就餐对高收入家庭的能量摄入量影响相对较大。食物价格负向影响能量摄入量，符合理论预期，但仅低收入组和中收入组的价格弹性估计显著。

表5-20　不同收入组的能量需求弹性结果

变　量	低收入组	中收入组	高收入组
家庭年收入	0.512***	0.401***	0.140***
	(0.018)	(0.041)	(0.022)
人口结构指数	0.253***	0.289***	0.484***
	(0.062)	(0.120)	(0.046)
在外食物支出占比	−0.039***	−0.033***	−0.053***
	(0.006)	(0.007)	(0.008)
食物价格	−0.223***	−0.141***	−0.054
	(0.033)	(0.035)	(0.035)

注：***、**、*分别表示1%、5%、10%的显著性水平。

六、主要营养素需求估计结果分析

(一) 非参数估计结果分析

为了清楚直观地观察主要营养素摄入量与家庭收入之间的关系，运用局部加权散点平滑估计（lowess）方法估计了家庭蛋白质、脂肪和碳水化合物摄入水平与家庭可支配收入水平之间的关系（图5-5）。横轴为家庭可支配收入，纵轴为家庭蛋白质、脂肪和碳水化合物摄入量。从非参数估计曲线的结果来看，开始时蛋白质、脂肪和碳水化合物摄入量随人均收入增长而上升的速度较快，超过一定门槛值后上升的趋势变得缓慢。可见，家庭蛋白质、脂肪和碳水化合物摄入量与家庭收入之间的关系并不是简单的线性关系。尽管非参数估计能够识别营养摄入量与收入之间的非线性关系，但是非参数估计未能考虑控制变量的影响。因此，有必要采用分不同收入组估计的方式检验营养摄入量与收入之间的非线性关系。

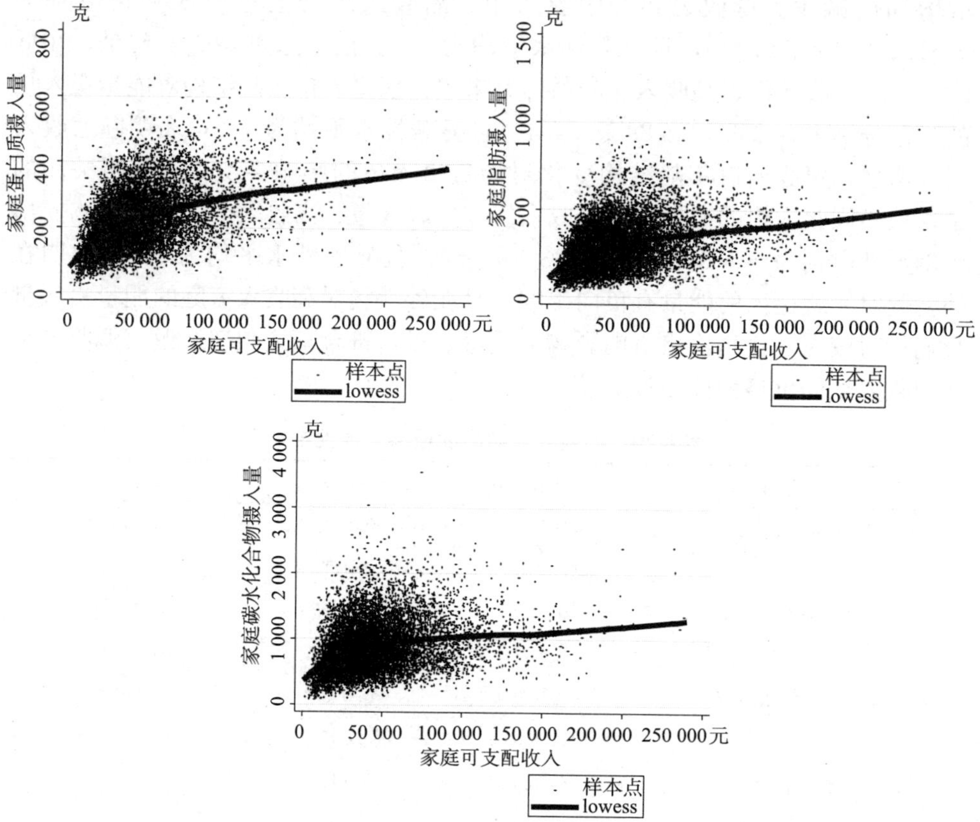

图 5-5　主要营养素摄入水平随家庭收入变化情况

（二）总体及不同收入组的蛋白质需求估计结果分析

表 5-21 为总体及不同收入组的蛋白质方程的最小二乘法估计结果。虽然利用工具变量对收入内生性进行解决，且对工具变量的有效性进行了检验，但是参数估计结果不太理想。从最小二乘法和工具变量法的估计结果对比来看，除了收入变量的估计结果存在较大差异之外，其余变量的估计结果基本相同。因此，这里仅对最小二乘法的估计结果进行分析。

从总体样本的估计结果来看，户主教育水平变量参数估计为负，表明与其他家庭相比，户主教育水平为专科及以上的家庭蛋白质摄入量相对较少。家庭是否在小城市变量估计显著为负，表明与大城市家庭相比，小城市家庭摄入的蛋白质相对较少。是不是本地户籍变量估计显著为正，表明与非本地户籍的家庭相比，本地户籍的家庭摄入的蛋白质较高。从区域变量估计结果来看，河南省、河北省、吉林省和四川省变量参数估计显著为负，而广东省变量参数估计显著为正，表明在家庭蛋白质摄入量上这些省份与参照省份新疆维吾尔自治区相比存在显著差异。绝大部分的年龄结构变量参数估计显著，表明家庭年龄结构对家庭能量摄入量有显著影响。

从不同收入组的估计结果对比来看，户主教育水平变量在各收入组的估计结果中均估计显著，且数值基本相同。城市规模变量在低收入组、中收入组中估计显著为负，而在高收入组中不显著，表明城市规模对低收入和中收入组家庭的蛋白质摄入量有显著影响。是不是本地户籍变量在低收入组、中收入组、高收入组的估计结果均估计显著为正，且随收入的增加估计系数逐渐变大，表明随着收入的增加，户口因素对家庭蛋白质摄入量的影响逐渐变大。

表 5-21 总体及不同收入组的蛋白质需求的最小二乘法估计结果

变　量	总样本	低收入组	中收入组	高收入组
家庭可支配收入对数	0.342***	0.521***	0.412***	0.135***
	(0.007)	(0.017)	(0.039)	(0.021)
户主教育水平	−0.042***	−0.038***	−0.033***	−0.035***
	(0.007)	(0.014)	(0.012)	(0.012)
在外就餐支出比例	−0.249***	−0.327***	−0.218***	−0.179***
	(0.025)	(0.050)	(0.045)	(0.037)
城市规模	−0.044***	−0.079***	−0.038**	−0.013
	(0.009)	(0.017)	(0.015)	(0.013)
户口状况	0.107***	0.079**	0.114***	0.128***
	(0.018)	(0.040)	(0.033)	(0.026)
食物价格对数	−0.006	−0.057*	−0.046	−0.130***
	(0.019)	(0.031)	(0.033)	(0.033)
河南	−0.065***	−0.099***	−0.058**	0.022
	(0.014)	(0.023)	(0.022)	(0.026)
河北	−0.090***	−0.141***	−0.083***	0.016
	(0.013)	(0.022)	(0.022)	(0.026)
吉林	−0.033**	−0.142***	0.004	0.105***
	(0.014)	(0.024)	(0.023)	(0.027)
广东	0.043***	−0.084***	0.088***	0.154***
	(0.016)	(0.029)	(0.027)	(0.028)
四川	−0.039***	−0.096***	−0.038*	0.060**
	(0.013)	(0.022)	(0.022)	(0.025)

（续）

变　量	总样本	低收入组	中收入组	高收入组
人口结构变量	有	有	有	有
常数项	1.333***	−0.070	0.585	3.023***
	(0.077)	(0.167)	(0.377)	(0.220)
观察值	10 462	3 488	3 487	3 487
调整后的判定系数	0.351	0.396	0.285	0.312

注：***、**、* 分别表示1%、5%、10%的显著性水平。

根据蛋白质需求方程的估计结果，就连续变量对蛋白质摄入量的影响进行了弹性估计，结果整理在表5-22。

首先，总体样本对应的蛋白质收入弹性为0.342，显著性水平为1%，表明当收入变动1%，蛋白质摄入量变动0.342%。摄入的蛋白质的收入弹性随着收入层的增加而减少。具体来看，低收入组、中收入组、高收入组的蛋白质收入弹性分别为0.521、0.412、0.135，且显著性水平均为1%。

其次，总体样本中，人口结构指数对蛋白质摄入量的弹性为0.351，显著性水平为1%。低收入组、中收入组、高收入组的人口结构指数弹性分别为0.223、0.268、0.476，且显著性水平均为1%，表明随着收入层的变化，家庭人口年龄结构变化对蛋白质摄入量的影响会变大。

最后，在外食物支出比例对总体样本家庭摄入的蛋白质的弹性为−0.040，显著性为1%，表明在外就餐对家庭蛋白质摄入量有负向影响。一种可能的解释为人们在家饮食可能更注重营养，而在外就餐可能更注重口感，而口感好未必营养价值高。从不同收入组的结果看，低收入组、中收入组、高收入组的在外食物支出比例弹性基本相同，分别为−0.036、−0.033、−0.039，且显著性水平均为1%。食物价格负向影响蛋白质摄入量，符合理论预期，但仅低收入组和高收入组的价格弹性估计显著。

表5-22　总体及不同收入组的蛋白质需求弹性结果

变　量	总样本	低收入组	中收入组	高收入组
家庭年收入	0.342***	0.521***	0.412***	0.135***
	(0.007)	(0.017)	(0.039)	(0.021)
人口结构指数	0.351***	0.223***	0.268***	0.476***
	(0.034)	(0.054)	(0.134)	(0.047)
在外食物支出占比	−0.040***	−0.036***	−0.033***	−0.039***
	(0.004)	(0.005)	(0.007)	(0.008)
食物价格	−0.006	−0.057*	−0.046	−0.130***
	(0.019)	(0.031)	(0.033)	(0.033)

注：***、**、* 分别表示1%、5%、10%的显著性水平。

（三）总体及不同收入组的脂肪需求估计结果分析

表5-23为总体及不同收入组的脂肪方程的最小二乘法估计结果。虽然利用工具变量对收入内生性进行解决，且对工具变量的有效性进行了检验，但是参数估计结果不太理想。从最小二乘法和工具变量法的估计结果对比来看，除了收入变量的估计结果存在较大差异之外，其余变量的估计结果基本相同。因此，这里仅对最小二乘法的估计结果进行分析。

从总体样本的估计结果来看，户主教育水平变量参数估计为负，表明与其他家庭相比，户主教育水平为专科及以上的家庭摄入的脂肪相对较少。家庭是否在小城市变量估计显著为负，表明与大城市家庭相比，小城市家庭摄入的脂肪相对较少。是不是本地户籍变量估计显著为正，表明与非本地户籍的家庭相比，本地户籍的家庭摄入的脂肪较高。从区域变量估计结果来看，河南省、河北省变量参数估计显著为负，而四川省变量参数估计显著为正，表明在家庭脂肪摄入量上这些省份与参照省份新疆维吾尔自治区相比存在显著差异。绝大部分的年龄结构变量参数估计显著，表明家庭年龄结构对家庭脂肪摄入量有显著影响。

从不同收入组的估计结果对比来看，户主教育水平变量在各收入组的估计结果中均估计显著为负。城市规模变量在各收入组的估计结果中均估计显著为负，且低收入组中估计系数绝对值相对较大，表明城市规模因素对低收入组家庭摄入的脂肪的影响相对较大。是不是本地户籍变量在中收入组、高收入组的估计结果均显著为正。

表5-23 总体及不同收入组的脂肪需求的最小二乘法估计结果

变　量	总样本	低收入组	中收入组	高收入组
家庭可支配收入对数	0.308***	0.528***	0.377***	0.117***
	(0.009)	(0.020)	(0.047)	(0.025)
户主教育水平	−0.063***	−0.067***	−0.068***	−0.034**
	(0.009)	(0.017)	(0.015)	(0.014)
在外就餐支出比例	−0.299***	−0.341***	−0.191***	−0.295***
	(0.030)	(0.059)	(0.055)	(0.043)
城市规模	−0.078***	−0.099***	−0.068***	−0.057***
	(0.011)	(0.020)	(0.019)	(0.016)
户口状况	0.059***	0.019	0.076*	0.080***
	(0.022)	(0.047)	(0.040)	(0.031)
食物价格对数	−0.191***	−0.148***	−0.208***	−0.321***
	(0.022)	(0.037)	(0.040)	(0.039)

（续）

变　量	总样本	低收入组	中收入组	高收入组
河南	−0.047***	−0.120***	−0.033	0.103***
	(0.016)	(0.027)	(0.027)	(0.030)
河北	−0.054***	−0.137***	−0.040	0.111***
	(0.016)	(0.027)	(0.026)	(0.030)
吉林	−0.016	−0.159***	0.020	0.194***
	(0.017)	(0.028)	(0.029)	(0.032)
广东	0.031	−0.135***	0.098***	0.195***
	(0.019)	(0.034)	(0.033)	(0.033)
四川	0.291***	0.194***	0.307***	0.449***
	0.308***	0.528***	0.377***	0.117***
人口结构变量	有	有	有	有
常数项	1.518***	−0.226	0.777*	2.969***
	(0.091)	(0.198)	(0.461)	(0.261)
观察值	10 462	3 488	3 487	3 487
调整后的判定系数	0.324	0.368	0.296	0.328

注：***、**、*分别表示1%、5%、10%的显著性水平。

根据脂肪方程的估计结果，就连续变量对脂肪摄入量的影响进行了弹性估计，结果整理在表5-24。

首先，脂肪的收入弹性随着收入层的增加而减少。低收入组、中收入组、高收入组的收入弹性分别为0.528、0.377、0.117，且显著性水平均为1%。总体样本对应的脂肪收入弹性为0.308，显著性水平为1%。

其次，总体样本中，人口结构指数对脂肪摄入量的弹性为0.376，显著性水平为1%。低收入组、中收入组、高收入组的人口结构指数弹性分别为0.190、0.311、0.487，且显著性水平均为1%，表明随着收入的增加，脂肪摄入量对家庭人口年龄结构变化的影响会变大。值得关注的是，在外食物支出比例对总体样本家庭的脂肪摄入量的弹性为−0.048，显著性为1%，表明在外就餐对家庭摄入的脂肪有负向影响。从不同收入组的结果看，低收入组、中收入组、高收入组的在外食物支出比例弹性分别为−0.037、−0.029、−0.065，且显著性水平均为1%，表明在外就餐对高收入组家庭摄入的脂肪影响相对较大。食物价格负向影响脂肪摄入量，符合理论预期。

表 5-24 总体及不同收入组的脂肪需求弹性结果

变 量	总样本	低收入组	中收入组	高收入组
家庭年收入	0.308***	0.528***	0.377***	0.117***
	(0.009)	(0.020)	(0.047)	(0.025)
人口结构指数	0.376***	0.190**	0.311**	0.487***
	(0.034)	(0.079)	(0.128)	(0.049)
在外食物支出占比	−0.048***	−0.037***	−0.029***	−0.065***
	(0.004)	(0.006)	(0.008)	(0.010)
食物价格	−0.191***	−0.148***	−0.208***	−0.321***
	(0.022)	(0.037)	(0.040)	(0.039)

注：***、**、* 分别表示 1%、5%、10%的显著性水平。

（四）总体及不同收入组的碳水化合物需求估计结果分析

表 5-25 为总体及不同收入组的碳水化合物方程的最小二乘法估计结果。虽然利用工具变量对收入内生性进行解决，且对工具变量的有效性进行了检验，但是参数估计结果不太理想。从最小二乘法和工具变量法的估计结果对比来看，除了收入变量的估计结果存在较大差异之外，其余变量的估计结果基本相同。这里仅对最小二乘法的估计结果进行分析。

从总体样本的估计结果来看，户主教育水平变量参数估计为负，表明与其他家庭相比，户主教育水平为专科及以上的家庭摄入的碳水化合物相对较少。家庭是否在小城市变量估计显著为负，表明与大城市家庭相比，小城市家庭摄入的碳水化合物相对较少。是不是本地户籍变量估计显著为正，表明与非本地户籍的家庭相比，本地户籍的家庭摄入的碳水化合物较多。从区域变量估计结果来看，河南省、河北省、四川省变量参数估计显著为负，表明在家庭碳水化合物摄入量上这些省份与参照省份新疆维吾尔自治区相比存在显著差异。绝大部分的年龄结构变量参数估计显著，表明家庭年龄结构对家庭碳水化合物摄入量有显著影响。

从不同收入组的估计结果对比来看，户主教育水平变量在各收入组的估计结果中均估计显著为负。城市规模变量在各收入组的估计结果中均估计显著为负，且低收入组中估计系数绝对值相对较大，表明城市规模因素对低收入组家庭的影响相对较大。是不是本地户籍变量在中收入组、高收入组的估计结果均显著为正。

根据碳水化合物方程的估计结果，就连续变量对碳水化合物摄入量的影响进行了弹性估计，结果整理在表 5-26。

首先，碳水化合物的收入弹性随着收入层的增加而减少。具体来看，低收入组、中收入组、高收入组的碳水化合物收入弹性分别为 0.503、0.423、

0.162，且显著性水平均为1%。总体样本的碳水化合物收入弹性为0.337，显著性水平为1%。

表5-25　总体及不同收入组的碳水化合物需求最小二乘法估计结果

变量	总样本	低收入组	中收入组	高收入组
家庭可支配收入对数	0.337***	0.503***	0.423***	0.162***
	(0.008)	(0.020)	(0.045)	(0.024)
户主教育水平	−0.041***	−0.040**	−0.032**	−0.031**
	(0.008)	(0.016)	(0.014)	(0.013)
在外就餐支出比例	−0.277***	−0.384***	−0.236***	−0.197***
	(0.028)	(0.057)	(0.052)	(0.042)
城市规模	−0.085***	−0.119***	−0.078***	−0.056***
	(0.010)	(0.020)	(0.018)	(0.015)
户口状况	0.065***	0.030	0.070*	0.092***
	(0.021)	(0.046)	(0.038)	(0.030)
食物价格对数	−0.486***	−0.524***	−0.446***	−0.401***
	(0.021)	(0.036)	(0.038)	(0.038)
河南	−0.159***	−0.223***	−0.160***	−0.021
	(0.016)	(0.027)	(0.026)	(0.029)
河北	−0.184***	−0.243***	−0.186***	−0.043
	(0.015)	(0.026)	(0.025)	(0.029)
吉林	−0.010	−0.144***	0.026	0.163***
	(0.016)	(0.027)	(0.027)	(0.031)
广东	0.012	−0.134***	0.054*	0.157***
	(0.018)	(0.033)	(0.032)	(0.032)
四川	−0.062***	−0.144***	−0.070***	0.086***
	(0.015)	(0.025)	(0.025)	(0.028)
人口结构变量	有	有	有	有
常数项	3.892***	2.563***	3.014***	5.294***
	(0.088)	(0.192)	(0.436)	(0.250)
观察值	10 462	3 488	3 487	3 487
调整后的判定系数	0.287	0.377	0.244	0.233

注：***、**、*分别表示1%、5%、10%的显著性水平。

其次，总体样本中，人口结构指数对碳水化合物摄入量的弹性为0.390，显著性水平为1%。低收入组、中收入组、高收入组的人口结构指数弹性分别为0.298、0.271、0.484，且显著性水平均为1%，表明随着收入层的增加，家庭人口年龄结构变化对碳水化合物摄入量的影响会变大（表5-26）。

最后，在外食物支出比例对总体样本家庭的碳水化合物摄入量的弹性为−0.044，显著性为1%，表明在外就餐对家庭摄入的碳水化合物有负向影响。从不同收入组的结果看，低收入组、中收入组、高收入组的在外食物支出比例弹性分别为−0.042、−0.036、−0.043，且显著性水平均为1%，表明在外就餐对高收入组家庭摄入的碳水化合物影响相对较大。食物价格负向影响碳水化合物摄入量，符合理论预期。低收入组、中收入组、高收入组的价格弹性绝对值分别为0.524、0.446、0.401，且显著性水平均为1%，表明食物价格对低收入组家庭摄入的碳水化合物影响相对较大。

表5-26 总体及不同收入组的碳水化合物需求弹性结果

变量	总样本	低收入组	中收入组	高收入组
家庭年收入	0.337***	0.503***	0.423***	0.162***
	(0.008)	(0.020)	(0.045)	(0.024)
人口结构指数	0.390***	0.298***	0.271**	0.484***
	(0.037)	(0.065)	(0.135)	(0.050)
在外食物支出占比	−0.044**	−0.042***	−0.036***	−0.043***
	(0.005)	(0.006)	(0.008)	(0.009)
食物价格	−0.486***	−0.524***	−0.446***	−0.401***
	(0.021)	(0.036)	(0.038)	(0.038)

注：***、**、*分别表示1%、5%、10%的显著性水平。

第三节 小　　结

近年，随着城镇化加快，农村人口大量涌入城市，城镇贫困人口数量不断增长，其越来越容易受到营养不良问题的冲击。在此背景下，城镇住户家庭的营养改善问题应引起足够重视。本部分首先对我国城镇居民的营养摄入现状进行了分析；其次，以国家统计局2009年6省份城镇家庭食物消费数据为基础数据，结合营养成分表转化获得营养消费数据，开展收入、价格、人口结构等因素对城镇居民营养摄入量的影响研究，并依据不同标准测算了个人和家庭能量成人当量水平，得出以下结论。

收入是影响家庭能量摄入量的重要因素。总体样本中，通过多个模型估计的能量收入弹性范围为0.181～0.402。低收入组、中收入组、高收入组的能量收入弹性分别为0.512、0.401、0.140，且显著性水平均为1%，可见，随着收入的增加，家庭摄入的能量对收入变化的反应逐渐减小，这也表明能量摄入量与收入之间的关系不是简单的线性关系。

人口结构对家庭摄入的能量、蛋白质、脂肪、碳水化合物均有显著正向影响。在总体样本估计中，能量、蛋白质、脂肪、碳水化合物摄入量对人口结构指数的弹性分别为 0.446、0.351、0.376、0.390。

总体样本家庭摄入的能量的收入弹性为 0.217，且显著性水平均为 1%。如果不考虑人口结构因素，能量摄入量的收入弹性会从 0.217 上升到 0.389，这表明未考虑人口结构因素作用下的能量摄入分析可能由于忽略人口结构这一重要因素而导致估计参数有偏。

依据不同标准测算的家庭能量成人当量规模与家庭人口数量之间存在差异。本书研究测算的家庭人口结构指数的均值为 2.341 3，比以 FAO 能量数据为基础计算的家庭人口结构指数低 0.210 4，比以中国营养学会能量数据为基础计算的家庭人口结构指数低 0.293 6，也明显低于家庭人口数量 3.052 5。这也表明根据年龄、性别、需求等信息计算的成人当量规模比人口数量包含较多的人口结构信息。

从总体样本的主要营养素需求弹性来看，蛋白质、脂肪、碳水化合物的收入弹性分别为 0.342、0.308、0.337。主要营养素摄入量与收入之间的关系表现为非线性，蛋白质、脂肪、碳水化合物的收入弹性都随着收入层的增加而减少。具体来看，低收入组的蛋白质、脂肪、碳水化合物的收入弹性分别 0.521、0.528、0.503，中收入组的收入弹性分别为 0.412、0.377、0.423，高收入组的收入弹性为 0.135、0.117、0.162。

食物价格和在外就餐对家庭营养摄入有显著负向影响。在总体样本估计中，能量、蛋白质、脂肪、碳水化合物摄入量对食物价格的弹性分别为 −0.172、−0.006、−0.191、−0.486，能量、蛋白质、脂肪和碳水化合物摄入对在外食物支出比例的弹性分别为 −0.045、−0.040、−0.048、−0.044。从不同收入组的弹性估计结果来看，在外就餐支出对高收入组家庭摄入的营养影响相对较大。

第六章　食物需求当量模拟及人口结构对食物进口的影响

实证研究部分显示人口结构对食物支出和营养摄入量有显著影响，如果食物消费分析不考虑人口结构因素将导致估计有偏，这将对未来食物需求的准确预测产生影响。因此，食物消费和预测需要考虑人口结构这一重要因素，在其他因素不变的情况下，如果忽略了人口结构变化，未来食物需求预测可能不准确，导致对食物净进口的预测可能出现偏差。

前面部分分别从食物支出和能量摄入量的角度测算了不同人口的食物支出成人当量和能量成人当量，为了方便表述，上述两种当量统称为食物需求当量。本章对两个标准下测算的成人当量进行模拟与应用，即将人口结构变化考虑在内，对过去和未来人口当量规模变动进行模拟分析，进一步根据人均当量变动对未来食物需求和净进口的预测结果进行修正，分析人口结构对食物进口的影响。

具体思路为：首先，对2000—2016年的人口数量和人口当量变化进行对比分析，为未来人口当量的模拟做好分析基础；其次，对比分析未来人口数量与人口当量规模的变动；最后，根据未来人均当量的变化，对食物净进口的预测结果进行修正，分析考虑和不考虑人口结构变化下的净进口之间的差异，便于分析人口结构对食物进口的影响。

第一节　人口结构与食物自给率的变化

本部分首先基于2000—2016年我国城镇人口性别年龄结构的变化，利用前面部分实证获得的食物支出成人当量和能量成人当量，测算我国城镇人口食物需求当量规模的变化；然后，通过非参数估计曲线分析城镇人口食物需求当量与食物自给率之间的关系。

一、考虑人口结构的人口食物需求当量规模的测算

对于一个国家，其总人口可以折算成按标准人为尺度计算的实际人口数，表示如下

$$M = \sum_{k=0}^{80+} (AES_k \times n_{kt}) \tag{6-1}$$

其中，M 为一个国家的总人口折算成按标准人为尺度计算的总人口；根据年龄和性别特征把人口划分为 k 组；AES_k 是第 k 年龄性别组中的个体对应的食物需求成人当量；n_{kt} 设定为在第 t 年份，一个国家和地区根据年龄和性别划分在第 k 组中的人口数量。设定 P 为一个国家的总人口，那么它与 M 之间存在一定的差异。M 是考虑了人口年龄性别结构因素而计算出的实际总人口，它的测算前提是个体消费存在异质性，而人口总数 P，其隐含的假设是每个成员是同质的。鉴于这种差异，计算一个群体的标准消费人的规模可以较好地反映该群体人口结构。

基于上述框架，结合我国城镇人口性别年龄结构和不同人口的食物支出成人当量和能量成人当量测算了 2000—2016 年我国城镇人口食物需求当量数量的变化（表 6-1）。

表 6-1　2000—2016 年我国城镇人口数量与食物需求当量规模

单位：亿人、亿标准人

年份	人口数量	食物支出成人当量数量			能量成人当量数量		
		全部城镇	男性	女性	全部城镇	男性	女性
2000	4.59	4.06	2.21	1.85	3.35	2.04	1.30
2001	4.81	4.34	2.30	2.04	3.52	2.11	1.41
2002	5.02	4.56	2.41	2.16	3.69	2.21	1.48
2003	5.24	4.81	2.52	2.29	3.87	2.31	1.56
2004	5.43	5.01	2.61	2.40	4.03	2.40	1.63
2005	5.62	5.17	2.71	2.46	4.16	2.48	1.68
2006	5.83	5.39	2.82	2.58	4.33	2.58	1.75
2007	6.06	5.64	2.94	2.70	4.51	2.69	1.82
2008	6.24	5.84	3.04	2.79	4.66	2.79	1.88
2009	6.45	6.07	3.16	2.91	4.83	2.89	1.95
2010	6.70	6.15	3.29	2.85	4.99	3.04	1.96
2011	6.91	6.36	3.40	2.96	5.15	3.13	2.02
2012	7.12	6.58	3.51	3.07	5.31	3.23	2.09
2013	7.31	6.77	3.62	3.16	5.47	3.33	2.14
2014	7.49	6.97	3.71	3.27	5.61	3.40	2.21
2015	7.71	7.22	3.85	3.37	5.79	3.53	2.26
2016	7.93	7.45	3.97	3.49	5.96	3.63	2.33

图 6-1 为 2000—2016 年城镇人口数量与食物需求当量数量的变动。对比考虑和不考虑人口结构的人口规模增长幅度来看，考虑了人口结构因素的食物支出当量数量和能量当量数量与单纯以个体同质性为计算前提的人口数量之间并未保持一致的增长幅度，而是当量规模增长幅度相对较大。可以看出，考虑了人口结构变化的实际人口的变动与人口数量变动存在差异，假设一得到验证，这表示我们需要重视人口结构变动对食物消费的影响。

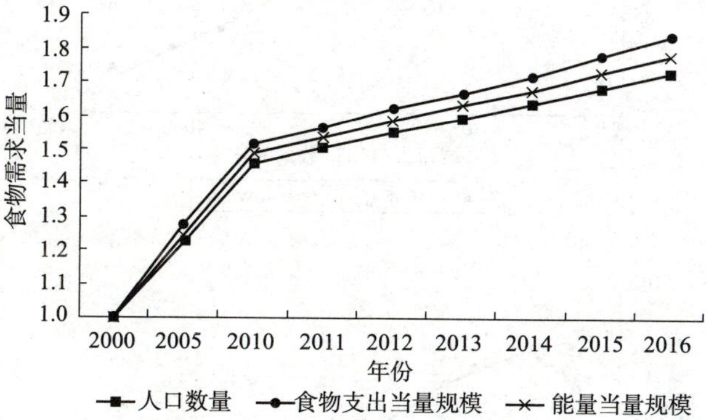

图 6-1　2000—2016 年城镇居民人口数量与人口当量数量变动（2000 年为基期）

二、人口食物需求当量与食物自给率的变动分析

图 6-2 为利用非参数估计方法估计的营养自给率随城镇人口人均当量的变化。横轴为城镇人口能量当量规模占全国人口总数的比重，纵轴为营养自给率，包括能量、蛋白质、脂肪、碳水化合物自给率。城镇人口能量当量规模占全国人口总数的比重既反映了城镇人口结构的变化，又能反映城镇化水平，是个综合指标。营养自给率是从营养角度反映我国食物自给状况的指标。

从图 6-2 可以看出，营养自给率均是随着城镇人口当量比重的增加而减少。但是各自变化的幅度存在一定的差异，表现在能量和蛋白质自给率与城镇人口当量比重之间是一个比较平稳的线性关系；而对于脂肪自给率来说，刚开始时，脂肪自给率随城镇人口当量比重增加而快速下降，大约在比重超过 35%时，脂肪自给率下降变缓；而碳水化合物自给率表现出相反的变化，在城镇人口当量比重较低时，碳水化合物自给率随城镇人口当量比重增加而下降得较为缓慢，超过一定比重后，碳水化合物自给率下降得较快。

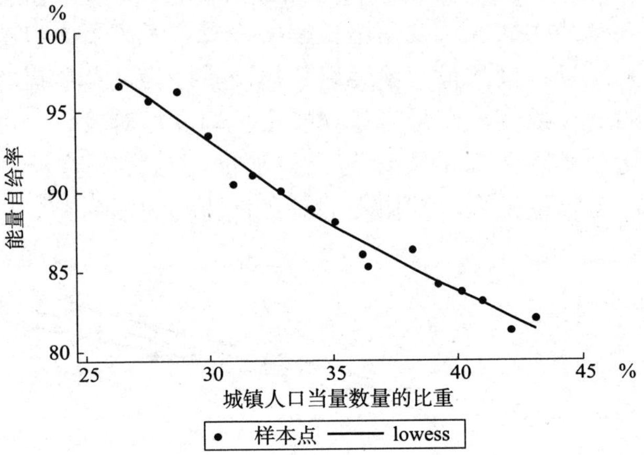
%
100
95
90
85
80
能量自给率
25
30
35
40
45
%
城镇人口当量数量的比重
样本点
lowess

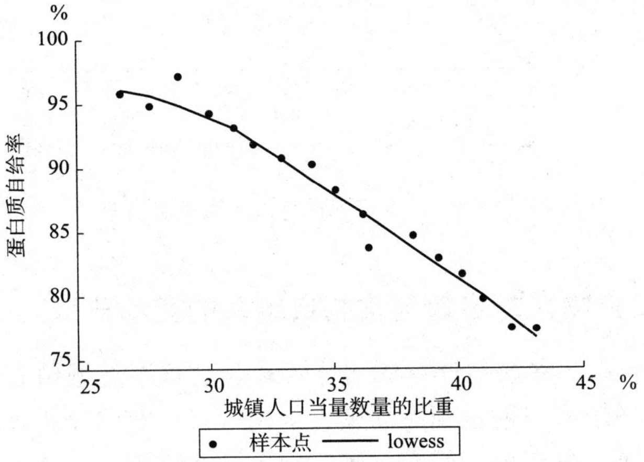
%
100
95
90
85
80
75
蛋白质自给率
25
30
35
40
45
%
城镇人口当量数量的比重
样本点
lowess

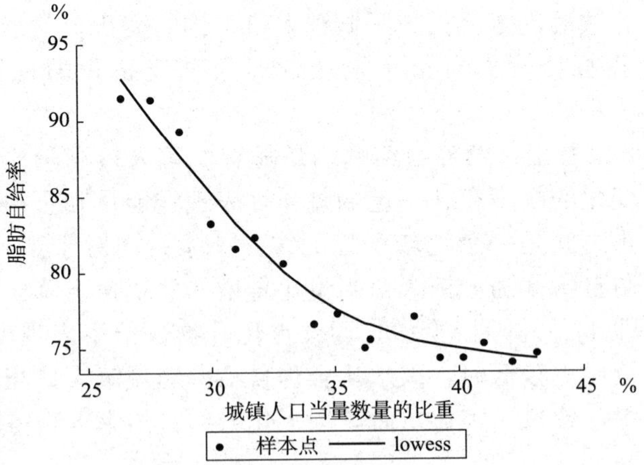
%
95
90
85
80
75
脂肪自给率
25
30
35
40
45
%
城镇人口当量数量的比重
样本点
lowess

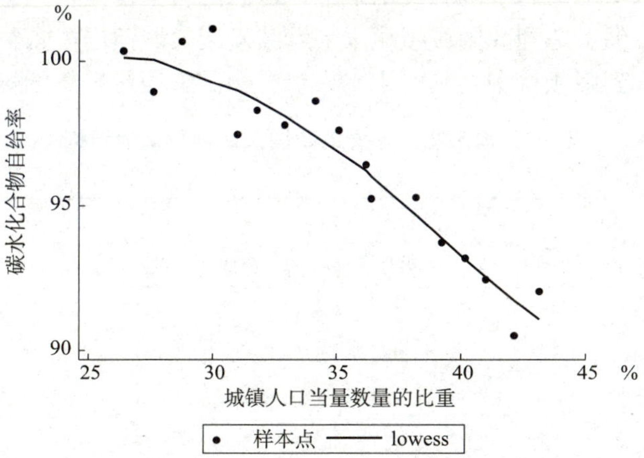

图 6-2　营养自给率随城镇居民人均当量的变化

第二节　未来人口食物需求当量规模变动的模拟分析

现阶段关于 2017—2050 年的人口数量及结构的预测结果主要来自联合国以及各科研机构的专家学者，预测结果的不同对未来消费需求的预测分析会产生影响。本书不进行未来人口结构的预测，而是利用有关机构对人口结构预测的结果，结合食物需求当量计算全国层面的人口食物需求当量规模。目的是将人口结构因素考虑进去进行未来人口食物需求当量规模的预测，以此来推断未来我国食物需求和自给状况。

一、未来人口食物需求当量规模变动的预测方案

将结合未来人口结构的预测结果和不同人口的食物支出成人当量与能量成人当量结果，测算未来人口食物需求当量规模的变动。

具体预测方案为：首先，2017—2050 年我国人口性别年龄结构的预测结果来自向晶的全面二孩中位方案中的人口预测结果。其未来人口预测方案为 2014 年实施单独二孩政策后，2016 年开始实施全面二孩政策，综合生育率持续上升，从 2015 年的 1.55 逐渐上升到 2018 年达到 1.9，随后下降，并最终稳定在 1.8。表 6-2 为未来主要年份的我国人口性别年龄结构。其次，根据第四章和第五章测算的不同人口的食物支出成人当量和能量成人当量数值，计算与人口结构预测结果中的年龄组相对应的食物支出成人当量和能量成人当量(表 6-3)。

需要说明的是，在未来人口当量规模模拟中是将本书研究测算获得的城镇

不同人口当量水平运用到全国居民水平上，该做法对未来人口当量数量的变动模拟有一定影响，但考虑到我国城镇化水平继续发展，城镇居民食物消费在全国食物消费水平上起到引领作用，其对未来人口食物需求当量趋势的模拟影响有限。

表 6-2　未来主要年份的我国人口性别年龄结构

单位：万人

年龄分层（岁）	2020 年			2030 年			2040 年			2050 年		
	合计	男性	女性	合计	男性	女性	合计	男性	女性	合计	男性	女性
0～4	9 012	4 784	4 228	6 769	3 518	3 251	6 797	3 526	3 271	6 696	3 475	3 221
5～9	8 306	4 460	3 847	7 715	4 041	3 675	6 539	3 390	3 149	6 968	3 618	3 351
10～14	7 858	4 232	3 626	8 996	4 776	4 220	6 758	3 513	3 245	6 788	3 523	3 265
15～19	7 524	4 033	3 491	8 296	4 454	3 843	7 708	4 037	3 671	6 534	3 388	3 146
20～24	7 883	4 190	3 694	7 846	4 224	3 621	8 985	4 770	4 215	6 752	3 510	3 241
25～29	10 595	5 580	5 016	7 506	4 022	3 484	8 282	4 446	3 836	7 697	4 032	3 665
30～34	12 881	6 688	6 194	7 858	4 175	3 683	7 828	4 215	3 613	8 968	4 763	4 205
35～39	9 908	5 090	4 818	10 549	5 554	4 995	7 482	4 010	3 472	8 260	4 437	3 823
40～44	8 472	4 858	3 614	12 796	6 642	6 154	7 816	4 155	3 660	7 793	4 201	3 592
45～49	11 800	6 037	5 763	9 793	5 029	4 764	10 444	5 505	4 939	7 420	3 985	3 435
50～54	12 155	6 155	5 999	9 260	4 740	4 520	12 573	6 532	6 041	7 687	4 098	3 590
55～59	9 664	4 902	4 762	11 327	5 763	5 565	9 481	4 865	4 616	10 120	5 345	4 775
60～64	7 502	3 772	3 730	11 331	5 660	5 671	8 697	4 424	4 274	11 902	6 178	5 725
65～69	7 148	3 531	3 617	8 570	4 230	4 340	10 144	5 079	5 065	8 604	4 383	4 221
70～74	4 460	2 157	2 302	6 064	2 917	3 147	9 373	4 552	4 821	7 219	3 611	3 609
75～79	2 744	1 300	1 443	5 175	2 385	2 790	6 415	3 034	3 381	7 580	3 691	3 889
＞80	2 729	1 176	1 553	4 285	1 835	2 451	6 697	2 923	3 774	10 017	4 573	5 444
合计	141 641	72 944	68 697	144 136	73 965	70 171	142 019	72 976	69 042	137 005	70 812	66 193

资料来源：中国社会科学院人口与劳动经济研究所课题预测结果。

表 6-3　不同年龄组别的食物支出或能量的成人当量水平

年龄分层（岁）	食物支出成人当量		能量成人当量	
	男性	女性	男性	女性
0～4	1.059	1.054	0.508	0.500
5～9	0.678	0.623	0.456	0.383
10～14	0.735	0.605	0.641	0.479
15～19	0.839	0.672	0.773	0.566
20～24	0.815	0.586	0.799	0.541

（续）

年龄分层（岁）	食物支出成人当量		能量成人当量	
	男性	女性	男性	女性
25～29	0.773	0.409	0.914	0.487
30～34	0.935	0.800	0.986	0.623
35～39	1.000（标准人）	0.964	1.000（标准人）	0.680
40～44	1.068	0.846	1.019	0.577
45～49	1.163	0.972	1.066	0.582
50～54	1.181	1.360	1.101	0.770
55～59	1.179	1.487	1.109	0.836
60～64	1.371	1.524	1.185	0.950
65～69	1.037	1.087	0.816	0.647
≥70	0.780	0.853	0.598	0.443

资料来源：根据本书研究结果计算获得。

二、未来人口食物需求当量规模变动的预测结果分析

基于以上方案设计和假设，模拟了将人口结构变化考虑在内的未来人口食物需求当量规模的变动。

首先，对比考虑和不考虑人口结构情况下的人口规模增长幅度可以看到，如果不考虑人口结构变化，我国人口总量增长于2030年达到峰值，与2017年相比增长幅度为3.45%；如果按照将所有人转化为可计算的食物支出标准人口增长，增幅约为6.07%；如果按照将所有人转化为可计算的能量标准人口增长，增幅约为3.95%（表6-4）。可见，人口结构的变化导致按标准人计算的人口规模增长速度的加速。

表6-4　2017—2050年我国人口数量和人口食物需求当量规模预测结果

单位：亿人、亿标准人

年份	人口数量	食物支出当量数量			能量当量数量		
		总计	男性	女性	总计	男性	女性
2017	13.93	13.17	7.00	6.17	10.39	6.32	4.07
2020	14.16	13.46	7.14	6.32	10.53	6.41	4.11
2025	14.38	13.91	7.25	6.66	10.78	6.50	4.28
2030	14.41	13.97	7.28	6.69	10.80	6.50	4.29
2035	14.33	13.83	7.22	6.61	10.64	6.42	4.22
2040	14.20	13.64	7.11	6.53	10.45	6.31	4.14
2045	14.01	13.45	7.01	6.44	10.28	6.21	4.07
2050	13.70	13.17	6.90	6.27	10.06	6.09	3.97

如果将未来人口食物需求当量规模的预测运用到食物需求预测上，即将人口食物需求当量规模乘以标准消费人的食物消费水平从而对未来食物需求做简单预测，那么可能的结果是基于人口结构变化所做的食物需求的变动幅度可能要大于基于人口数量变化所做的食物需求的变动幅度，即人口结构变化导致的食物需求的变化要大于人口数量的效应。联系我国实际，目前我国正处在快速老龄化和快速城镇化阶段，随着计划生育政策后续效应的显现以及生育政策的实施，未来我国人口结构将发生关键变化，其对未来食物需求将产生显著影响，直接关系到未来食物自给状况。

其次，未来食物支出当量规模变动与能量当量规模变动之间存在差异，假设二得到验证。如图 6-3 所示，2017—2030 年食物支出当量规模的增幅要高于能量当量规模的增幅。原因是食物支出当量是依据食物支出计算获得，能够体现个体之间在食物消费成本上的异质性，其包含了影响食物消费的经济因素，而能量当量是依据食物消费量计算获得，体现了个体间生理上对食物消费量的差异，对影响食物消费的经济因素反映不够。相比来看，食物支出当量更能体现个体食物消费的现实性和异质性。因此，以食物支出当量规模的预测结果进行未来食物需求的相关预测更具现实性。

从图 6-3 还可以看出，考虑人口结构变动的人口食物需求当量规模会在 2030 年达到峰值，假设三得到验证，意味着我国食物需求在接下来的一段时间内会继续保持增长趋势，食物自给率将有下降的压力，未来还需要继续加强食物安全。

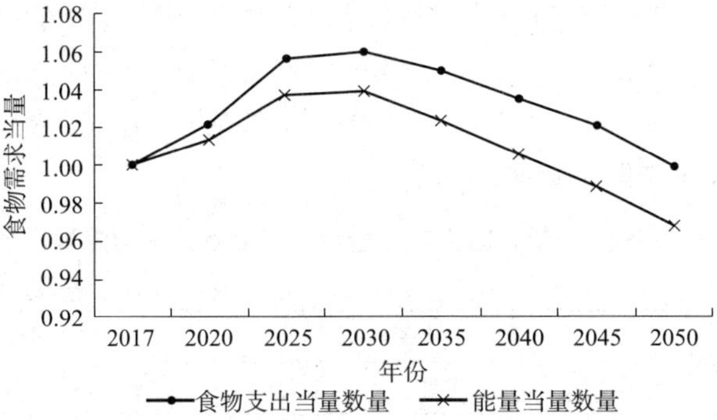

图 6-3　未来人口食物支出当量与能量当量规模变化（2017 年为基期）

根据以上分析可以看到，人口结构的变化导致按标准人计算的总人口增长速度的加速，应用到食物需求预测上可能的结果是基于人口结构变化的食物需求变动要大于人口数量变动所带来的食物需求变动。因此，未来食物需求预测需要加强人口总量和结构的分析。同时，官方有必要加强人口监测和发布权威的人口预测，为更好地把握未来的食物需求变化提供支持。

第三节　基于人口结构变化对未来食物净进口的修正

正如前面部分所述，当量与人口数量的差异在于能否反映个人的异质性。人口总数在反映家庭成员性别年龄结构方面上处于劣势，而人口结构因素在食物消费中扮演着重要作用，是不可忽略的重要因素。当量克服了这些困难，能够较好地反映个体消费的异质性，可应用于人口结构对食物消费和预测的影响分析中。依据不同的标准计算获得不同的当量，能够赋予当量丰富的内涵。

一、人均食物需求当量的变动模拟

前面部分分别以食物支出和能量摄入量为标准测算了不同人口的食物支出成人当量和能量成人当量。通过测算出的不同人口的成人当量水平，可以计算一个国家的人均当量 $PAES$，表示如下

$$PAES=\frac{M}{P}=\frac{\sum AES_k\times n_k}{P}=\sum AES_k\times\frac{n_k}{P}=\sum AES_k\times p_k \tag{6-2}$$

其中，M 为一个国家的总人口折算成标准人之后的实际总人口：$M=\sum AES_k\times n_k$，n_k 为一个国家根据年龄和性别划分在第 k 组中的人口数量，AES_k 是第 k 年龄性别组中的个体对应的成人当量，P 为一个国家的人口总数，p_k 为第 k 年龄性别组人口对应的人口比重。如公式 6-2 所示，$PAES$ 由两部分组成：一部分是各年龄性别组人口对应的成人当量 AES_k，另一部分是各年龄性别组人口对应的人口比重 p_k。一旦确定了不同人口的食物成人当量，人均当量 $PAES$ 取决于各年龄性别组人口比重的变化 p_k。因此，人均当量显示了以食物消费计算的国家平均的消费水平，能够衡量一个国家人口结构变化导致的食物需求变化的趋势。

通过上述框架，利用 2000—2016 年的城镇人口数据和不同人口的成人当量数值，分别计算了人均食物支出当量和人均能量当量。从表 6-5 可以看出，与 2000 年相比，2016 年人均食物支出当量增幅达到 6.3%，而人均能量当量仅增幅为 3.2%。食物支出成人当量是根据个体的食物消费支出水平计算得到，其反映了个体之间由于食物支出水平不同而导致的消费异质性。个体的食物支出成人当量越高，反映出其食物支出水平越高，表明消费了价格较高、品质较好的食物，这也说明其对健康、预期寿命更关注，因为消费优质食物是为了促进健康、延长自己的预期寿命。可以看出，食物支出当量体现了不同个体之间在食物成本上的差异，不仅能反映个体的性别年龄信息，还能够较好地反映经济因素对个体食物消费的影响，能较好地体现个体食物消费的现实性，对个体食物消费的异质性反映较强。

不同人口的能量成人当量是根据食物消费数量计算出的，反映了个人之间生理上对食物需求的差异，对消费食物的质量反映不够，这种个体食物消费量间的差异要小于由经济因素不同所导致的个体间食物消费的差异。对比来看，食物支出成人当量更能反映个体食物消费的异质性和现实性。

表 6-5　2000—2016 年我国人均食物支出当量与人均能量当量的变动

年份	人均食物支出当量	人均能量当量	人均食物支出当量（2000 年为基期）	人均能量当量（2000 年为基期）
2000	0.884	0.729	1.000	1.000
2005	0.920	0.740	1.041	1.015
2010	0.918	0.745	1.038	1.022
2011	0.920	0.745	1.041	1.023
2012	0.924	0.746	1.046	1.024
2013	0.927	0.748	1.049	1.026
2014	0.931	0.748	1.053	1.027
2015	0.936	0.751	1.059	1.030
2016	0.940	0.752	1.063	1.032

二、基于人口结构变化对未来食物净进口的修正

通过食物需求成人当量规模与标准人的食物消费水平相乘能够对未来食物需求进行预测。一个国家 t 年份食物消费总量 C 可以表示为

$$C=sc\times M=sc\times P\times\frac{M}{P}=sc\times P\times PAES \tag{6-3}$$

其中，sc 表示一个标准人的食物消费水平，M 为一个国家的总人口折算成标准人之后的实际总人口，P 为一个国家的人口总数，$PAES$ 为一个国家的人均当量水平。从公式来看，基于人口结构变化的人均当量水平 $PAES$ 的变动将带来食物消费总量的同等变动。接下来，将基于上述框架，根据人均当量的变动来修正食物需求量和净进口量的预测结果，分析人口结构对食物净进口的影响。

图 6-4 为根据未来人口结构的预测结果和食物支出成人当量，利用公式 6-2 计算出的 2017—2030 年我国人均食物支出当量变化。可以看出，相对于 2017 年，2020 年人均食物支出当量增长 0.49%，2025 年增长 2.29%，2030 年增长 2.49%。

USDA-FAO-Agricultural Outlook 提供了 2017—2027 年我国各类食物的需求量、生产量、库存量预测结果。假定其预测结果所使用的人口结构变动与本书所使用的人口结构变动一致。将利用反映人口结构对食物消费影响的人均

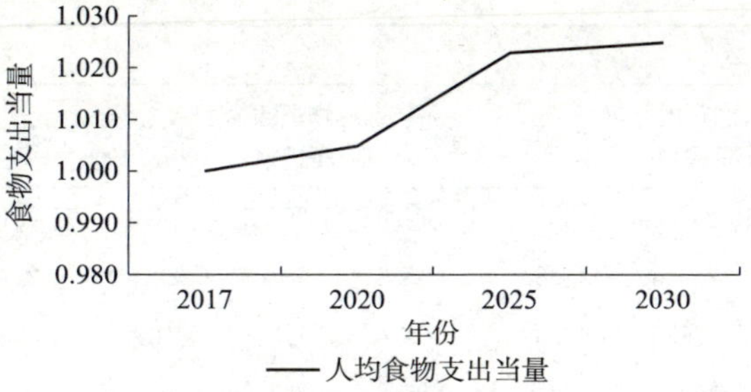

图 6-4　2017—2030 年我国人均食物支出当量的变动（2017 年为基期）

当量的变动幅度来修正其各类食物的需求量，即人均当量的变动幅度与预测的需求量相乘得到修正的需求量。然后，根据修正的需求量，利用食物生产量、库存量的预测结果，进一步计算食物净进口量，并与原来的食物进口量相比较，以此来解释基于人均当量变化的人口结构变动对我国各类食物净进口的影响。需要说明的是，在这里对我国各类食物的需求量预测结果进行了修正，计算修正的净进口量时使用到的食物生产量、库存量仍然为 USDA-FAO-AO 的预测结果。表 6-6 为基于人口结构变化修正的各类食物的净进口量。

据 USDA-FAO-AO 预测，2025 年我国三大谷物净进口量为 1 482.1 万吨，经人口结构修正后的净进口量高达 2 714.2 万吨，两者之间的差额达到 1 232.1 万吨，比 2020 年的差额高出 974.9 万吨。2027 年修正后的谷物净进口量继续增长，达到 2 878.2 万吨，差额也提高到 1 362.3 万吨，比 2025 年的差额高 130.2 万吨，比 2020 年的差额高出 1 105.1 万吨。可见，2020—2025 年，人口结构变化带来了谷物净进口量的较大幅度增长，此后人口结构变化对谷物净进口量的影响有小幅增长。2020 年修正的谷物净进口量与未修正之间的差额占修正后的净进口量的 17%，该比重 2025 年增长到 45.4%，2027 达到 47.3%。可见，未来人口结构带动的谷物净进口量比重逐渐增大。

表 6-6　2020 年、2025 年和 2027 年我国基于人口结构变化修正的各类食物的净进口量

单位：万吨

	2020 年			2025 年			2027 年		
	净进口	修正的净进口	差额	净进口	修正的净进口	差额	净进口	修正的净进口	差额
谷物	1 252.21	1 509.39	257.2	1 482.1	2 714.2	1 232.1	1 515.9	2 878.2	1 362.3
小麦	306.31	372.16	65.8	436.4	749.5	313.1	427.7	772.2	344.5
大米	441.32	514.97	73.6	420.9	763.4	342.5	420.4	794.6	374.1
玉米	504.57	622.26	117.7	624.8	1 201.3	576.5	667.7	1 311.4	643.7

（续）

	2020年			2025年			2027年		
	净进口	修正的净进口	差额	净进口	修正的净进口	差额	净进口	修正的净进口	差额
大豆	10 178.21	10 237.65	59.4	10 972.9	11 267.2	294.4	11 261.7	11 590.2	328.5
肉禽类	209.73	255.30	45.6	215.3	437.8	222.5	213.7	461.1	247.4
牛肉	77.16	81.50	4.3	93.4	115.2	21.8	90.3	114.7	24.4
猪肉	105.62	134.03	28.4	95.8	232.3	136.5	97.4	248.4	151.0
禽肉	3.52	13.76	10.2	2.8	54.0	51.3	2.6	60.0	57.4
羊肉	23.43	26.01	2.6	23.4	36.4	13.0	23.4	37.9	14.6
鲜奶制品	55.12	71.30	16.2	60.9	142.2	81.3	67.4	159.0	91.6

注：净进口量来源于 OECD-FAO-Agricultural Outlook2018-2027（OECD-FAO-AO）：https：//stats. oecd. org/Index. aspx？datasetcode＝HIGH _ AGLINK _ 2018。

修正后的大豆净进口量与未修正之间的差额呈现增长趋势，2020 年为 59.4 万吨，2025 年增长到 294.4 万吨，2017 年继续增长到 328.5 万吨。可见，人口结构变化对大豆净进口量有正向影响。但是，两者间的差额占大豆净进口量的比重很小，主要原因是我国大豆进口量相对较大。

修正后的肉禽类净进口量与未修正之间的差额呈现增长趋势，2020 年为 45.6 万吨，2025 年增长到 222.5 万吨，2017 年继续增长到 247.4 万吨。而且，两者间的差额占修正后的净进口量的比重相对较大，2020 年两者间的差额占比为 17.9%，2025 年比重增长到 50.8%，2027 年继续增长到 53.7%。可见，人口结构变化对肉禽类净进口量有较大程度的正向影响。

人口结构变化对鲜奶制品净进口量也有较大程度的正向影响。修正后的鲜奶制品净进口量与未修正之间的差额呈现增长趋势，2020 年差额为 16.2 万吨，2025 年增长到 81.3 万吨，差额占修正后的净进口量的比重达到了 57.2%，2027 年差额继续增长到 91.6 万吨，但占比变化不大。

以上基于人均当量变化模拟了人口结构变化对我国食物净进口的影响，从模拟结果来看，未来人口结构变化对我国食物净进口有正向影响，假设四得到验证，即基于人口结构变化修正的食物净进口大于基于人口数量预测的食物净进口。2025 年三大谷物由人口结构变化带来的净进口差额已经超过 1 000 万吨，到 2030 年差额累积量可能会接近一亿吨，这必然会消耗国内库存，同时对国际市场的粮食价格产生影响。因此，如果不考虑人口结构变化，未来我国食物净进口量可能被低估，警示我国需要继续加强粮食安全，提升应对人口结构变化的能力，模拟结果也为政策分析提供科学支持。

第四节　小　结

人口结构对食物消费有重要影响，如果忽略了人口结构变化，未来食物需求预测将不准确，导致对食物净进口的预测出现偏差。本章基于人口结构变化，根据人均当量变动对未来食物需求和净进口的预测结果进行修正，结果表明，如果不考虑人口结构变化，未来我国食物净进口量可能被低估。2025 年三大谷物由人口结构变化带来的净进口差额已经超过 1 000 万吨，到 2030 年差额累积量可能会接近一亿吨，这必然会消耗国内库存，同时对国际市场的粮食价格产生影响，警示我国需要继续加强粮食安全，提升应对人口结构变化的能力。

对比考虑和不考虑人口结构变化的未来人口规模的变动趋势可以发现，人口结构的变化导致按标准人计算的人口规模增长速度的加速。具体来看，如果不考虑人口结构变化，我国人口总量于 2030 年达到峰值，与 2017 年相比增长幅度为 3.47%；如果按照将所有人转化为可计算的食物支出标准人口增长，增幅为 6.04%；如果按照将所有人转化为可计算的能量标准人口增长，增幅为 3.87%。如果应用到食物需求预测上，可能的结果是基于人口结构变化预测的食物需求变动要大于人口数量变动所带来的效应。此外，人口数量或是考虑人口结构变动的人口食物当量规模均会在 2030 年达到峰值，意味着未来一段时间内我国食物需求会继续保持增长趋势，食物自给率将有下降的压力。

第七章　研究结论与政策建议

在经济全球化背景下，我国农业快速融入世界农业经济体系中，国内食物市场受世界食物市场的影响巨大，食物进口呈现常态化和全面性，食物自给状况面临风险。在此背景下，有必要研究入世以来我国食物自给率的变化以及食物进口来源所表现出的特征；同时也有必要研究未来我国食物自给率的发展以及影响未来食物进口变化的因素。与此同时，未来我国人口数量和结构将发生关键变化，人口数量刚性增长、老龄化加剧，这将对食物需求产生显著的影响，直接关系到食物进口和自给状况。如果忽略了人口结构变化的影响，未来我国食物需求预测有可能出现偏差，导致食物净进口预测不准确。因此，有必要去实证研究人口结构对食物消费的影响，进而分析人口结构对未来食物需求和净进口的影响。

本书以测算食物自给率和分析食物进口来源特征作为出发点，从直接关系到食物进口和自给状况的食物需求角度，利用成人当量方法实证研究人口结构对食物支出和营养摄入量的影响，并测算食物需求成人当量。在此基础上，基于人口结构变化对食物需求当量规模变动进行模拟，并根据人均当量变化对未来食物净进口进行修正，以此分析人口结构变化导致我国食物净进口的变化，这对我国食物自给战略和粮食安全战略具有重要的参考意义。

本书从食物和营养两个角度，对我国食物自给率、进口来源特征、人口结构导致的异质性消费、未来人口食物需求当量规模的变动、人口结构对未来食物净进口的影响进行了分析，所用数据涉及食物需求、生产、进出口贸易，既有国家层面的宏观数据，也有住户层面的微观数据，以期对我国食物需求和进口进行详细的分析。

第一节　主要研究结论

一、绝大部分食物的自给程度处于较高水平，食物自给的短板主要在油籽

我国绝大部分食物的自给程度处于较高水平，食物自给的短板主要在油籽。自给率测算结果表明，2016 年我国蔬菜、水果、蛋类、水产品的自给率

接近或者超过100%；谷物、糖类、肉类、奶类均保持90%以上的自给率；油籽自给率最低，只有37.79%，薯类自给率也相对较低，为81.59%。从自给率变化趋势看，自放开大豆贸易以来，豆类自给率呈现快速下降态势；薯类自给率在加入世贸组织以后呈现下降趋势，谷物自给率也有一定程度的下降。

二、以能量形式计算的食物综合自给率总体呈现下降趋势，但仍保持在80%以上

自加入世贸组织以来，能量、蛋白质、脂肪、碳水化合物的自给率均呈现不同程度的下降。营养视角的自给率测算结果表明，2016年能量自给率为82.03%，蛋白质为77.35%，脂肪为74.62%，碳水化合物为92.03%。与世界上其他国家的能量自给率相比，我国能量自给率处于相对较高水平，但也应该看到进入21世纪以来，我国能量自给率总体呈现下降趋势。随着人口数量、结构和区域迁移的变化，以及经济的中高速发展，我国食物需求数量将不断增长，需求结构将会继续转型升级，同时居民营养意识也在逐步增强，对食物的质量和营养越来越重视。因此，在食物进口已经成为我国食物供给的重要来源的同时，未来食物进口将继续保持在较大规模，食物自给率将承受下降的压力。

三、在食物与营养进口上，我国对美国、巴西、东盟的依赖性较强

在食物与营养进口上，我国对美国、巴西、东盟的依赖性较强。从食物整体进口格局来看，加入世贸组织以来，美国、巴西、东盟食物均占据我国食物进口量的较大比重。从营养视角分析我国食物进口来源发现，占我国热量进口比重超过10%的进口来源地为美国、巴西和东盟，这与食物进口量来源结构保持一致，占我国蛋白质进口比重超过10%的来源地为美国、巴西，占我国脂肪和碳水化合物进口比重超过10%的进口来源地均为美国、巴西和东盟。

我国不同来源食物的需求支出弹性从高到低分别为加拿大、澳大利亚、阿根廷、美国、东盟、巴西，表明当我国食物进口需求增加时，我国从加拿大进口的食物数量增幅会相对最大，巴西增幅相对最小。我国不同来源食物的需求自价格弹性绝对值由高到低分别是阿根廷、加拿大、东盟、美国、澳大利亚、巴西，表明来源于巴西的食物进口量受自身价格变化的影响相对最小，其次是美国、澳大利亚，可见我国食物进口对这些国家的依赖性更强一些。能量的需求支出弹性结果表明，美国、阿根廷、加拿大的能量支出弹性富有弹性，巴西的能量支出弹性缺乏弹性。我国不同来源能量的需求自价格弹性绝对值由高到

低分别是加拿大、美国、巴西，表明源于巴西的能量进口量受自身价格变化的影响相对最小，我国对其依赖程度较大，其次是美国、加拿大。

四、人口结构变化对食物支出和营养摄入量有显著正向影响

人口结构变化对食物消费支出有显著正向影响。总体样本的城镇居民食物支出实证结果表明，表征人口结构的家庭人口食物当量规模对家庭食物支出的弹性为0.066，且显著性水平为1%，表明对一个家庭而言，其人口结构变化会影响该家庭的食物消费支出水平。人口结构对家庭摄入的能量、主要营养素均有显著正向影响。总体样本的城镇居民营养摄入量实证结果表明，摄入的能量、蛋白质、脂肪、碳水化合物对人口结构指数的弹性分别为0.446、0.351、0.376、0.390。可见，人口结构差异导致的消费异质性显著影响家庭食物消费支出和营养摄入量，食物需求分析和预测应该考虑人口结构这一重要因素。

未考虑人口结构因素作用下的食物消费分析往往夸大收入对食物消费和摄入能量的影响。未考虑人口结构因素模型下的食物支出的收入弹性为0.321，考虑了人口结构因素估计的收入弹性为0.269。从摄入能量的收入弹性来看，如果考虑了人口结构因素，能量摄入量的收入弹性会从0.389下降到0.217。

五、人口数量与人口食物需求当量之间存在差异

家庭人口食物支出当量与家庭人口数量之间存在差异。以食物支出为研究对象，测算了个人生命周期上的食物支出成人当量，并计算了家庭人口食物支出当量规模。在全部样本家庭中，食物支出当量表示的平均家庭规模为2.944，而人口数量表示的为3.052；在低收入家庭中以上两个数值为3.154和3.343，在中等收入家庭中两个数值为2.950和3.054，在高收入家庭中两个数值为2.729和2.760。两个标准表示的家庭规模出现差异的原因是以食物支出当量表示的家庭规模考虑到了家庭成员性别年龄结构和消费需求的差异，而家庭人口总数背后的假设是每个家庭成员是无差别的。鉴于这种优势，人口成人当量具有重要的现实意义，可以应用到家庭间福利比较、个人所得税制定、贫困线制定、消费需求预测等领域。

家庭人口能量当量与家庭人口数量之间存在差异。以家庭能量摄入量为研究对象，测算了个人和家庭能量成人当量水平。而且利用成人当量概念，依据FAO提供的分年龄段人群的日能量需求测算了不同人口和家庭的能量成人当量，依据营养学会公布的中国居民膳食能量参考摄入量测算了不同人口和家庭的能量成人当量。对比人口当量规模与人口数量发现，本书研究测算的家庭人口能量当量规模的均值为2.341 3，比以FAO能量数据为基础计算的家庭当量规模低0.210 4，比以营养学会能量数据为基础计算的家庭当量规模低0.293 6，

也明显低于家庭人口数量 3.052 5。不同人口的成人当量是根据个人年龄、性别、需求信息测算得到，那么将家庭成员的成人当量进行加总，得到的家庭人口当量规模要比家庭人口数量包含的人口结构信息更多。

人口当量与人口数量之间的差异不仅体现在家庭层面上，还体现在国家层面上。结合 2000—2016 年我国城镇人口性别年龄结构和实证获得的个人食物支出或能量成人当量数值，测算了历年我国城镇人口食物需求当量规模。研究发现，对比考虑和不考虑人口结构的人口规模增长幅度来看，考虑了人口结构因素的食物支出当量数量和能量当量数量与单纯以个体同质性为计算前提的人口数量之间并未保持一致的增长幅度，而是当量规模增长幅度相对较大。

六、构建的不同人口的成人当量具有较高的可行性

本书利用成人当量概念，借助三次样条函数的原理，构建了不同性别年龄人口的成人当量公式。为了测算出成人当量公式表中的未知参数以及不同人口对应的成人当量数值，将个人层面的成人当量公式进行加总，获得表征家庭人口结构的家庭人口结构综合变量，并将其引入到食物消费支出模型和营养摄入量方程中，利用微观层面的城镇住户食物消费支出和能量摄入量数据进行实证估计。第四章和第五章的实证研究，一方面度量了人口结构变化对食物支出和营养摄入量的影响，另一方面测算出了不同人口的成人当量数值。在第六章中，对测算出的食物支出成人当量和能量摄入成人当量进行了模拟应用，分别测算和分析了 2000—2016 年的全国城镇人口当量规模变化、模拟了未来人口当量规模的变动、结合未来人均当量的变化分析了人口结构对未来食物进口的影响。实证估计结果和模拟应用结果表明构建的不同人口的成人当量具有较高的可行性，这为研究人口结构变化对消费的影响、未来食物需求预测等方面提供了参考。

七、人口食物需求当量在 2030 年达到峰值，食物自给率承受下降的压力

人口结构的变化导致按标准人计算的人口规模增长速度的加速。利用已有研究关于未来人口结构变化的预测结果，对考虑人口结构的未来人口食物需求当量规模的变动进行了模拟。结果表明，如果不考虑人口结构变化，我国人口总量增长于 2030 年达到峰值，与 2017 年相比增长幅度为 3.47%；如果按照将所有人转化为可计算的食物支出标准人口增长，增幅为 6.04%；如果按照将所有人转化为可计算的能量标准人口增长，增幅为 3.87%。可见，人口结构的变化导致按标准人计算的人口规模增长速度快于人口数量的增速。

未来一段时间考虑人口结构变动的人口食物需求当量规模均会继续增长，会在2030年达到峰值。非参数估计结果表明营养角度测算的食物自给率与城镇人口人均能量当量之间具有明显的负向相关性，表现为能量、主要营养素自给率均是随着城镇人口当量数量比重的增加而减少。那么随着未来人口食物当量规模的不断增加和城镇化的发展，我国食物自给率将承受下降的压力。

八、未来人口结构变化对我国食物净进口有正向影响

基于人均当量变化对未来食物需求和净进口预测结果进行了修正，进而分析了人口结构变化对我国食物净进口的影响。从结果来看，2020—2025年，人口结构变化带来了谷物净进口量的较大幅度增长，2025年修正后的三大谷物净进口量与未修正之间的差额已达到1 232.1万吨，到2030年差额累积量可能会接近一亿吨，这必然会消耗国内库存，对国际市场的粮食价格也会产生影响。同时，修正后的大豆、肉禽类、奶类净进口量与未修正之间的差额呈现增长趋势，表明未来人口结构变化对以上食物的净进口量有正向影响。因此，如果不考虑人口结构变化，未来我国食物净进口量可能被低估，警示我国需要继续加强粮食安全，提升应对人口结构变化的能力。

第二节　政策建议

一、确保及升级基于营养视角的食物安全战略

食物安全战略要确保及升级营养战略。现在居民不仅要求吃得饱，还追求吃得好、吃得安全、吃得营养，食物消费正在向优质、多样、营养转变。因此，食物安全战略目标要继续向兼顾食物数量、质量、营养过渡。

保障优质食物供应。一是提高优质粮食品种产量，发展营养健康的粮食品种。国家通过政策引导、资金支持、科技支撑等调整粮食种植结构，增加高营养、高品质的粮食种植面积，保障优质粮食品种的供应。二是建立营养需求为导向的食物供应体系。以满足居民营养消费为目标，带动有利于营养健康的食物生产，改变不利于营养消费的食物生产。

加强食物与营养需求侧管理。现阶段是实施营养干预的关键时期，应积极倡导健康营养的膳食模式，把重点区域、重点人群作为突破口，针对不同人群的食物与营养需求采取差别化的干预措施，坚持引导与干预有效结合。从改善营养摄入结构入手，开展居民营养监测和膳食引导，加强营养与健康知识的宣传，保障充足的能量和蛋白质摄入量，控制脂肪摄入量。此外，我国食物供给

量与实际消费量之间存在较大的不对应性，反映出目前存在严重的食物浪费损耗问题。因此，保障食物安全供给需要加强食物浪费方面的管理，要改变传统的饮食习惯，加大节约食物宣传。

二、基于人口结构的演变建立食物、营养安全保障机制

随着人口政策的调整和城镇化的发展，未来我国人口结构将发生关键变化，会对食物消费产生显著影响。因此，需要强化对人口变化的监测、预警等。根据人口结构的演变采取相对应的食物、营养安全保障机制，提高应对人口变化的能力。

首先，未来一段时间内基于人口结构变化的人口食物需求当量规模将会继续扩大，这对食物消费和食物自给产生影响。因此，当下仍需要加强食物安全供给，以应对人口结构变化带来的食物需求的变化。其次，未来老龄化继续加剧，与食物消费相关的老年人慢性病发病率逐渐上升，需要保障和优化老年人的食物消费和营养需求，为成功老龄化提供食物安全供给保障。一是加强老年人的膳食营养管理，开展老年人营养监测和膳食引导，科学指导老年人补充营养和合理饮食。二是加强“菜篮子”工程建设，减少食物价格的大幅波动，为居民特别是老年人群体的膳食营养提供支持和保障。

三、构建食物全球多元化供应体系，保障食物供应

入世以来，我国食物市场开放程度不断加深，食物贸易规模不断扩大，食物进口成为供给的重要组成部分，保障需求途径需要逐步由立足国内向统筹境内境外转变。从自给率来看，2016 年按热量计算的我国食物综合自给率为 82.03%，与 2000 年相比下降了近 14%，表明我国食物整体自给水平呈现下降趋势，进口依赖程度不断加深。从食物进口的种类来看，在入世初期，我国大麦、大豆、植物油等部分食物产品呈现净进口状态，到 2011 年食物净进口范围扩大到包含粮油糖以及肉类和乳制品在内的所有大宗农产品。我国农产品适度进口已经成为满足不断增长需求的理性选择，也是我国农业发展现实的必然。

我国在食物与营养进口上对美国、巴西、东盟的依赖程度较高，开放条件下保障食物需求需要有全球视野，要适应开放新格局，适度进口，构建食物全球多元化供应体系，以保障食物供给安全。具体来看，加强对食物贸易的战略规划，努力构建持续、稳定、高效的食物进口供应链；加强农业国际合作，结合“一带一路”倡议，积极推进食物进口来源地、运输通道、进口口岸和贸易渠道的多元化，保障食物供应。

第三节　不足与展望

本书利用成人当量概念，结合三次样条函数构建了不同个人的成人当量以及构建了表征家庭人口年龄结构的综合变量，并引入食物支出单方程模型进行了实证研究，未来可以将此人口年龄结构综合变量引入食物系统模型，对具体食物品种支出的弹性进行估计，但这会遇到很多数学和计量方面的问题，未来需要进一步的学习和研究。另外，20 世纪 70 年代末开始实施的独生子女政策导致我国家庭结构出现独特的变迁，独生子女家庭成为城镇居民家庭的主体。虽然最近生育政策的调整推动我国进入“后独生子女时代”，但是生育政策有明显的“滞后性”，生育政策的可能影响都要随着幼儿逐渐长大才会显现出来。因此，独生子女政策带来家庭结构独特变迁的效应将长期存在。与多子女核心家庭相比，独生子女家庭因子女减少到极限，其生命周期和消费行为可能存在一定的独特性。本书在构建成人当量模型时仅考虑家庭成员个人生命周期，但忽略了家庭生命周期中家庭类型，在我国城镇居民家庭消费支出影响因素模型估计中有可能因遗漏重要影响因素而导致模型的估计有偏。因此，未来在构建不同人口成人当量模型时有必要考虑到我国家庭结构的特殊性，关注独生子女家庭结构特点。

本书估计城镇居民食物支出弹性和营养弹性时，使用的数据为 2009 年国家统计局六省份城镇住户数据，数据相对较旧。国家统计局城调队居民住户统计资料现已不对外开放，从现有使用国家统计局城镇住户数据进行学术研究的文献来看，2009 年的国家统计局城镇住户数据已是该类型数据中的较新数据。未来可以寻找和利用年份更新的、涉及范围更广的数据进行食物消费弹性与营养弹性的估计。本书使用的城镇住户微观数据虽然过万户，当对于估计参数众多的成人当量模型，尤其是要观察个人生命周期上的成人当量变化，数据量还是相对较小，有可能代表性不足，未来有必要使用大数据对当量模型进行估计。另外，本书的营养数据均是利用食物数据结合营养转化系数获得，由于食物种类较多，各类食物的营养含量也不尽相同，还有可食比例的影响，难免在营养数据获得上存在误差。

参 考 文 献

陈百明，1996. 论“谁来养活中国”[J]. 自然资源学报（3）：210-215.
陈春明，2004. 中国营养状况十年跟踪（1990—2000）[M]. 北京：人民卫生出版社.
陈永福，2004. 中国食物供求与预测 [M]. 北京：中国农业出版社.
陈永福，韩昕儒，朱铁辉，等，2016. 中国食物供求分析及预测：基于贸易历史、国际比较和模型模拟分析的视角 [J]. 中国农业资源与区划（7）：15-26.
陈永福，钱小平，韩昕儒，2015. 2030 年中国食物供求展望 [M]. 北京：中国农业出版社.
程广燕，王小虎，郭燕枝，等，2017. 大食物理念下国家粮食安全保障需求与途径对策 [J]. 中国农业科技导报（9）：1-7.
封志明，史登峰，2006. 近 20 年来中国食物消费变化与膳食营养状况评价 [J]. 资源科学（1）：2-8.
封志明，陈百明，1992. 中国未来的膳食营养水平 [J]. 中国科学院院刊（1）：25-30.
高颖，田维明，2007. 中国大豆进口需求分析 [J]. 中国农村经济（5）：33-40.
高颖，郑志浩，吕明霞，2012. 中国大豆进口需求实证研究 [J]. 农业技术经济（12）：82-87.
高月，李国景，陈永福，2017. 浅析社会经济因素对国民营养需求的影响 [J]. 中国食物与营养（10）：55-57.
韩昕儒，陈永福，2016. 基于收入分层 QUAIDS 模型对农民工家庭内食物消费影响因素的实证分析 [J]. 农村经济（3）：61-66.
韩昕儒，陈永福，钱小平，2014. 中国目前饲料粮需求量究竟有多少 [J]. 农业技术经济（8）：60-68.
何志谦，2008. 人类营养学 [M]. 北京：人民卫生出版社.
胡乃军，杨燕绥，于淼，2014. 中国城镇人口老龄化与城镇居民消费研究 [J]. 人口学刊（5）：61-71.
胡小平，郭晓慧，2010. 2020 年中国粮食需求结构分析及预测——基于营养标准的视角 [J]. 中国农村经济（6）：4-15.
黄季焜，1999. 社会发展、城市化和食物消费 [J]. 中国社会科学（4）：102-116.
黄季焜，2004. 中国农业的过去和未来 [J]. 管理世界（3）：7-10.
黄季焜，杨军，仇焕广，2012. 新时期国家粮食安全战略和政策的思考 [J]. 农业经济问题（3）：4-8.
黄幼飞，2017. 人口老龄化对中国水产品进出口的影响 [D]. 宁波：宁波大学.

霍鑫颖，2012. 中国居民家庭的等价尺度及其应用研究［D］. 天津：天津财经大学.
姜长云，李显戈，董欢，2014. 关于我国粮食安全与粮食政策问题的思考——基于谷物自给率与日、韩相关经验的借鉴［J］. 宏观经济研究（3）：3-10.
姜自武，2010. 样条函数与径向基函数的若干研究［D］. 大连：大连理工大学.
解炟，莫旋，2006. 等价尺度及其应用研究［J］. 统计与信息论坛（2）：103-107.
金炳福，1989. 样条函数在经济技术数学模型中的应用［J］. 北京市经济管理干部学院学报（2）：39-45.
李国景，陈永福，2017. 收入增长对营养需求的影响分析——来自广东省城镇住户的证据［J］. 经济科学（3）：60-72.
李国景，陈永福，2018. 少子老龄化、家庭结构与城镇居民食物消费——基于成人等价尺度方法的实证研究［J］. 南开经济研究（3）：83-99.
李国景，陈永福，2018. 收入水平、老龄化与营养摄入——基于广东省城镇住户数据的研究［J］. 南方经济（2）：103-119.
李国祥，2018. 中美贸易战对中国农业的影响分析发［J］. 农经（8）：14-16.
李辉尚，李哲敏，孔繁涛，等，2015. 日本居民营养变迁及对中国的启示［J］. 世界农业（7）：40-46.
李辉尚，许世卫，孔繁涛，等，2015. 中国城镇居民食物消费变迁特征分析［J］. 中国食物与营养（5）：42-47.
李显戈，2015. 基于国际视角的粮食自给率变动研究［J］. 世界农业（3）：59-64.
李哲敏，2007. 中国城乡居民食物消费及营养发展研究［D］. 北京：中国农业科学院.
刘定梅，2018. 营养学基础［M］. 北京：科学出版社.
刘华，胡雪枝，2013. 中国城镇居民收入增长对营养需求的影响研究［J］. 农业技术经济（2）：95-103.
刘茜茜，2016. 以家庭为单位征收个人所得税的标准费用扣除问题探索［D］. 天津：天津财经大学.
陆伟国，1996. 我国粮食生产、消费、储备中长期预测模型（1995—2020年）［J］. 数量经济技术经济研究（11）：27-31.
罗利平，蒋勇，2014. 基于Rotterdam模型的德国花卉进口需求弹性分析［J］. 世界农业（1）：83-89.
罗利平，蒋勇，胡友，2013. 日本花卉进口需求弹性分析及我国的策略选择［J］. 现代日本经济（3）：88-95.
马小红，2013. 家庭生命周期、结构变动与老年人贫困研究［D］. 长沙：中南大学.
倪洪兴，2014. 我国重要农产品产需与进口战略平衡研究［J］. 农业经济问题（12）：18-24.
农业部农产品贸易办公室，2017. 中国农产品贸易发展报告［M］. 北京：中国农业出版社.
农业部农业贸易促进中心课题组，2016. 粮食安全与“非必需进口”控制问题研究［J］.

农业经济问题（7）：53-59.
唐华俊，2014. 新形势下中国粮食自给战略［J］. 农业经济问题（2）：4-10.
田聪颖，肖海峰，2017. 贸易开放背景下中国肉类进口市场格局研究——基于产品异质性的实证分析［J］. 国际贸易问题（9）：130-141.
王大为，蒋和平，2017. 基于农业供给侧结构性改革下对我国粮食安全的若干思考［J］. 经济学家（6）：78-87
王金营，付秀彬，2006. 考虑人口年龄结构变动的中国消费函数计量分析——兼论中国人口老龄化对消费的影响［J］. 人口研究（1）：29-36.
王锐，王新华，杜江，2017. 增长背景下我国粮食进口需求及弹性分析——基于主要品种的有界协整分析［J］. 中央财经大学学报（1）：61-69.
王锐，王新华，李援亚，2016. 我国粮食进口需求增长及弹性分析——基于大豆和谷物的比较［J］. 经济问题探索（12）：68-74.
王森，2010. 中国人口老龄化与居民消费之间关系的实证分析——基于1978—2008年的数据［J］. 西北人口（1）：22-27.
王茵，2017. 食物路径下教育对健康的影响研究［D］. 北京：中国农业大学.
王禹，2013. 基于营养需求的粮食生产目标研究［D］. 北京：中国农业科学院.
王禹，2015. 我国城镇居民食物消费和营养状况分析［J］. 中国食物与营养（1）：42-46.
韦斯利·D·塞茨，杰拉尔德·C·纳尔逊，哈罗德·G·哈尔克罗，2005. 资源、农业与食品经济学［M］. 田志宏，孙磊，刘艺卓，等，译. 北京：中国人民大学出版社.
吴蓓蓓，陈永福，于法稳，2012. 基于收入分层QUAIDS模型的广东省城镇居民家庭食品消费行为分析［J］. 中国农村观察（4）：59-69，94-95.
向晶，2018. 中国人口变迁与粮食需求研究［M］. 北京：经济管理出版社.
向晶，钟甫宁，2013. 人口结构变动对未来粮食需求的影响：2010-2050［J］. 中国人口·资源与环境（6）：117-121.
徐芬，刘宏曼，2017. 中国农产品进口的自贸区贸易创造和贸易转移效应研究——基于SYSGMM估计的进口需求模型［J］. 农业经济问题（9）：76-84.
许世卫，2001. 中国食物发展与区域比较研究［M］. 北京：中国农业出版社.
杨红强，聂影，2008. 中国原木进口需求的来源地结构分析［J］. 国际贸易问题（6）：51-56.
杨月欣，王光亚，潘兴昌，2009. 中国食物成分表［M］. 北京：北京大学医学出版社.
姚成胜，黄琳，2014. 我国食物资源安全状况评价及其对策研究［J］. 农业现代化研究（6）：703-709.
叶兴庆，2017. 中国全球农产品供应体系多元化离不开“一带一路”［J］. 黑龙江粮食（10）：33-35.
尹风雨，龚波，2017. 中国粮食自给率现状及其测算方法改进研究［J］. 湖南科技大学学报（社会科学版）（2）：122-127.
于潇，孙猛，2012. 中国人口老龄化对消费的影响研究［J］. 吉林大学社会科学学报（1）：

141-147.

苑会娜，2009. 进城农民工的健康与收入——来自北京市农民工调查的证据［J］. 管理世界（5）：56-66.

张车伟，2003. 营养、健康与效率——来自中国贫困农村的证据［J］. 经济研究（1）：3-12.

张车伟，蔡昉，2002. 中国贫困农村的食物需求与营养弹性［J］. 经济学（季刊）（1）：199-216.

张启良，2014. 我国粮食自给率到底有多高？［J］. 统计与咨询（2）：18-19.

张雯丽，沈贵银，曹慧，等，2016. "十三五"时期我国重要农产品消费趋势、影响与对策［J］. 农业经济问题（3）：11-17.

张元红，2016. 中国食物自给状况与变化趋势分析［J］. 中国农村经济（4）：44-54.

赵丽云，刘素，于冬梅，等，2015. 我国居民膳食营养状况与《中国食物与营养发展纲要（2014—2020 年）》相关目标的比较分析［J］. 中国食物与营养（8）：5-7.

赵亮，穆月英，2013. FTA 的关税效应对东亚国家农业影响的比较研究——基于纵向关联市场的均衡分析［J］. 国际贸易问题（12）：96-107.

赵殷钰，郑志浩，2015. 中国大豆和大豆油需求——基于 SDAIDS 模型的实证分析［J］. 中国农村经济（11）：15-28.

赵殷钰，郑志浩，2016. 城乡居民食物消费、体力消耗与肥胖危机［J］. 西北农林科技大学学报（社会科学版）（1）：113-118.

郑志浩，高颖，赵殷钰，2016. 收入增长对城镇居民食物消费模式的影响［J］. 经济学（季刊）（4）：263-288.

钟甫宁，向晶，2012. 人口结构、职业结构与粮食消费［J］. 农业经济问题（9）：12-16，110.

周曙东，赵明正，陈康，等，2015. 世界主要粮食出口国的粮食生产潜力分析［J］. 农业经济问题（6）：91-10.

Affairs S，2005. United Nations Department of Economic and Social Affairs/Population Division［J］. Megalopolis.

Armington P，1969. A Theory of Demand for Products Distinguished by Place of Production［J］. IMF Economic Review（16）：159-178.

Aromolaran A B，2004. Household income，women' s income share and food calorie intake in South Western Nigeria［J］. Food Policy（5）：507-530.

Balli F，Tiezzi S，2010. Equivalence scales，the cost of children and household consumption patterns in Italy［J］. Review of Economics of the Household（4）：527-549.

Barten A P，1964. Family Composition，Prices，and Expenditure Patterns［M］//Hart P E，Mills G，Whitaker J K. Econometric Analysis for National Economic Planning，London：Butterworths.

Behrman J R，Deolalikar A B，1987. Will Developing Country Nutrition Improve with

Income? A Case Study for Rural South India [J]. Journal of Political Economy (3): 492-507.

Blokland J, 1976. Continuous Consumer Equivalence Scales [M]. Berlin: Springer Berlin.

Brown L R, 1995. Who will feed China? Wake-up call for a small planet [M]. London: London England Earthscan Publications.

Buse R C, Salathe L E, 1978. Adult Equivalent Scales: An Alternative Approach [J]. American Journal of Agricultural Economics (3): 460-468.

Chern W. S., Wang G, 1994. The Engel function and complete food demand system for Chinese urban households [J]. China Economic Review (1): 35-57.

China National Bureau of Statistics, 2011. China City Statistical Yearbook [M]. Beijing: China Statistics Press.

Citzler J. P. C., Annette M, 1988. On the economics of household composition [J]. Applied Economics (10): 1401-1418.

Claro R M, Levy R B, Bandoni D H, et al., 2010. Per capita versus adult-equivalent estimates of calorie availability in household budget surveys [J]. Cadernos De Saú de Pública (11): 2188.

De Ree J, Alessie R, Pradhan M, 2013. The price and utility dependence of equivalence scales: Evidence from Indonesia [J]. Journal of Public Economics (1): 272-281.

Deaton A S, Muellbauer J, 1986. On Measuring Child Costs: With Applications to Poor Countries [J]. Journal of Political Economy (4): 720-744.

Deaton A, Muellbauer J, 1980. An Almost Ideal Demand System [J]. American Economic Review (3): 312-326.

Deaton A, Muellbauer J, 1980. Economics and consumer behavior [M]. Cambridge: Cambridge University Press.

Demoussis M, Mihalopoulos V, 2001. Adult Equivalent Scales Revisited [J]. Journal of Agricultural & Applied Economics (1): 135-146.

Dimaranan B V E, 2002. Global Trade, Assistance and Production: The GTAP 5 Databas [J]. Center for Global Trade Analysis.

Doan D, 2014. Does income growth improve diet diversity in China? [C] //2014 Conference (58th), February 4-7, 2014, Port Macquarie, Australia. Australian Agricultural and Resource Economics Society.

Donaldson D, Pendakur K, 2004. Equivalent-expenditure functions and expenditure-dependent equivalence scales [J]. Journal of Public Economics (1): 175-208.

Fan J X, Wen S C, 1997. Analysis of Food Consumption Patterns in China: Nonparametric and Parametric Approaches [J]. Journal of Family & Economic Issues (2): 113-126.

FAO/WHO/UNU, Human energy requirements Report of a Joint FAO/WHO/UNU Expert Consultation, Rome, 17-24 October 2001.

Feng X T, Poston D L, Wang X T, 2014. China's One-child Policy and the Changing Family [J]. Journal of Comparative Family Studies (1): 17-29.

Food and Agriculture Organization of the United Nations, 2001. Food Balance Sheets—A Handbook [J]. Rome.

Friedman M, 1952. A Method of Comparing Incomes of Families Differing in Composition [J]. Journal of Biological Chemistry (1): 2328-2333.

Gale F, 2006. Food Expenditures by China' s High-income Households [J]. Journal of Food Distribution Research (1): 7-13.

Gao G, 2010. World Food Demand [J]. Economics Discussion (2): 25-51.

Gould B W, 2002. Household composition and food expenditures in China [J]. Agribusiness (3): 387-407.

Gould B W, Cox T L, Perali F, 1991. Demand for Food Fats and Oils: The Role of Demographic Variables and Government Donations [J]. American Journal of Agricultural Economics (1): 212-221.

Gould B W, Dong D, 2004. Product Quality and the Demand for Demand for Food: the Case of Urban China [C] //2004 Annual meeting, August 1-4, Denver, CO. American Agricultural Economics Association (New Name 2008: Agricultural and Applied Economics Association).

Gould B W, Lin H C, 1994. The demand for cheese in the United States: The role of household composition [J]. Agribusiness (1): 43-59.

Gould B. W., Villarreal H. J, 2002. Adult equivalence scales and food expenditures: an application to Mexican beef and pork purchases [J]. Applied Economics (9): 1075-1088.

Gould B. W., Villarreal H. J, 2006. An Assessment of the Current Structure of Food Demand in Urban China [J]. Agricultural Economics (1): 1-16.

Han X, Chen Y, 2016. Food consumption of outgoing rural migrant workers in urban area of China [J]. China Agricultural Economic Review (2): 230-249.

Hilde B, 1998. Equivalence Scales and Intra-household Distribution [D]. Oslo: Oslo University.

Huang K S, Gale F, 2010. Food demand in China: income, quality, and nutrient effects [J]. China Agricultural Economic Review (4): 395-409.

Levinson D. J., Darrow C. N., Klein E. B., et al., 1978. The Seasons of a Man's Life [M]. New York: Ballantine Books.

Lewbel A, 1989. Nesting the AIDS and Translog Demand System [J]. International Economic Review (2): 349-356.

Li G, Victoria V, 2003. Testing the barten model of economies of scale in household consumption: toward resolving a paradox of deaton and paxson [J]. Journal of Political Economy (6): 1361-1377.

Liu H, Wahl T I, Jr J L S, et al., 2015. Household composition, income, and food-away-from-home expenditure in urban China [J]. Food Policy (51): 97-103.

Liu K. E., Chern W. S, 2003. Food demand in urban China: an application of a multi-stage censored demand system [C] //Paper provided by American Agricultural Economics Association in its series 2003 Annual meeting.

Lluch C, 1973. The extended linear expenditure system [J]. European Economic Review (1): 21-32.

Lu L., Luhrmann M, 2012. The Impact of Chinese Income Growth on Nutritional Outcomes [M]. London: Mimeo.

Magee C, 2004. Trade Creation, Trade Diversion, and Endogenous Regionalism [C] // Econometric Society 2004 North American Summer Meetings. Econometric Society.

Meenakshi J V, Ray R, 2000. Impact of household size and family composition on poverty in rural India [J]. Journal of Policy Modeling (6): 539-559.

Meng X, Gong X, Wang Y, 2009. Impact of Income Growth and Economic Reform on Nutrition Availability in Urban China: 1986—2000 [J]. Economic Development & Cultural Change (2): 261-295.

Peng N., Alfonso S, 2016. A fresh look at calorie-income elasticities in China [J]. China Agricultural Economic Review (1): 55-80.

Phipps S, Garner TI, 1994. Are equivalence scales the same for the united states and canada? [J]. Review of Income and Wealth (1): 1-17.

Phipps S. A, 1998. What Is The Income "Cost Of A Child"? Exact Equivalence Scales For Canadian Two-Parent Families [J]. Review of Economics & Statistics (1): 157-164.

Popkin B M, 1993. Nutritional Patterns and Transitions [J]. Population & Development Review (1): 138-157.

Popkin B M, 2006. Global nutrition dynamics: the world is shifting rapidly toward a diet linked with noncommunicable diseases [J]. American Journal of Clinical Nutrition (2): 289-298.

Prais S J, Houthakker H S, 1955. The Analysis of Family Budgets [M]. Cambridge: Cambridge University Press.

Price DW, 1970. Unit Equivalent Scales for Specific Food Commodities [J]. American Journal of Agricultural Economics (2): 224-233.

Sabates R., Gould B. W., Villarreal, et al., 2001. Household Composition and Food Expenditures: a Cross-country Comparison [J]. Food Policy (6): 571-586.

Shonkwiler J S, Yen S T, 1999. Two-Step Estimation of a Censored System of Equations [J]. American Journal of Agricultural Economics (4): 972-982.

Skoufias E., Di Maro V., González-Cossío T, et al., 2011. Food quality, calories and household income [J]. Applied Economics (28): 4331-4342.

Stone, 1954. Linear Expenditure Systems and Demand Analysis: An Application to the Pattern of British Demand [J]. Economic Journal (255): 511-527.

Sydenstricker E, King WI, 1921. The Measurement of the Relative Economic Status of Families [J]. Quarterly Publications of the American Statistical Association (133): 842-857.

Tedford J R, Capps O, Havlicek J, 1986. Adult Equivalent Scales Once More—A Developmental Approach [J]. American Journal of Agricultural Economics (2): 322-333.

Theil H., J. L. Seale Jr., C. F. Chung, 1987. A regional analysis of food consumption in China [J]. Empirical Economics (2): 129-135.

Thomas, D, 1994. Like father, like son, like mother, like daughter: Parental resources and child height [J]. Journal of Human Resources (4): 950-988.

Tian X, Yu X, 2015. Using semiparametric models to study nutrition improvement and dietary change with different indices: The case of China [J]. Food Policy (53): 67-81.

Tian X., Yu X, 2013. The Demand for Nutrients in China [J]. Frontiers of Economics in China (2): 186-206.

Vander Zanden J. W, 1978. Human Development [M]. New York: Alfred A. Knopf Co.

Wang J, Chen Y, Zheng Z, et al., 2014. Determinants of pork demand by income class in urban western China [J]. European Journal of Marketing (3): 452-469.

Wang Z., Chern W. S, 1992. Effects of Rationing on the Consumption Behavior of Chinese Urban Households During 1981—1987 [J]. Journal of Comparative Economics (1): 1-26.

Wu B, Chen Y, Si W, et al., 2014. A Double-Hurdle Analysis of Demand for Powdered Milk: Evidence from Household Survey Data in an Urban Chinese Province [J]. Agribusiness (3): 331-344.

Xiao Y., Edward T, 1995. The Impact of Income Growth on Farm Household Nutrient Intake: A Case Study of a Prosperous Rural Area in Northern China [J]. Economic Development and Cultural Change (4): 805-819.

Yen S T, Fang C, Su S J, 2004. Household food demand in urban China: a censored system approach [J]. Journal of Comparative Economics (3): 564-585.

Yen S. T., K. Kan, 2002. Household demand for fats and oils: two-step estimation of a censored demand system [J]. Applied Economics (14): 1799-1806.

You J, Imai K S, Gaiha R, 2015. Declining Nutrient Intake in a Growing China: Does Household Heterogeneity Matter? [J]. World Development (77): 171-191.

Yu X H, Abler D, 2010. The demand for food quality in rural China [J]. American Journal of Agricultural Economics (1): 57-69.

Zheng Z, Henneberry S R, 2012. Estimating the impacts of rising food prices on nutrient intake in urban China [J]. China Economic Review (4): 1090-1103.

Zheng Z.， Henneberry S. R，2010. The Impact of Changes in Income Distribution on Current and Future Food Demand in Urban China [J]. Journal of agricultural and resource economics (1)：51-71.

Zheng Z.， Henneberry S. R，2011. Household Food Demand by Income Category：Evidence From Household Survey Data in an Urban Chinese Province [J]. Agribusiness (1)：99-113.

Zheng Z. H，2009. An Analysis of Food Demand in China：A Case Study of Urban Households in Jiangsu Province [J]. Review of Agricultural Economics (6)：873-893.

Zhong F.， Xiang J.， Zhu J，2012. Impact of Demographic Dynamics on Food Consumption-A Case Study of Energy Intake in China [J]. China Economic Review (4)：1011-1019.